# 柿沼守利

# 作品集

Schri Kakinuma

生涯懶立身
騰々任天真
嚢中三升米
爐邊一束薪
誰問迷悟跡
何知名利塵
夜雨草庵裡
雙脚等閒伸

良寛道人

生涯懶立身　生涯身を立るに懶うく
騰々任天眞　騰々天眞に任す
囊中二升米　頭陀袋に三升の米
爐邊一束薪　炉端に一束の薪
誰問迷悟跡　悟り迷いを問わず
何知名利塵　浮き世の名利など無縁
夜雨草庵裡　夜半庵で雨の音を聴き
雙脚等間伸　思いの儘脚を伸ばす

良寛（一七五八―一八三一）

嗚呼 真面目に生きたいものだ
頭陀袋には托鉢で頂戴した三升の米
暖をとるに足るだけの薪　何も不足はない
今や迷いや悟りというものに拘ることもない
まして 俗世の名利など
今宵 この草庵で 雨の音を聴き
私は 両足を伸ばして 独りを楽しんでいる

書：柿沼守利

# 柿沼守利作品集

Schri Kakinuma

## 1 住宅 一九八〇—一九九六





## 2 住宅 二〇〇二—二〇一七

# 1

# 住宅

## 1980–1996

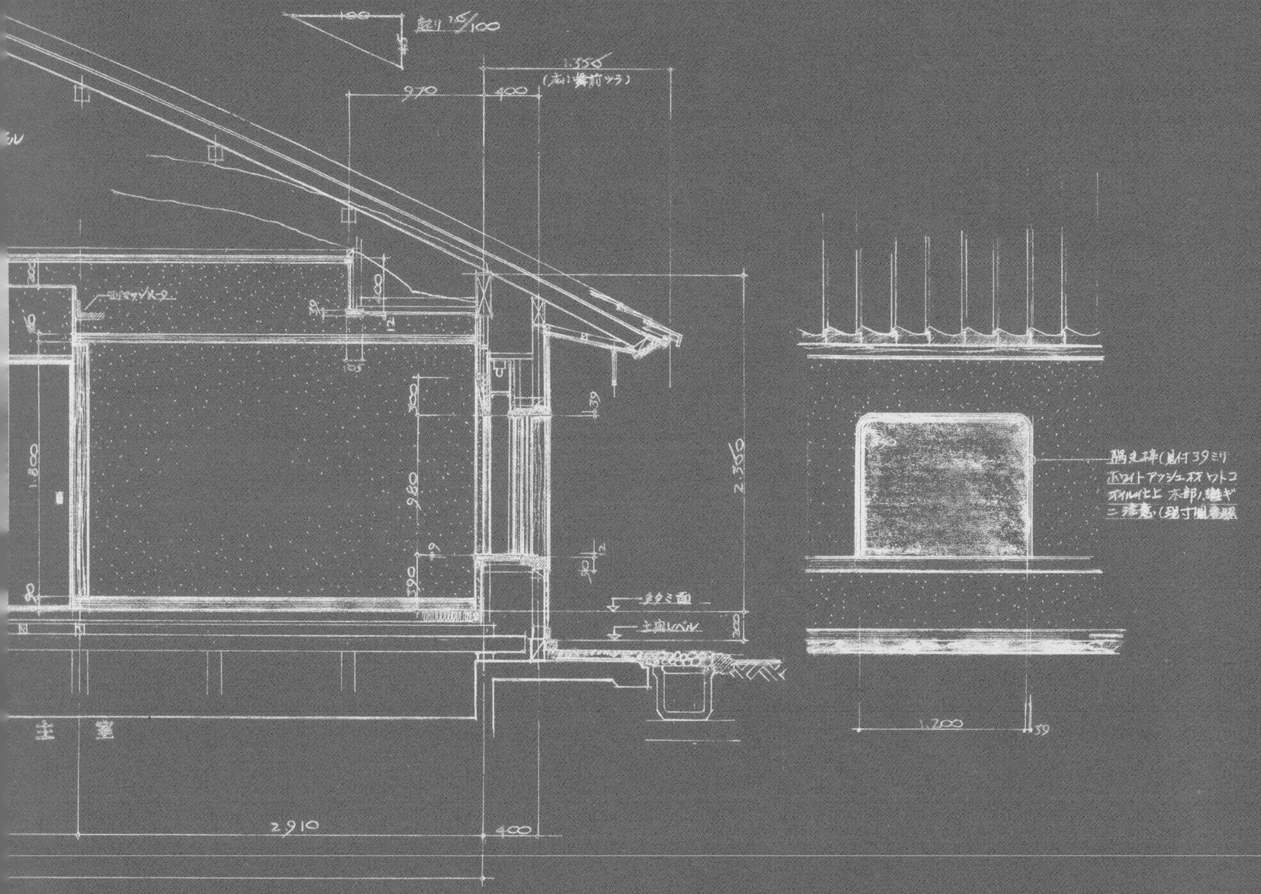

# House

# 1980—1996

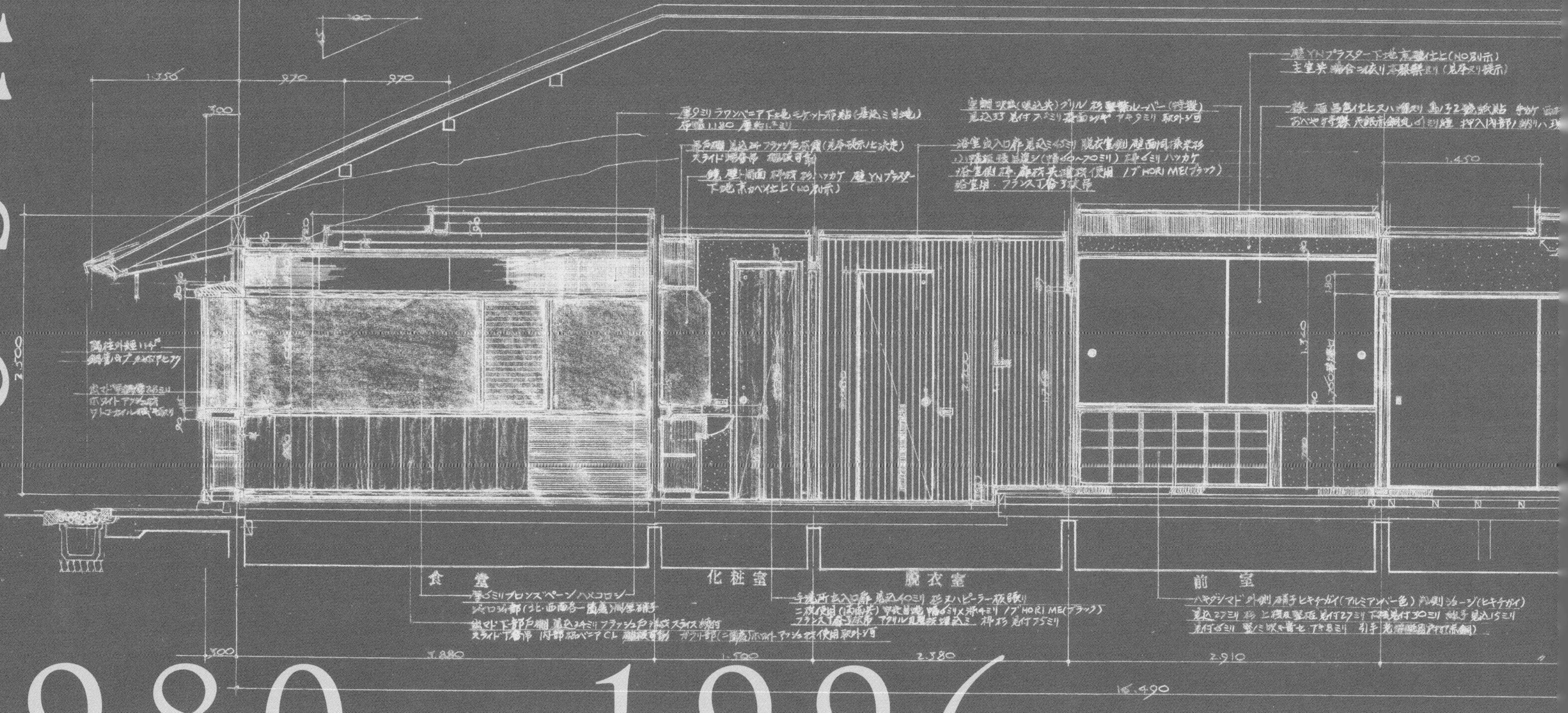

# 増山さんの家

Masuyama's House

1980

| | |
|---|---|
| 所在地 | 長崎県東彼杵郡 |
| 施工 | 那須亨、那須昌二（直営） |
| 主体構造 | RC造＋S造 |
| 敷地面積 | 154.4㎡ |
| 延床面積 | 133.8㎡ |

長崎県東彼杵郡川棚町に建つ住まいである。

明暦3年の郡《こおり》崩れでは隠れキリシタン600名が処罰され墓碑なども破壊されたというが、常在寺にはその難を逃れた数少ない和洋折衷のキリシタン墓碑が今も残る。

住まいは川棚川沿いに建ち、両岸には桜並木がある。佐賀と長崎の境にある桃ノ木峠を水源とし、町を二分するようにして流れながら大村湾へと注がれてゆく。遠景には九州のマッターホルンとも呼ばれる虚空蔵山《こくぞうさん》を望む。

建主は子育てを終えた女性である。彼女からの希望は予算の厳守と、2階建にする場合は浴室と寝室は上階に置いてほしいということのみであった。家具や彫刻、絵画などの設えもこちらに一任された。女性ひとりの住まいであり、川の傍に建てることからも安全性を考えて1階はピロティと玄関、収納のみとし、居住空間は上階に置いた。2階の居間に東西にガラスの開口部を設けた。西側の窓は川に面している。居間に坐り川面を眺めていると時間が経つのを忘れるとの住まい手の言葉を聞き安堵した。

屋根は当初陸屋根で鉄板で葺くことを考えていたが、雨のことも考えて円筒形に直し、大村湾の潮風もあることから銅板葺きに改めた。2階の外壁はモスグリーンのオイルステインを塗った杉板を張って仕上げた。

竣工から45年余が経過した。師・白井晟一の下で仕事をしながら、手が空けば自身でも設計の依頼を受けた。この家はその頃に手がけたものであるが、烏滸がましい気持ちもあり、師に見てもらう機会はなかった。たとえ下手と言われても、この家だけでも見てもらうべきだったかもしれない。

――川棚川の東岸に建っている。川沿いは桜並木。
背後に見えるのは九州のマッターホルンと呼ばれ町のシンボルになっている虚空蔵山。

**右頁**　居間･食堂は川に面して西側に配置し、大きな開口部を設けて川辺の風景を望めるようにした。
春になると桜を愉しめる。

**左頁**
**右**　廊下からガラス扉越しに居間･食堂を見る。家具や彫刻、絵画なども空間に合わせて選んだ。
**左**　居間･食堂から廊下方向を見る。左手の襖は寝室に繋がっている。南面の壁はラワンO.S仕上げ。

**右頁**

**右**　階段中段部から右に2階への階段、左手に玄関ホールを見る。
丸窓の奥に見えている扉は納戸。

**左**　南西外観。1階部分の外壁はRC打放し、2階は杉板にO.S塗り。

**左頁**　西面外観。居間・食堂の大きな開口部の眼の前に桜の木が立っている。

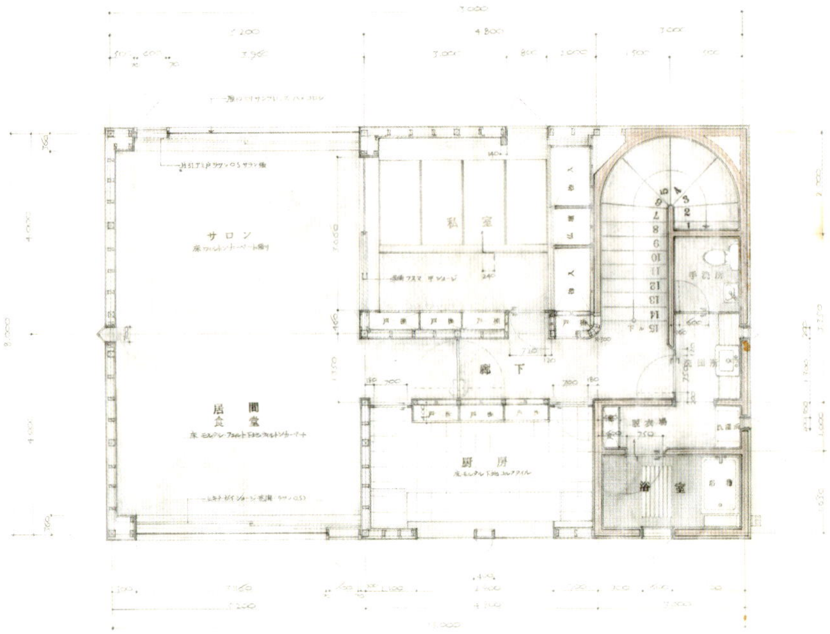


2階平面図　S=1/150（1/50原図を33.3％縮小）

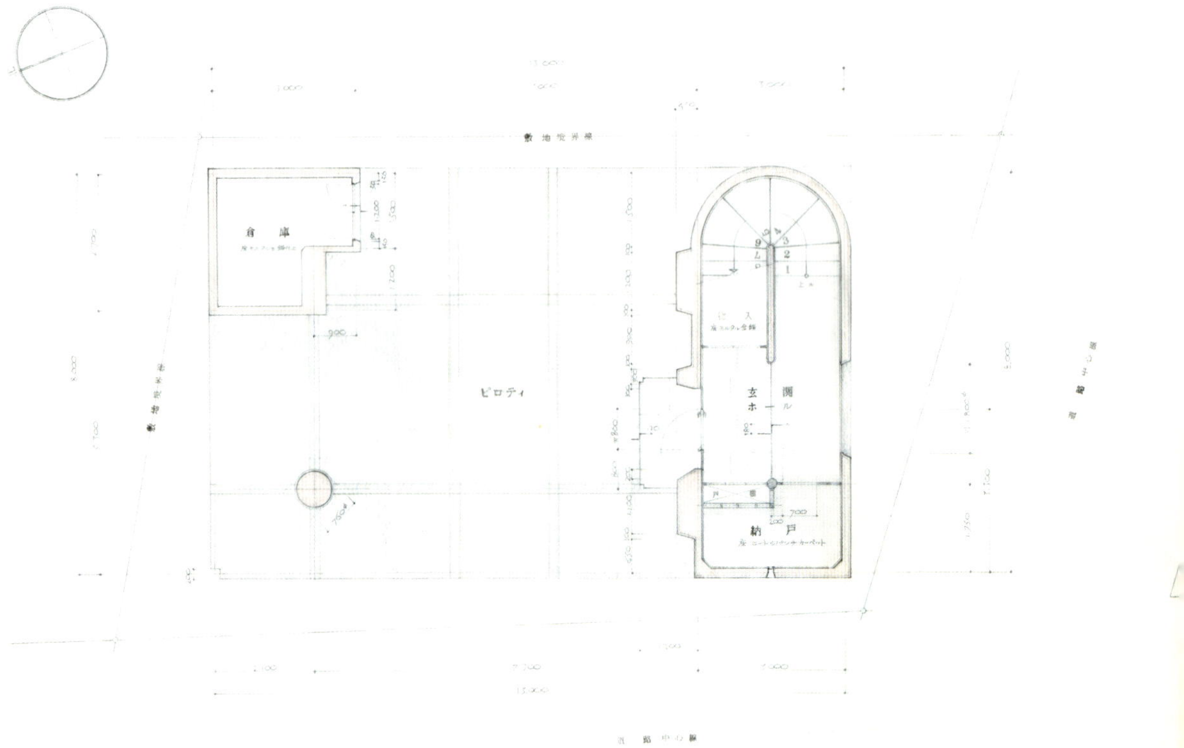


1階平面図　S=1/150（1/50原図を33.3％縮小）

## 建築資料

建物名………増山さんの家
所在…………長崎県東彼杵郡(ひがしそのぎぐん)
　　　　　　川棚町
家族構成……1人
-
設計…………柿沼守利
-
構造設計……吉村涼三

施工…………那須亨、那須昌二(直営)
設計期間……1978年12月—1979年10月
施工期間……1979年11月—1980年6月
構造規模……RC造＋S造2階建
敷地面積……154.4㎡
延床面積……133.8.㎡
　（1階/29.8㎡　2階/104.0㎡）

［主な外部仕上げ］
屋根…………22kgルーフィング
　　　　　　下地厚0.4㎜銅板瓦棒葺き
壁……………厚18㎜熊本杉縁甲板張り、
　　　　　　一部RC打放しツツキ仕上げ
天井(ピロティ)………RC打放し
建具…………木製扉
樋……………ステンレススチールヘアライン仕上げ
床……………ピロティ/玉砂利洗い出しボーダー
　　　　　　鏝押さえ

［主な内部仕上げ］
天井…………玄関ホール/RC打放し目地切仕上げ
　　　　　　サロン·居間·食堂/化粧梁ラワン箱組
　　　　　　O.S仕上げ、蒲天井　階段室/プラス
　　　　　　ターボード下地ナチュラルクロス貼り
壁……………砂漆喰塗り、麻クロス貼り
床……………居間·食堂·サロン·廊下·階段室/
　　　　　　ウィルトンカーペット　台所/コル
　　　　　　クタイル貼り　私室/畳　玄関ホー
　　　　　　ル/トラバーチン水磨き目地幅6㎜、
　　　　　　ウィルトンカーペット

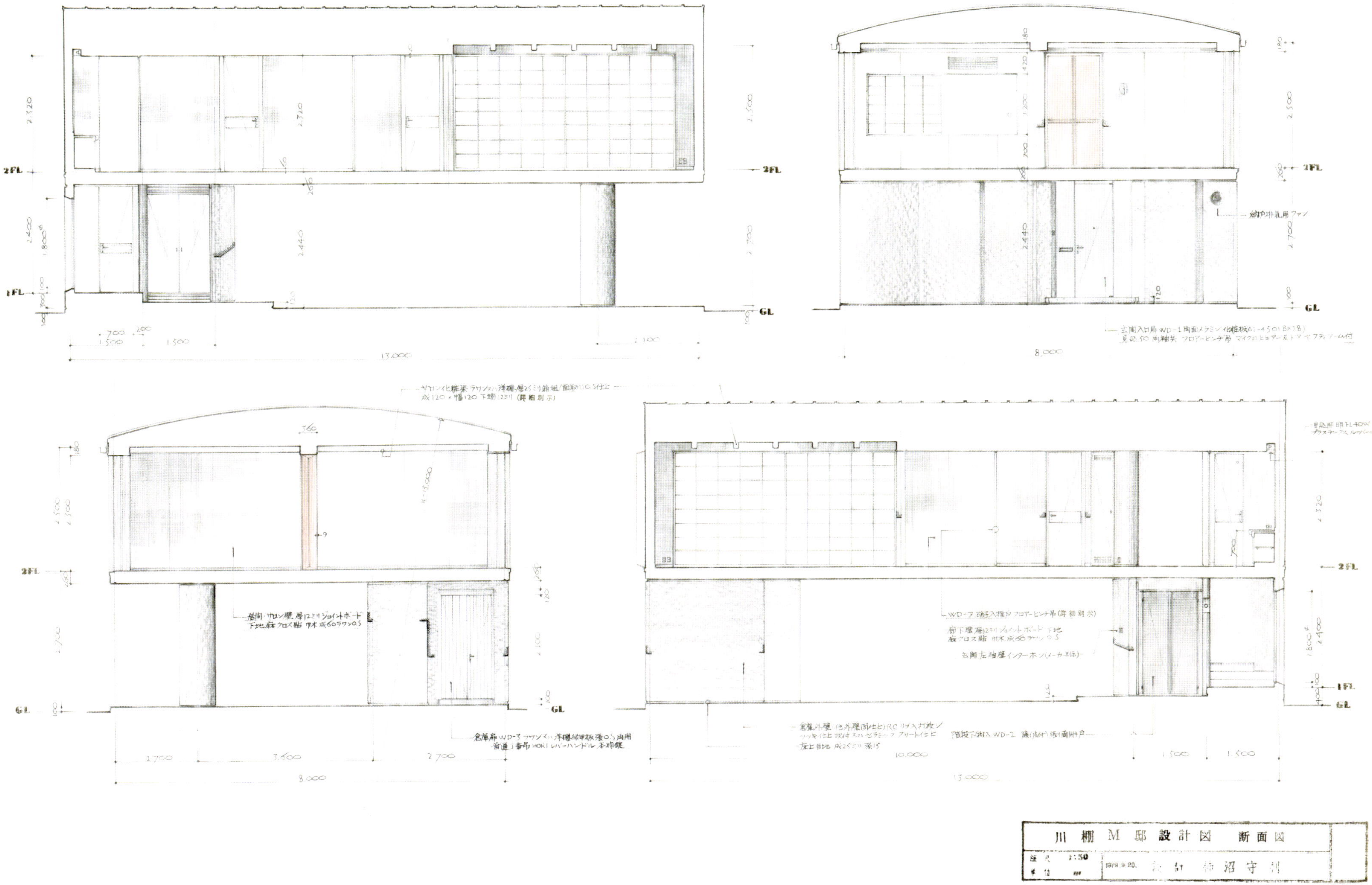


断面図 S=1/100（1/50原図を50％縮小）

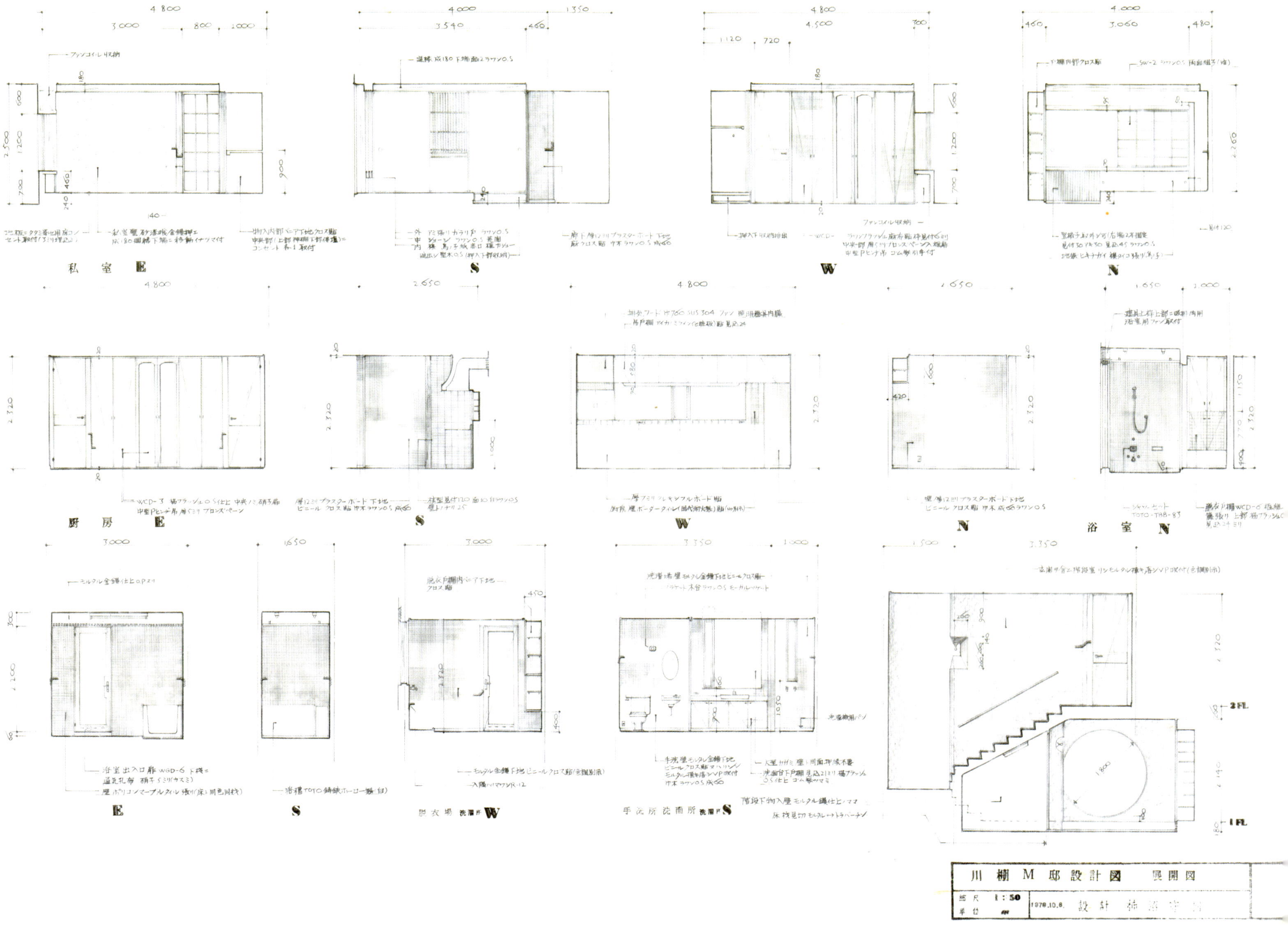


展開図 S=1/100（1/50原図を50％縮小）

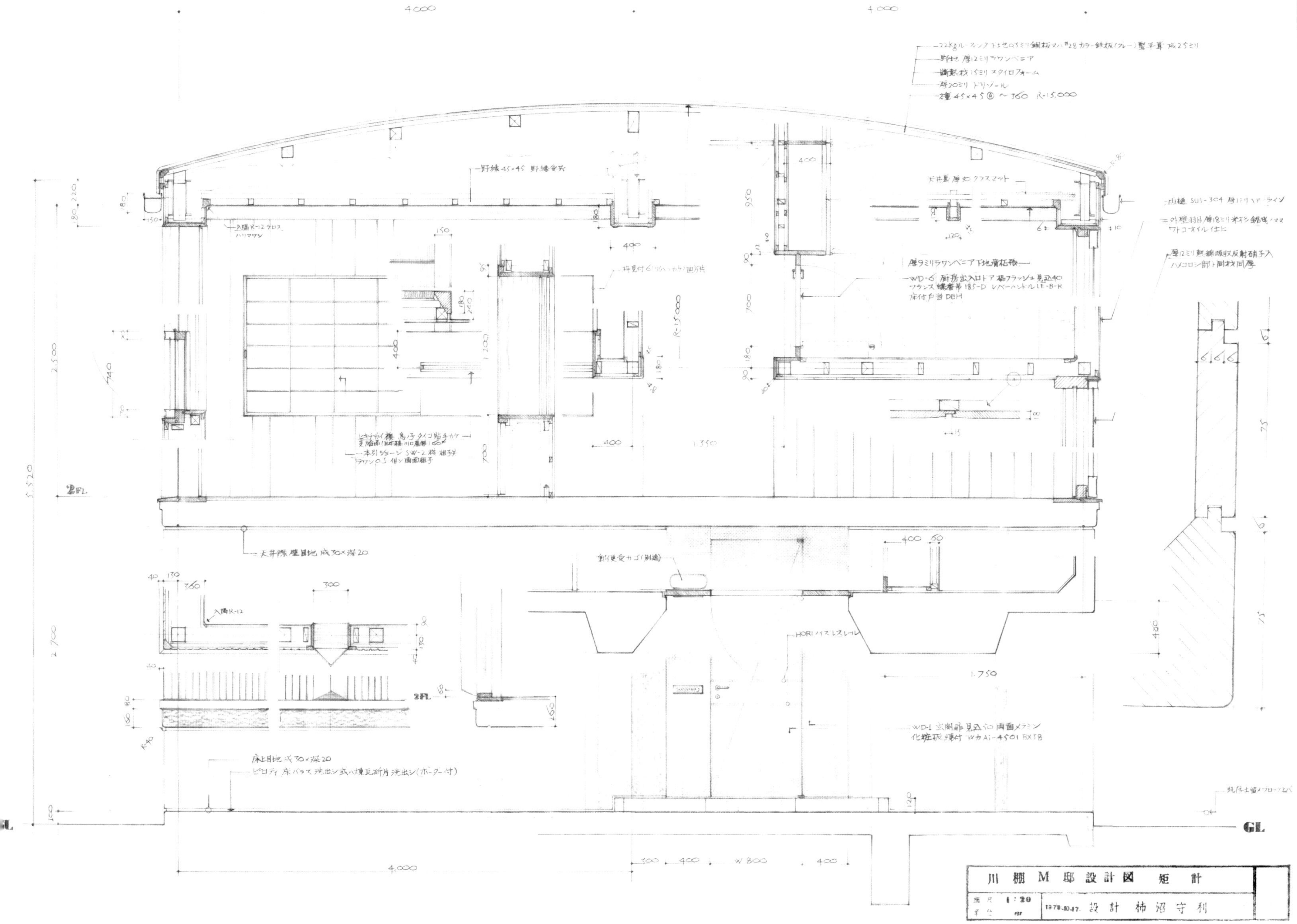


矩計図 S=1/40 (1/20原図を50%縮小)

# 本島町Y邸

Motoshima-cho
Y House

1982

低層ビルの最上階につくられた中庭をもつ住居。和室から庭を介して広間が見える。

——広間。左のガラス扉を開けると玄関ホールに繋がる。
照明を仕込んだ波打つ天井は厚1.6mmの鉄板を曲面に加工し、左官で仕上げている。

| | |
|---|---|
| 所在地 | 長崎県佐世保市 |
| 用途 | 住宅 |

**右頁**　居間・食堂、サロンは広々とした一室空間だが、存在感のある円柱と仕上げによって、空間に変化を与えている。

**左頁**
**右**　エレベーターホール。右手に見えているのが玄関扉。正面の壁の左端のスリット窓から庭が僅かに見える。
**中**　玄関ホールから西面の丸窓を見る。
**左**　浴室。天井の一部の排気用のスリットも意匠の一つになっている。

**右頁**｜畳廊下から主室、光庭、その奥のサロンまで見通す。

**左頁**｜主室床の間を見る。
床柱は床框より壁際に寄せ、床脇は床の壁から奥にずらして設けられている。

右頁　居間・食堂。波打つ天井の意匠はサロンへと連続する。

左頁
右上　寝室と主室の間の廊下壁の飾り棚。
右下　和室居間。落掛と床柱のみで表現された床の間。
左　水屋から和室居間を見る。

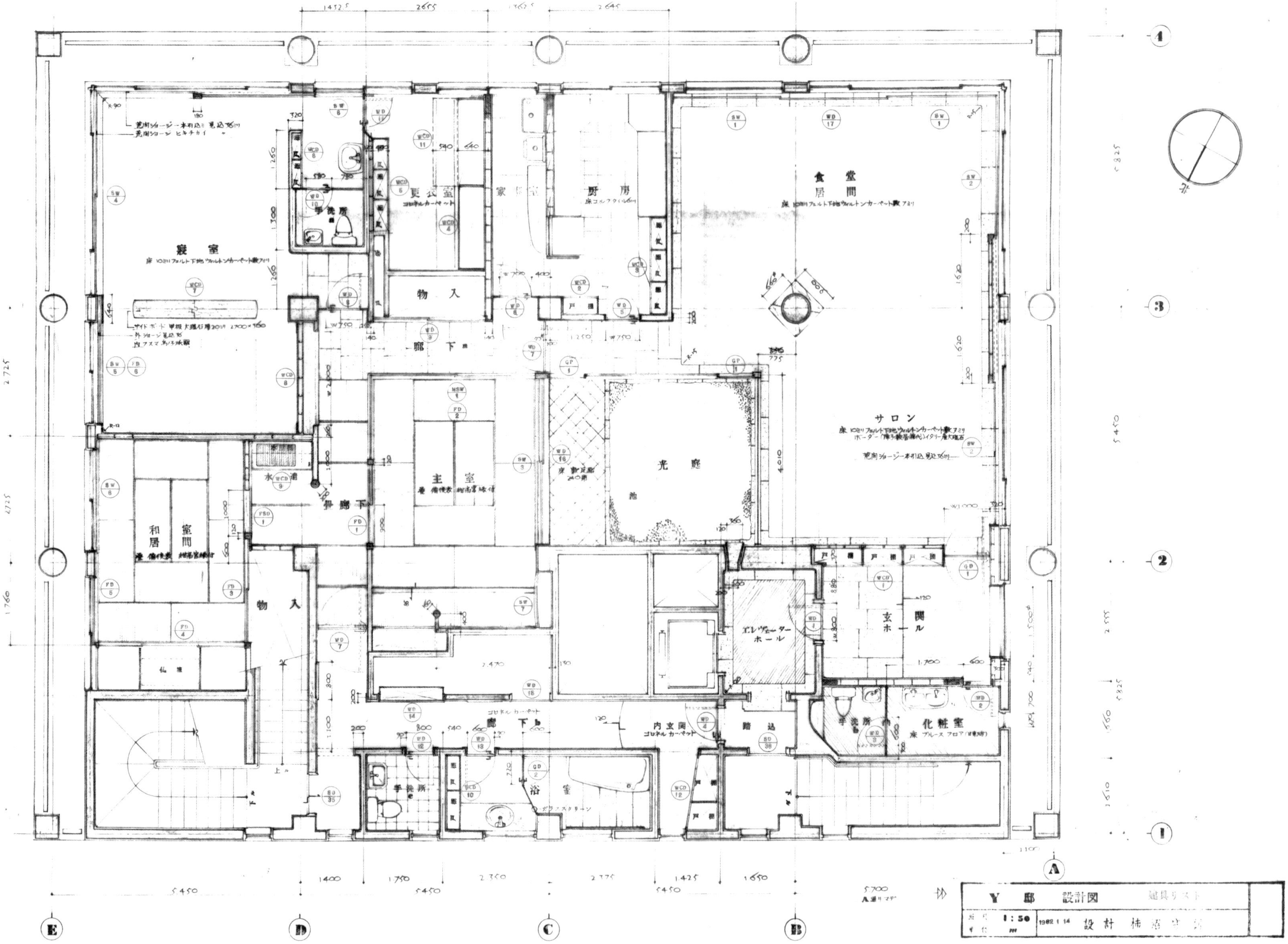


平面図　S=1/100（1/50原図を50％縮小）

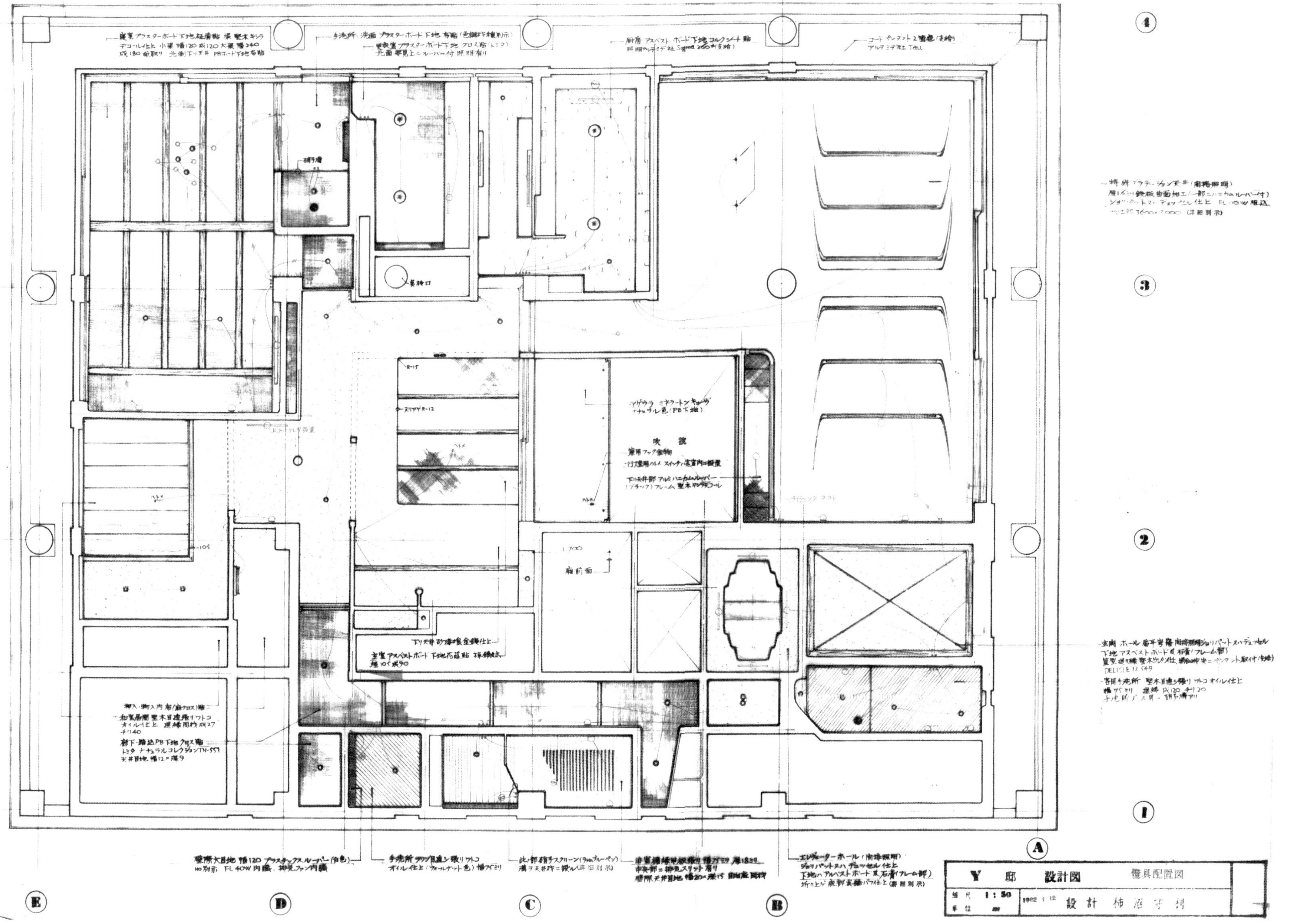


天井伏図　S=1/100（1/50原図を50％縮小）

# 輝国I邸

Terukuni
I House

1987

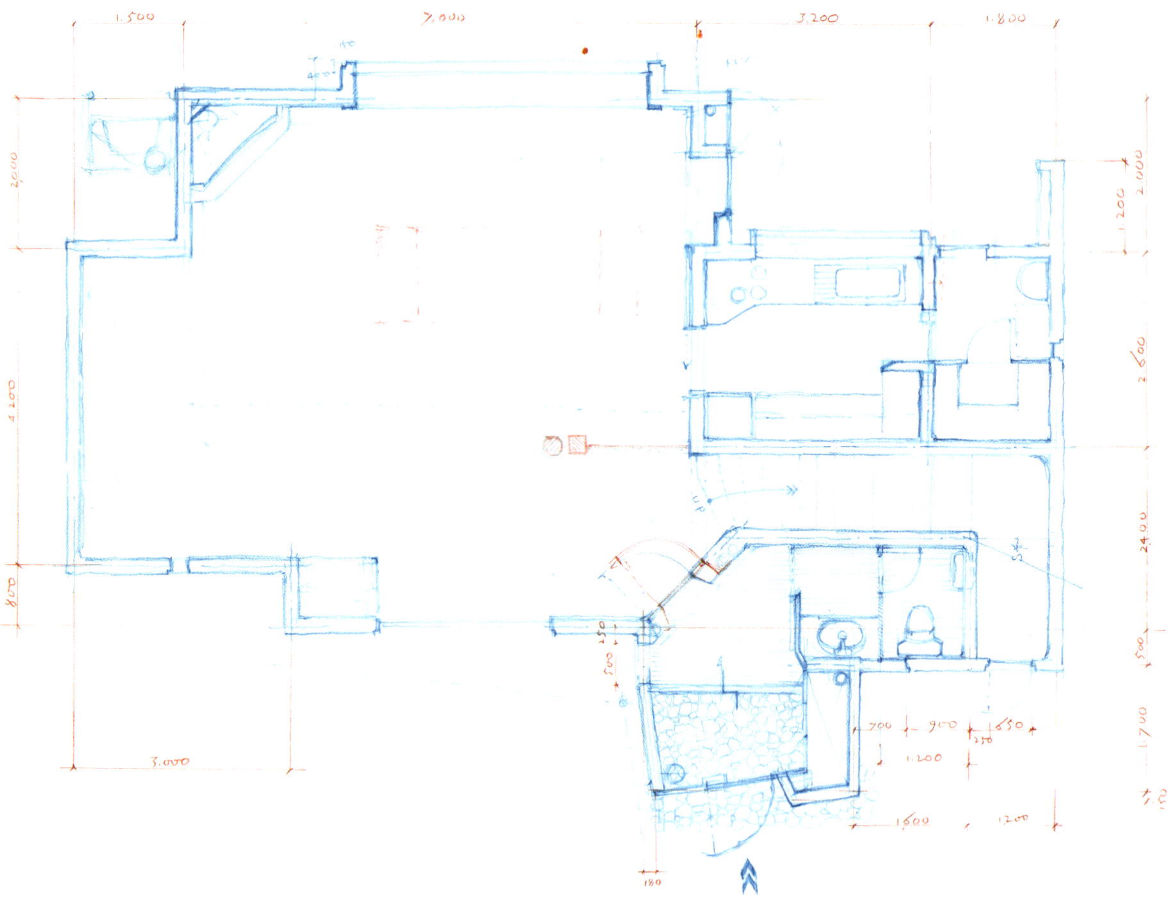

検討段階の１階平面図（原図を30％縮小）

——居間・食堂。右側が玄関、左の扉が台所。床はスペイン製のテラコッタ。
テーブルもオリジナルデザイン。

| | |
|---|---|
| 所在地 | 福岡県福岡市 |
| 用途 | 住宅 |
| 施工 | 直営 |
| 主体構造 | RC造 |
| 敷地面積 | 352.49㎡ |
| 延床面積 | 217.35㎡ |

**右**　アプローチから外観を見る。外部はRC打放しで、1階は型枠を斜めに貼ってアクセントにしている。

**中**　玄関。コンパクトだが、壁の角度が少し振ってあり、狭苦しさはない。右手に洗面とトイレがある。

**左**　玄関を進み、居間・食堂に繋がる。面格子によって緩やかに玄関からの視線を遮る。造り付けの暖炉の左側にはルーバー付きのトップライトがある。

**右**　暖炉のある東面を見る。壁は下地の壁紙を白く塗装した後、オイルを塗って仕上げている。

**左**　居間・食堂の北面の地窓は中央を嵌め殺し、左右を通風用の開口部としている。
窓上には飾り棚を設けている。

**右**　南の庭からの夕景外観。欅は家が建つ前に植えられていたもの。

**左**　2階ベランダ。寝室、子供室、和室と繋がっている。

右頁　右　階段室。開口はなく、仄かに明かりが灯る。
　　　左　階段はモルタルリシン掻き落としの上、ローラーでVP塗装。左官職人の腕が光る曲面の壁。

左頁　右　廊下から寄付(よりつき)と、その右の和室を見る。手前右は3階への階段。
　　　左上　和室から寄付とその奥のベランダを見通す。
　　　障子の窓は楕円形になっていて、その影がうっすらと映る。
　　　左下　開口部を抑えた寝室。

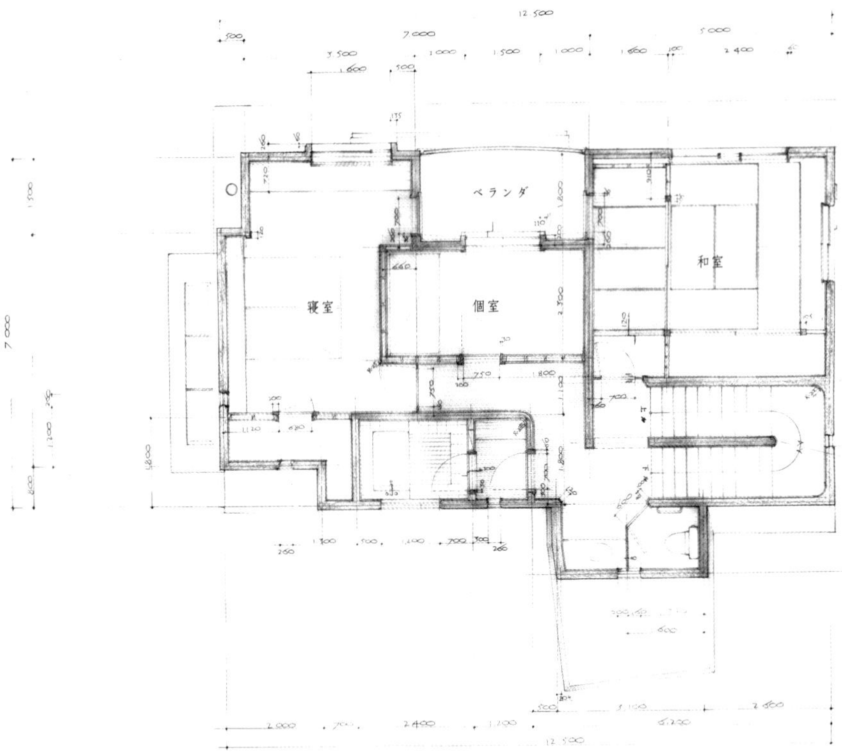


2階平面図　S=1/150（1/50原図を33.3％縮小、方位：下が北）

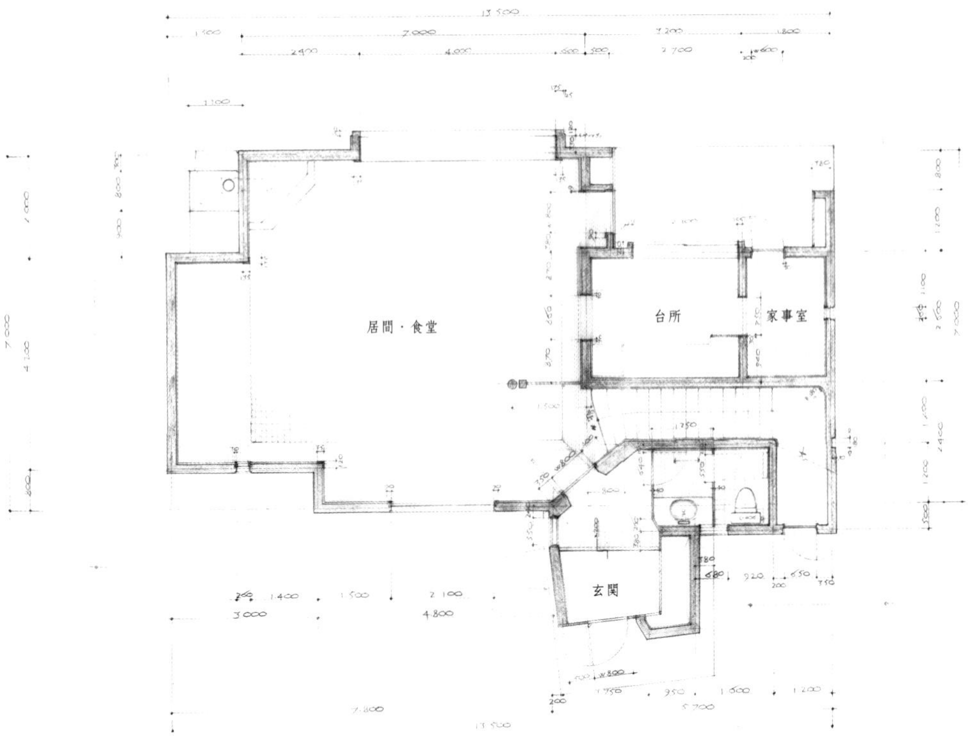


1階平面図　S=1/150（1/50原図を33.3％縮小、方位：下が北）



## 建築資料

建物名……輝国I邸
所在……福岡県福岡市
家族構成……夫婦＋子供2人
-
設計……柿沼守利
-
施工……直営
設計期間……1987年9月
構造規模……RC造3階建

敷地面積……352.49㎡
延床面積……217.35㎡
（1階/89.49㎡　2階/96.61㎡　3階/31.25㎡）

［主な外部仕上げ］
屋根……RCスラブ木下地の上サビナシルーフ瓦棒葺き
壁……RC打放し破水剤塗布
建具……スチール型鋼加工ガスケット止め、一部木製建具
ベランダ……床/木製スノコ　手摺/溝型鋼100㎜×50㎜曲げ加工、手摺子/真鍮丸鋼4本吹寄せ

［主な内部仕上げ］
天井……玄関・ホール/コペンハーゲンリブ　居間・食堂/ラワンワトコオイル仕上げ、スレート張りVP塗装　和室/板張り目透し幅240㎜、下天井部:PBボード下地京壁仕上げ（壁と見切りなし）
壁……玄関・ホール・居間・食堂/PB下地麻クロス貼りの上VP塗り　台所/磁器タイル200㎜角　階段/リシンモルタル掻き落としVP吹付け
床……玄関/丹波石乱貼り　ホール/ナラフローリングワトコオイル仕上げ　居間・食堂/テラコッタ150㎜角貼り　台所・寝室・子供室・廊下/ナラフローリング　階段/ナラ集成材ウレタン仕上げ　和室/畳　廊下/PB下地ジョリパット吹付け　寝室/ラワン小幅板張りW.O仕上げ

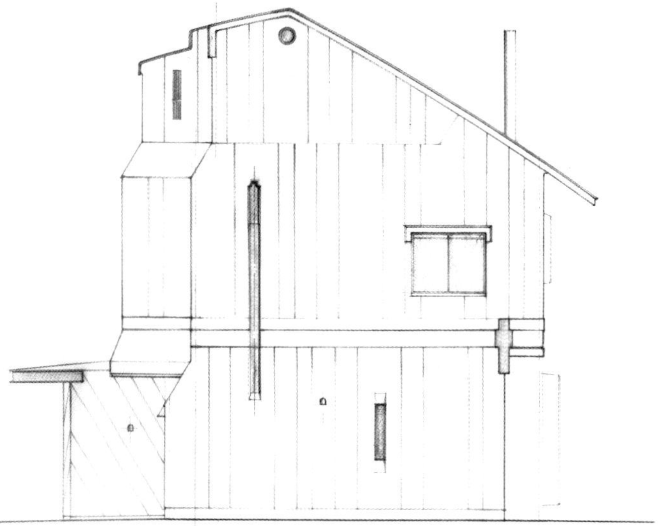

東立面図　S=1/150（1/50原図を33.3%縮小）

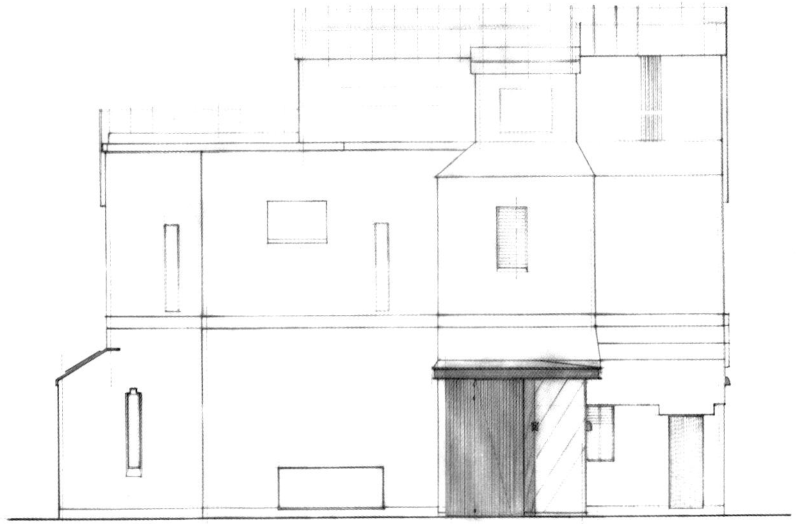

北立面図　S=1/150（1/50原図を33.3%縮小）

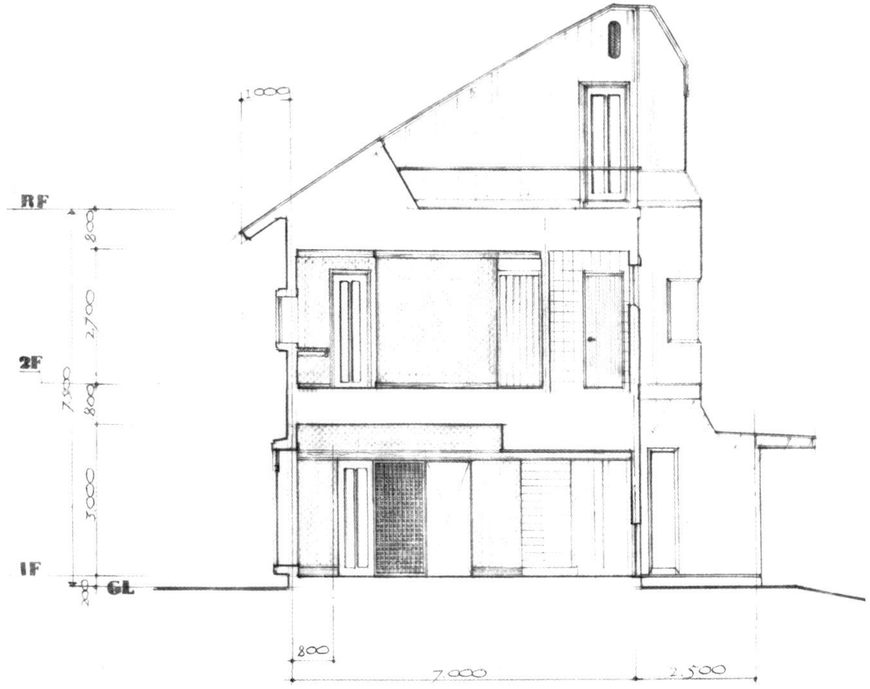


断面図　S=1/150（1/100原図を66.7%縮小）

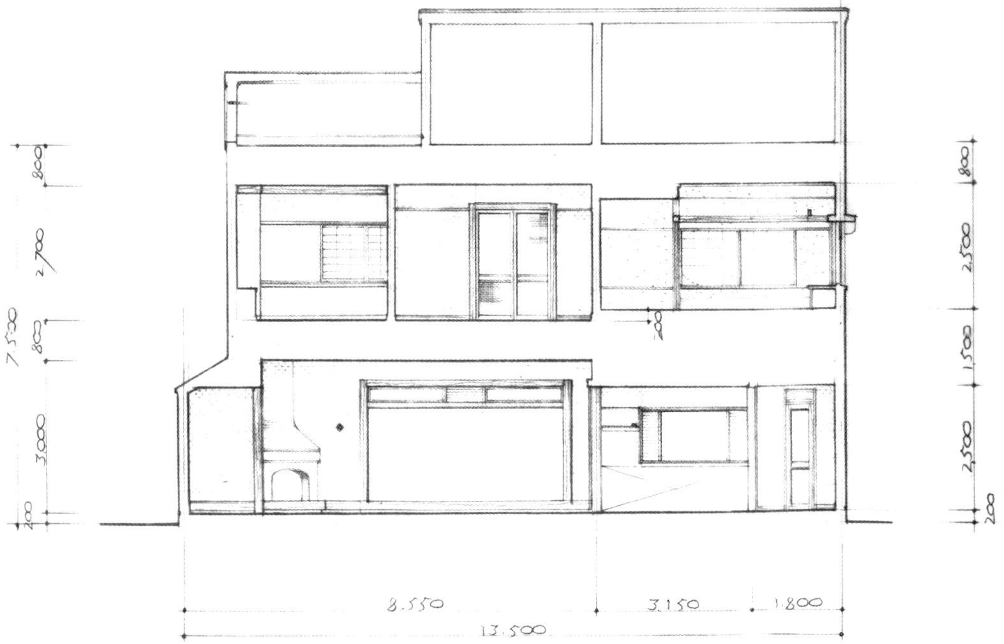


断面図　S=1/150（1/100原図を66.7%縮小）

# 宗像名残荘

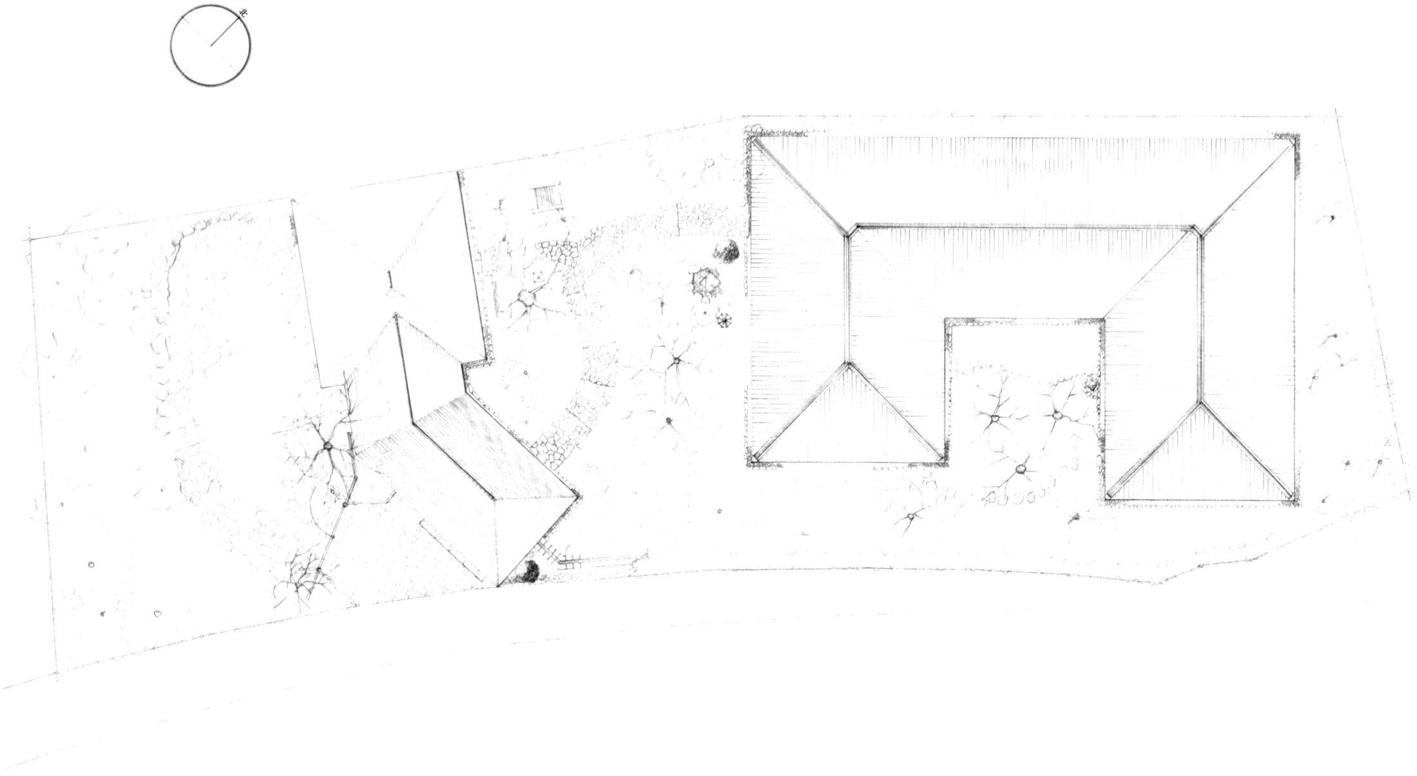

配置図　S=1/400（1/100原図を25％縮小）

## Munakata Nagori House

1990

| | |
|---|---|
| 所在地 | 福岡県宗像市 |
| 施工 | 川原工務店 |
| 主体構造 | 木造 |
| 敷地面積 | 1,632㎡ |
| 建築面積 | 361㎡ |
| 延床面積 | 303㎡ |

——応接室から中庭を見る。中庭を縁が囲み、寺のような雰囲気が漂う。
アカマツと小熊笹、スギゴケの簡素な庭。

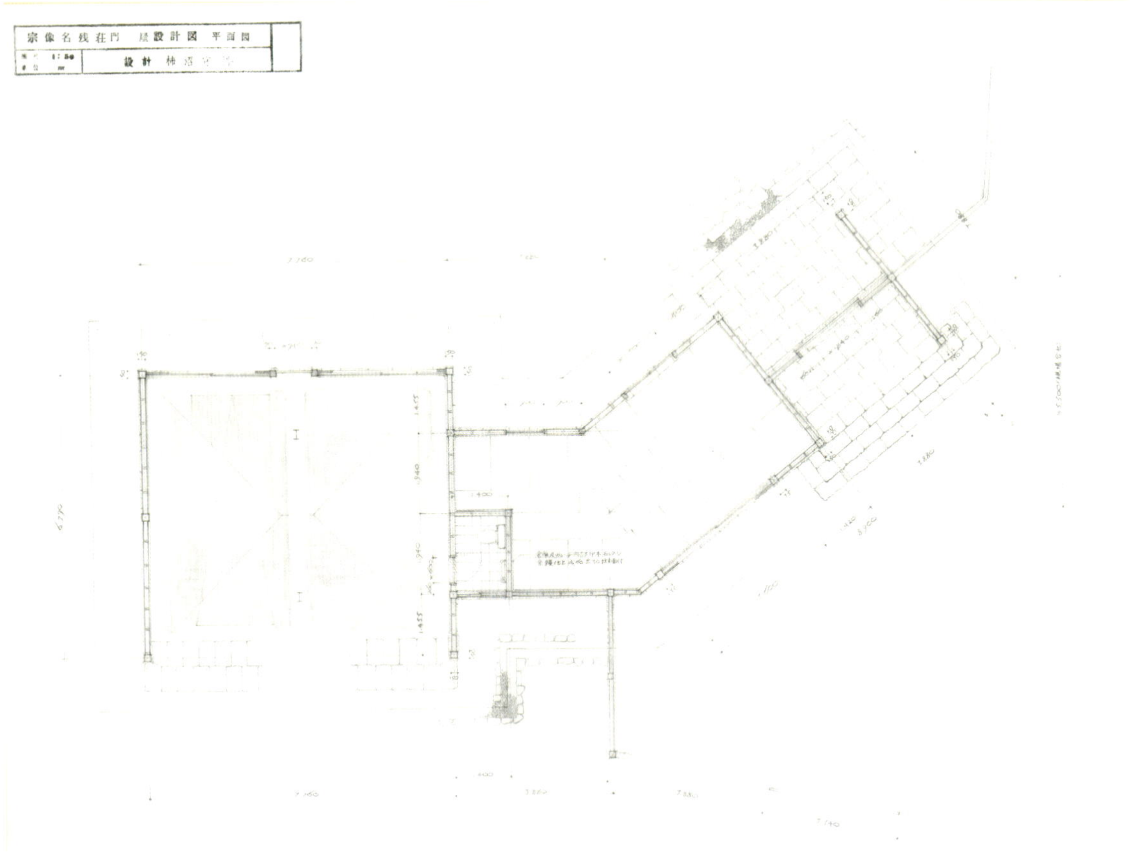


門屋平面図　S=1/180（1/50原図を27.8％縮小）

右頁
上　門屋。
下　敷地全体を見る。背後に小山があり東側に道路が通る。

左頁
門屋から前庭と主屋を見る。主屋は僅かにむくりのついた大屋根がかかる。
庭の石積みは九州北部に古くから見られるものを手本にしている。

**右頁**　主室前の廊下から中庭を見る。犬走りと廊下が庭をコの字型に囲む。床はどちらも300㎜角の燻し貼り。日が暮れると、池や燻しタイルに灯りが反射する。

**左頁**

**右上**　応接室。天井は屋根の形と呼応しながら、折り上げ天井が連続するようなかたちで柱に向かって次第に高くなっている。
アーチ状の襖を開けると客室（和室）に繋がる。その右の扉は水屋で、奥で客室と繋がっている。

**右下**　西側の庭方向を見る。客室側の壁に腰掛けられる場を設け、畳を敷いた。

**左**　柱はクリの八角。床は犬走りと廊下と同じ燻しタイル貼り。家具はこの家のために選んだデンマークのフレデリ社製。

**右頁**｜主室前の廊下。主室は廊下から200㎜床レベルを上げている。丸柱は岩手県産のクリ。
2間幅のガラスを丸柱の間に入れるなど、随所に職人の技が生かされている。

**左頁**｜三畳余の床の間を備えた主室。柱には節のないスギを使った。

**右**　8畳間の客室。天井は黒部スギの網代天井。

**左上**　客室の北側に設けられた水屋。床は水に強いカリン、棚の扉はキリ材を使った端喰戸(はしばみど)。

**左下**　西側の庭。万成石の飛び石は京都の職人が敷いた。

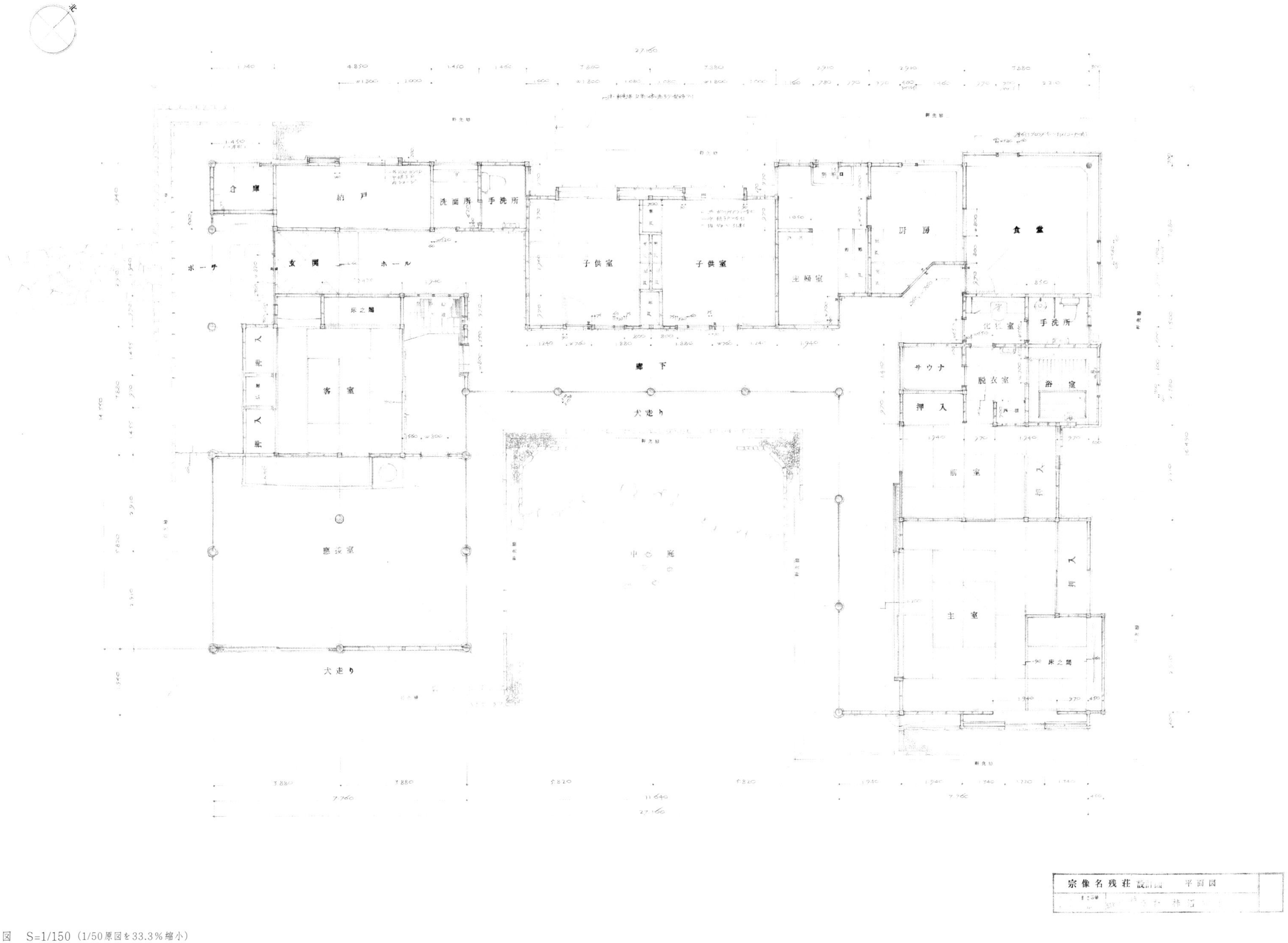


平面図　S=1/150（1/50原図を33.3％縮小）

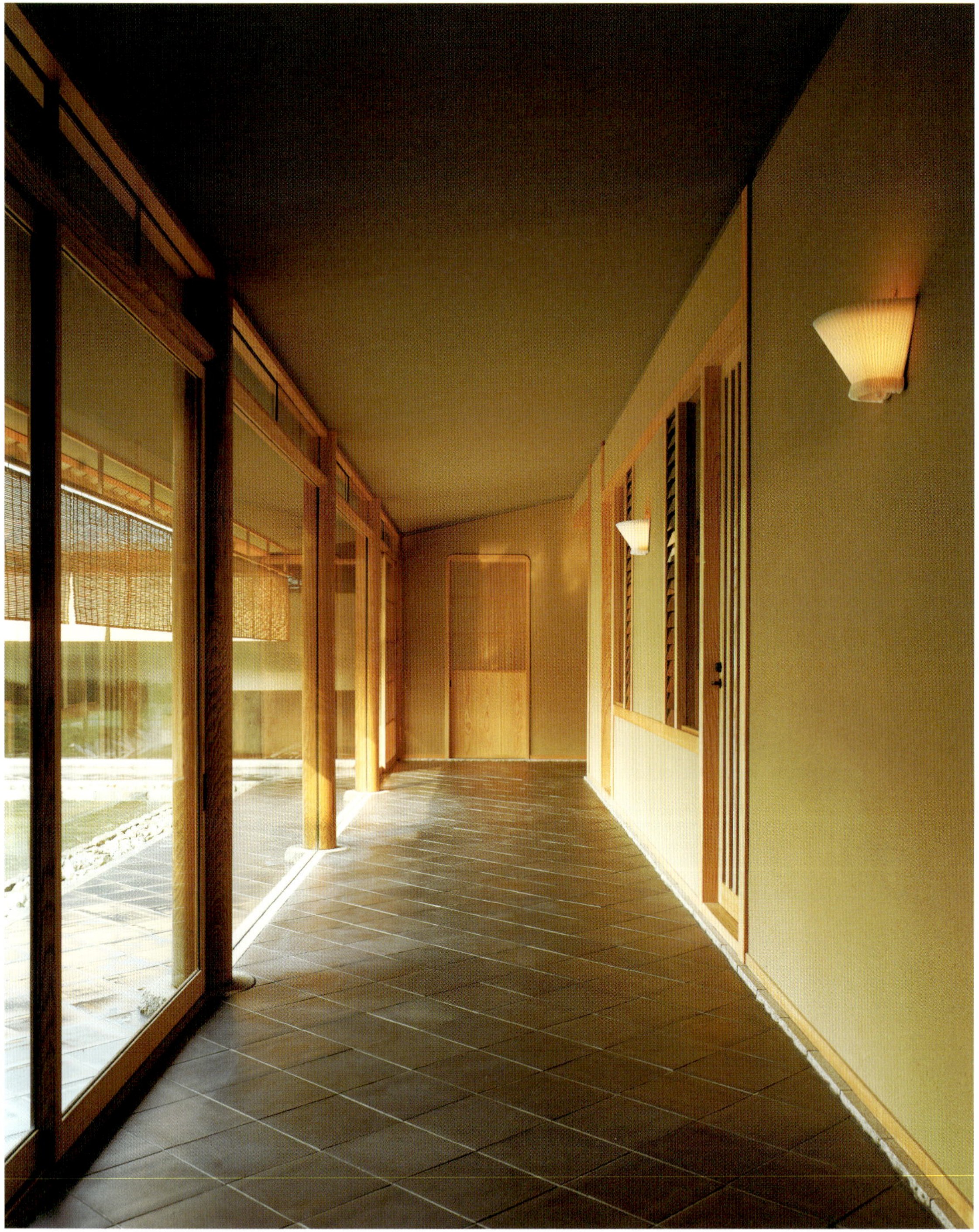

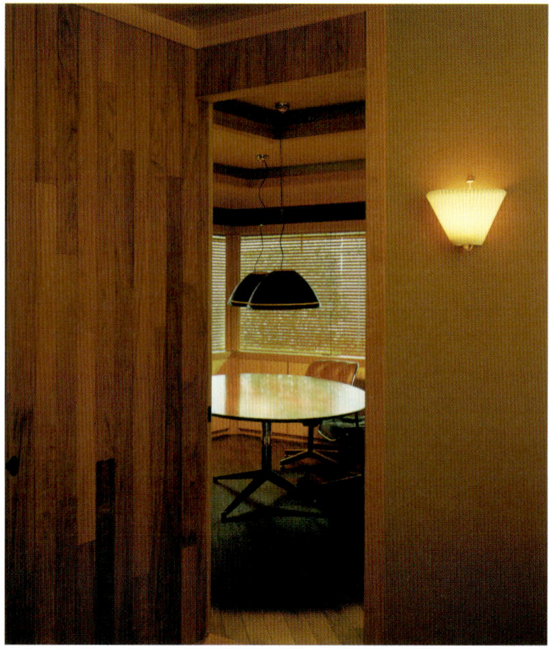

**右上**　食堂。チークフローリングで床暖房が入っている。

**右下**　玄関。上り框は本磨きの黒御影石。

**左**　子供室前の廊下。正面奥の扉を開けると水屋・客室に繋がる。

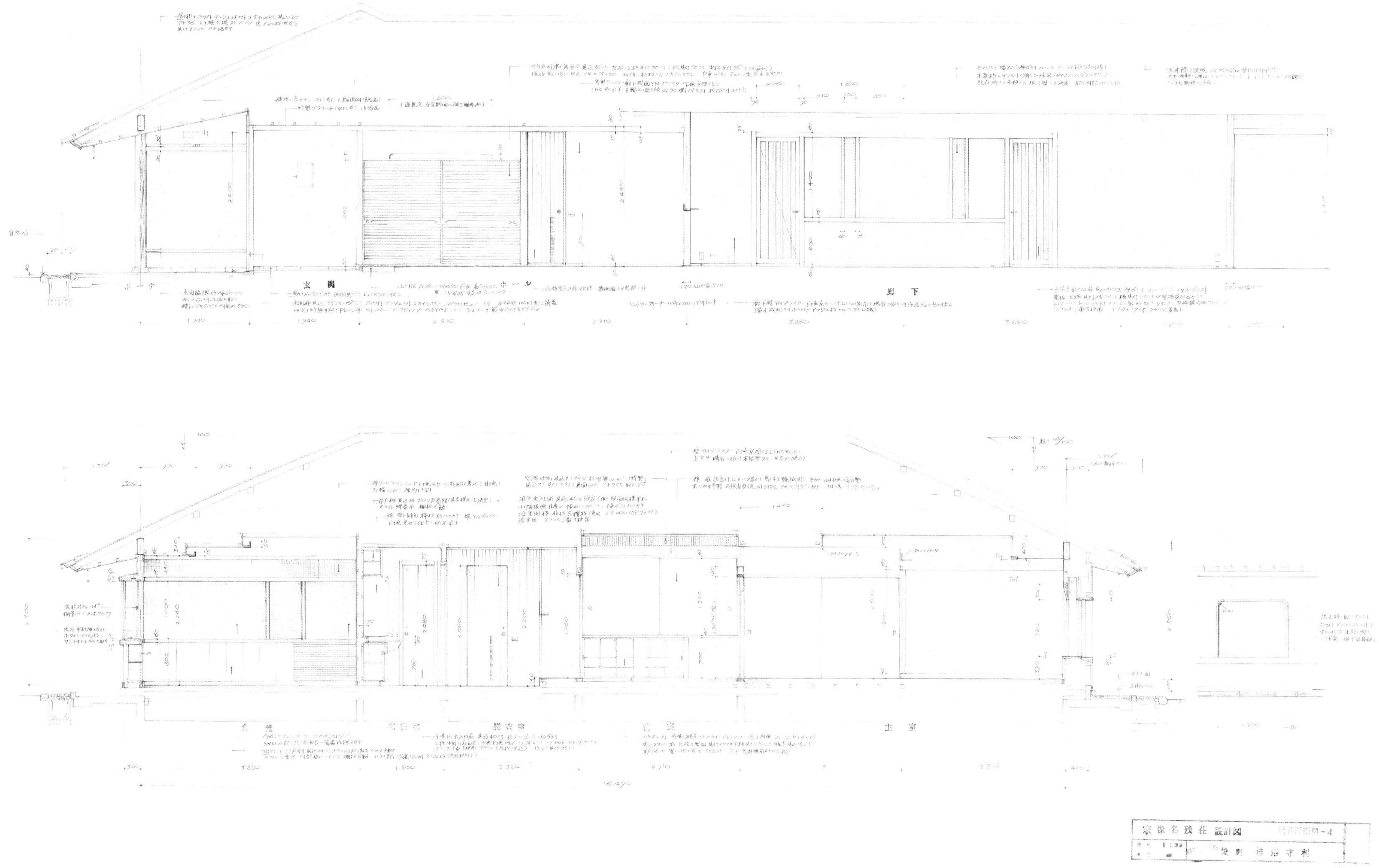


上段：玄関ー廊下矩計図　下段：食堂ー主室矩計図　S=1/85（1/30原図を35.3％縮小）

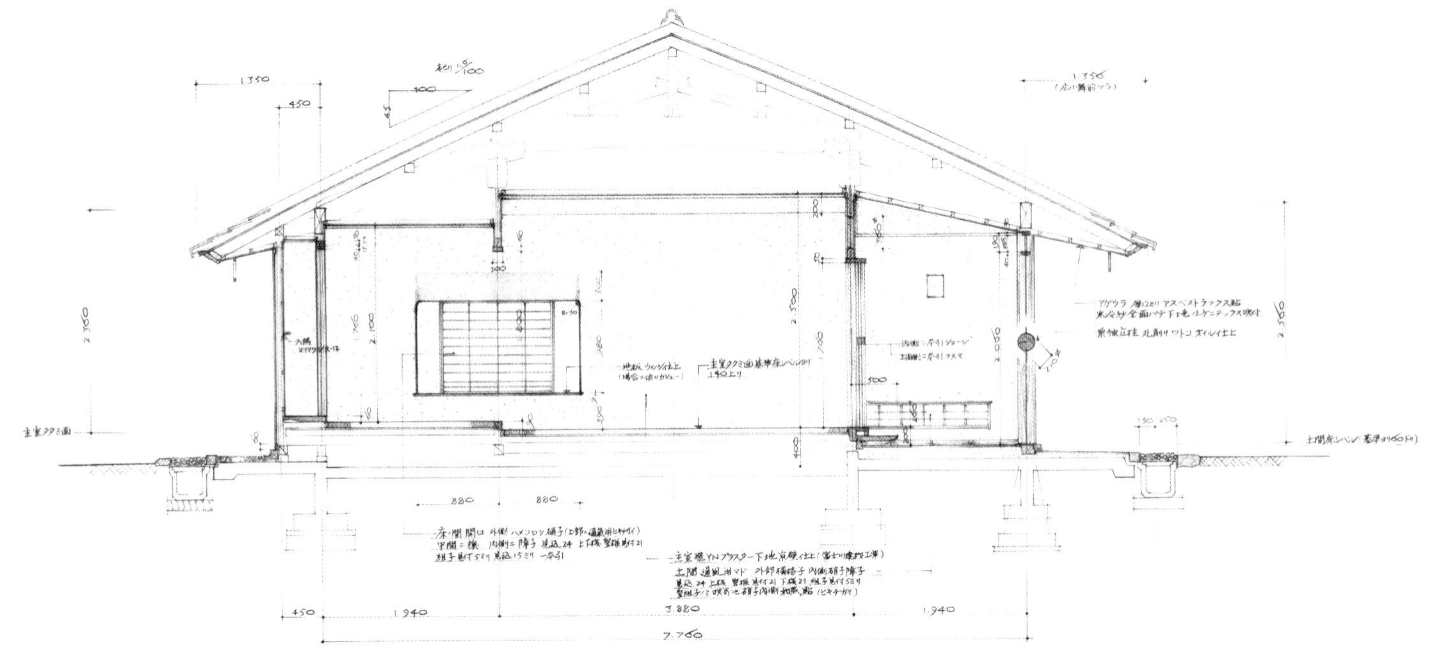

主室—廊下矩計図　S=1/80（1/30原図を37.5％縮小）



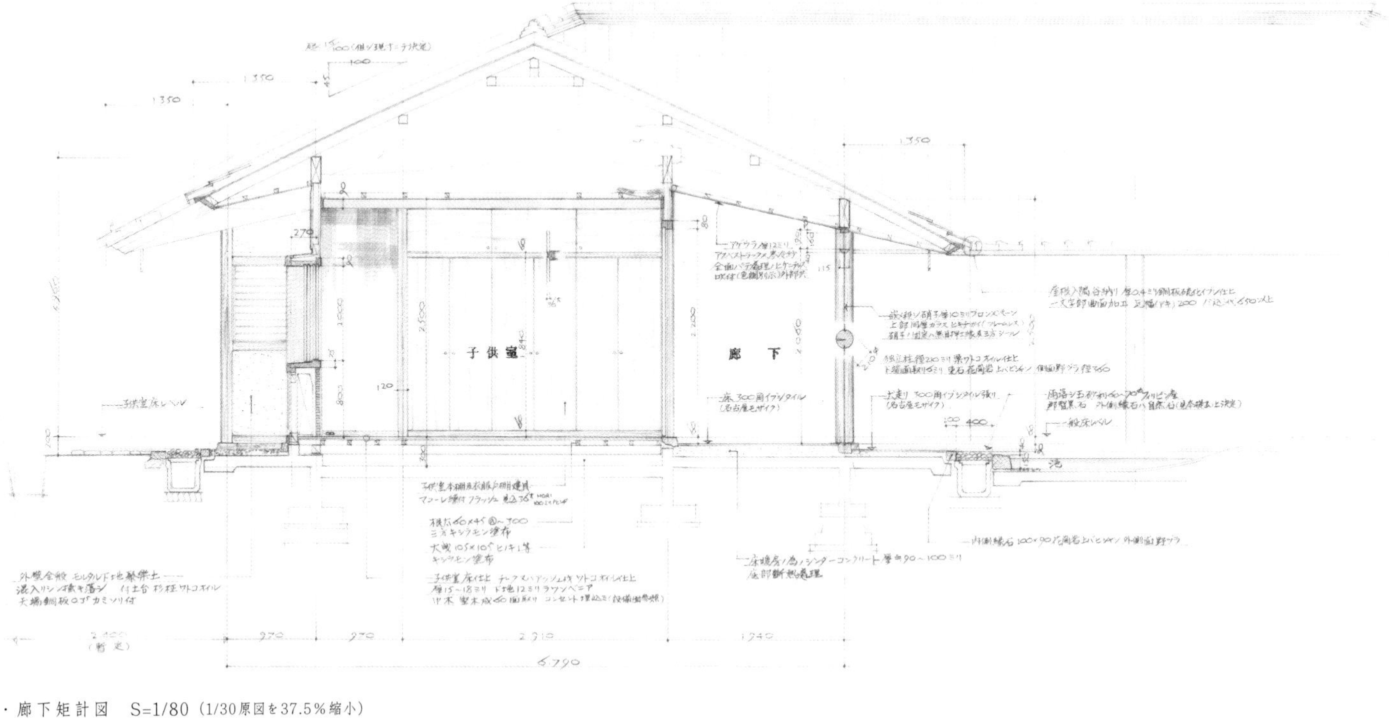


子供室・廊下矩計図　S=1/80（1/30原図を37.5％縮小）

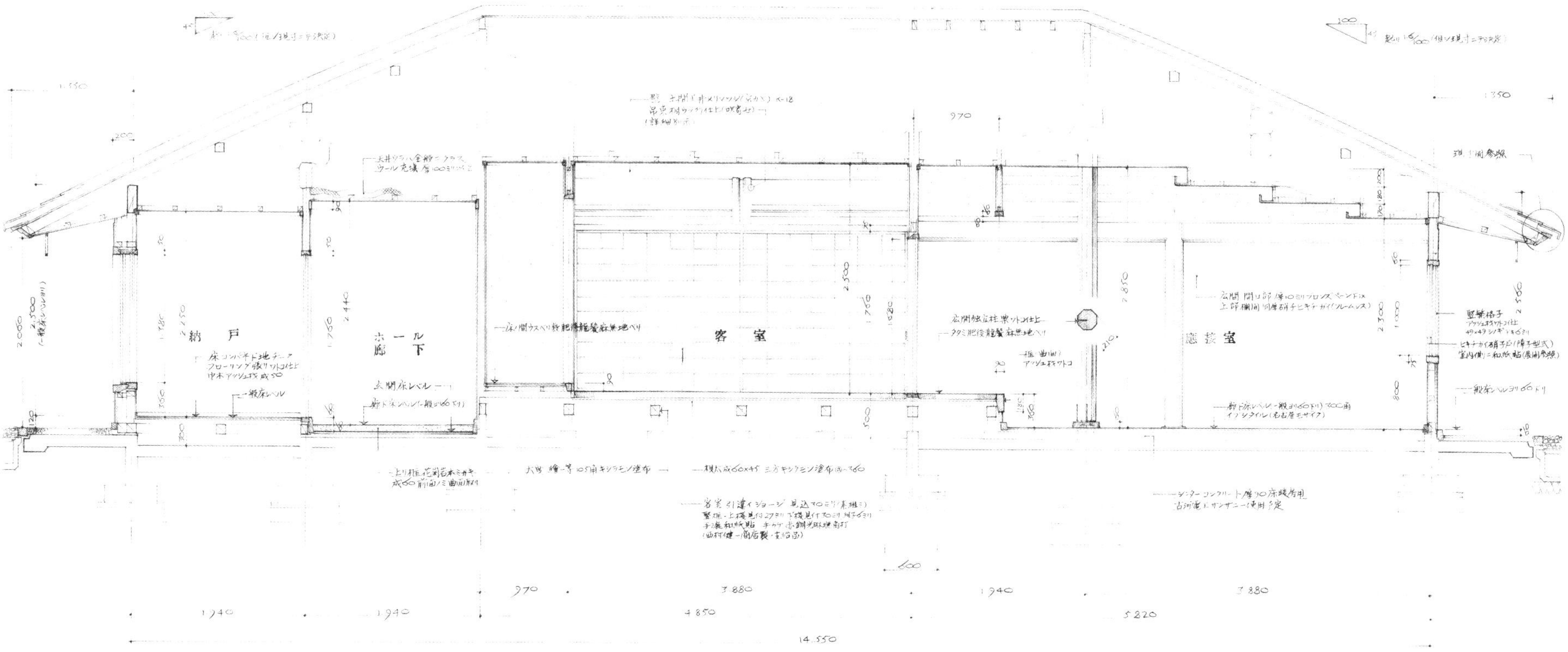


納戸ー客室ー応接室矩計図　S=1/70（1/30原図を42.9％縮小）



## 建築資料

建物名……宗像名残荘(むなかたなごりそう)
所在……福岡県宗像市
-
設計……柿沼守利
-
施工……川原工務店(川原喜代司)
大工/徳田正弘
造園/高尾四郎
施工期間……1988年12月―1990年7月
構造規模……木造平屋建

敷地面積……1,632㎡
建築面積……361㎡
延床面積……303㎡

[主な外部仕上げ]
屋根……三州一文字瓦葺き
軒天……砂壁状吹付け塗料
壁……聚楽土混入りリシン掻き落とし
建具……木製建具

[木材]
独立柱……クリ材ワトコオイル仕上げ
柱……スギ材ワトコオイル仕上げ
土台……ヒノキ一等材
内部造作材……スギ、アッシュ、クリ他

[主な内部仕上げ]
天井……玄関・ホール/アッシュ厚板乱張りワトコオイル仕上げ　応接室/砂壁状吹付け塗料変形折り上げ天井　客室/黒部スギ網代天井　前室・主室/スギ中杢竿縁天井
壁……玄関・ホール・廊下・応接室・客室・洗面所・トイレ・前室・主室/プラスター下地京壁　食堂/フランス製モケット貼り　台所/ビニルクロス貼り、流し台周辺:大理石貼り
床……玄関・ホール・廊下・応接室/300㎜角燻しタイル斜め貼りモルタル目地:3㎜　客室/土間:300㎜角燻しタイル斜め貼りモルタル目地:3㎜、畳　洗面所・トイレ・子供室・食堂・厨房/チークフローリングワトコオイル仕上げ　前室/畳、新高宮べり　主室/畳、新高宮べり、床の間:麻無地べり、床框:溜漆仕上げ

# 香住ヶ丘の舎

Kasumigaoka House

1994

| | |
|---|---|
| 所在地 | 福岡県福岡市 |
| 用途 | 住宅 |
| 施工 | 梶原孝信（直営） |
| 主体構造 | 木造一部RC造 |
| 敷地面積 | 257.23㎡ |
| 建築面積 | 110.26㎡ |
| 延床面積 | 180.26㎡ |



敷地は福岡市の東部、博多湾を間近に望む丘の斜面に位置する。この付近一帯は、和白《わじろ》干潟と呼ばれ、水鳥をはじめ多くの生物の棲息にまたとない環境である。しかし福岡市や運輸省港湾局などが湾の一部を埋め立てるようになり、無惨にもその生態系が大きく崩れはじめ、この福岡においても地域的な保護運動が起こり、建主も率先して署名をしたひとりである。

建主が長年取得したままであったこの地に、住居を建てたいという相談を受けた。比較的広さのある部屋を中心に、ひとり住まいの要件を満たすという以外の要求はなかったと記憶する。市内で食事の店を営み多忙をきわめる建主が、日頃の喧騒を離れて静かに松涛・松籟に親しむことのできる落ち着いた空間の創造を心がけた。

構成要素を簡浄素樸とローコストの2点に絞り、住まい手の精神を和ませるに欠くことのできない適度の明るさと仄暗さを保つため、天井の高さの確保に加え、壁面量と開口部の割合を考慮した。時の経過がもたらす素材の肌理や風合いを求めて、クリ、チーク、アサメラ、トネリコなどを用いてワトコオイルで仕上げた。外部に面する開口部には隙間風を覚悟のうえでその大半を木製建具にした。

海側の斜面を生かして、できるだけ整地に手を加えずに工事に入り、基礎の一部を掘り下げてバックヤードに利用した。この5坪余りの半地下を、通用口を兼ねた倉庫兼ユーティリティに当てたが、週末の来客が多い建主にとって、料理の下ごしらえや酒類のストック等に欠かせない場所となっている。

棟上げの直後からこの仕事を支えてくれた棟梁の梶原孝信氏は、大分県日田市から片道2時間余りの道程を通い、実に丁寧に根気よく各部の納まりを仕上げ、この建物に生気を吹き込んでくれた。

家具、調度類の調達は、建主と私の共通の友人でありインテリア・デザイナーの永井敬二氏に計画の当初より依頼し、主に北欧のオークションで入手した品々は、工事の着工時分からそのほとんどが揃えられていた。

5月になると家の周囲の菫や小手鞠が咲く。竣工から約30年となり、木々も大きく育った。住まい手の感性を生かしつつ、彼女はこの家を十分に住みこなしている。

——東から見る外観。博多湾を望む丘の斜面に建つ。

右頁
右　玄関。土間部分は五島石の乱貼り。扉のドアノブは真ん中に設けることが多い。
左　玄関に合わせて李朝の箪笥が選ばれた。

左頁　玄関から広間を見る。

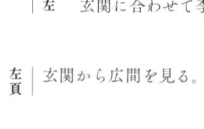

**右頁**

**右**　広間東面の窓から楠が見える。上部は嵌め殺し、下部に通風用の内倒し窓を設けている。
枠を兼ねた右側の丸柱はクリ材。
天井高は棟のところで4,200㎜、北側は2,200㎜、南側は2,500㎜。

**左**　南面に造り付けた暖炉。イプ・コフォード・ラーセンのエリザベスチェアなど
北欧の家具が置かれている。

**左頁**

北面を見る。左手に博多湾がある。
東面の窓と同様、上が嵌め殺し、下が通風窓。
室内の壁、天井はナチュラルクロスで統一している。

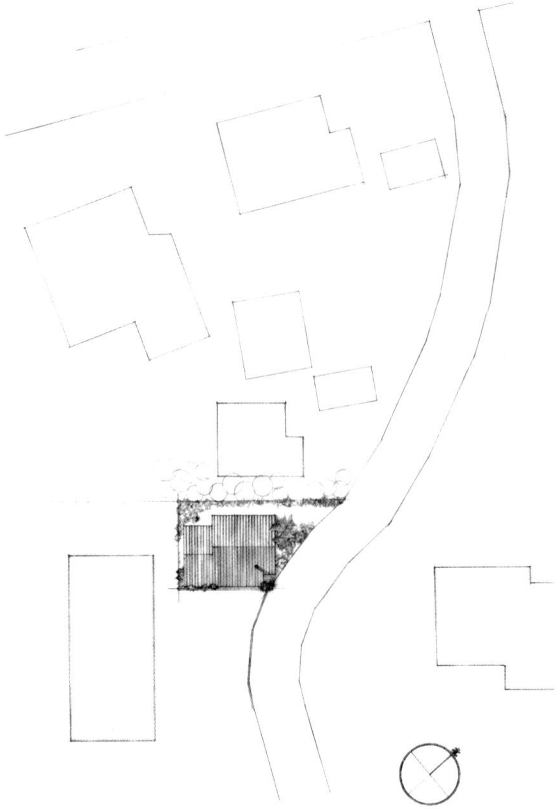

配置図　S=1/1200（1/400原図を33.3％縮小）

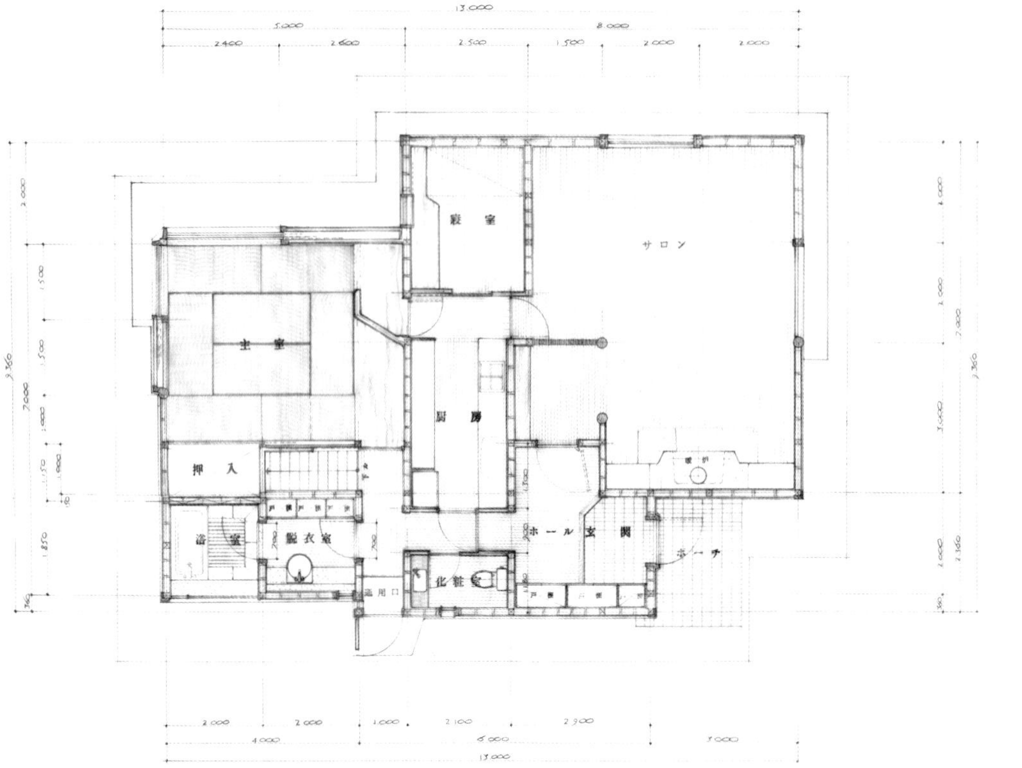


平面図　S=1/150（1/50原図を33.3％縮小）

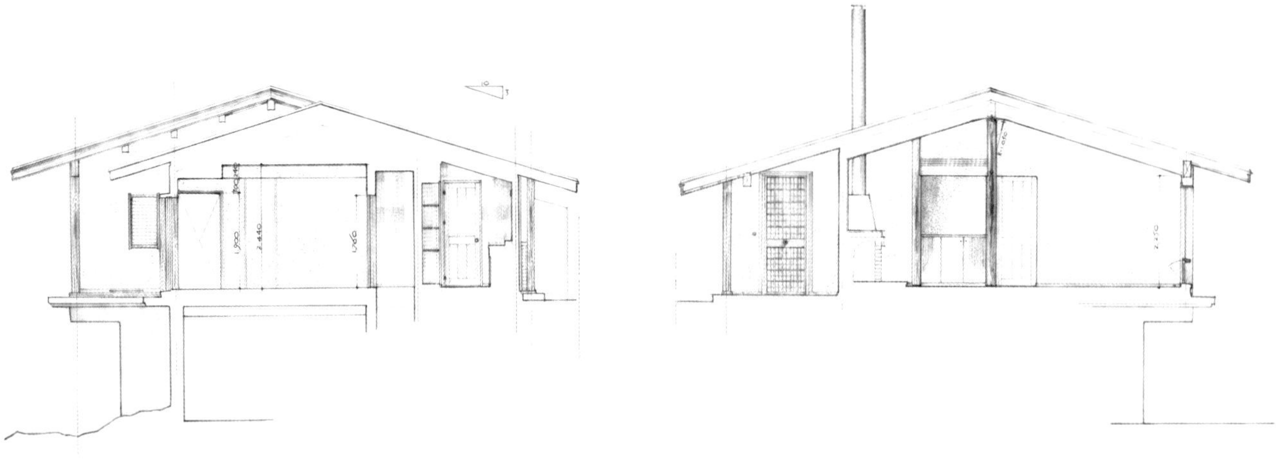

断面図　S=1/150（1/50原図を33.3％縮小）

右　畳の主室。右手は床の間、左手は主室への出入口。
出入口側の床の間の壁を斜めに立てて、あえて主室への動線を長くしている。

左　斜面地を生かして設けたRC造の半地下。
食品のストックや、建主が集めた北欧家具が多数置かれている。

## 建築資料

建物名 ……… 香住ヶ丘の舎
所在 ……… 福岡県福岡市
家族構成 ……… 1人
-
設計 ……… 柿沼守利
構造設計 ……… 渡辺守秀
-
施工 ……… 直営
大工棟梁/梶原孝信
設備/松山工業
電気/アフロ電工
外構・造園/中村造園土木
建具・造作/高木工作所

設計期間 ……… 1993年6月―1994年2月
工事期間 ……… 1994年4月―1994年12月
構造規模 ……… 木造一部RC造地下1階地上1階建
基礎 ……… ベタ基礎
敷地面積 ……… 257.23㎡
建築面積 ……… 110.26㎡
延床面積 ……… 180.26㎡
(地階/76.90㎡　1階/103.16㎡)
建蔽率 ……… 42.86%(50%)
容積率 ……… 69.99%(100%)
地域地区 ……… 第一種住居専用地域

[主な外部仕上げ]
屋根 ……… 木毛板・コンパネ下地ガルバリウム鋼板厚0.4㎜瓦棒葺き
軒裏 ……… 化粧木毛板(無塗装)
壁 ……… モルタル(クラッシャー混入)掻き落とし
建具 ……… 木製建具、ブロンズ系熱線吸収ガラス

[主な内部仕上げ]
天井 ……… 広間・寝室・玄関/プラスターボード厚9㎜+12㎜下地ナチュラルクロス貼り　和室/砂漆喰クリアラッカー押え一部ナチュラルクロス貼り　台所/フレキシブルボード厚6㎜+6㎜VPローラー仕上げ　浴室/フレキシブルボード下地OP仕上げ、ヒノキルーバー幅30㎜高さ36㎜@20㎜
壁 ……… 広間・寝室・玄関/プラスターボード厚9㎜+12㎜下地ナチュラルクロス貼り　和室/砂漆喰クリアラッカー押え　浴室/ヒノキ板幅60㎜張り、腰:花崗岩(インパラ)本磨き
床 ……… 広間/コンパネ下地チーク材フローリング厚12㎜　和室/畳敷き、床板:カリブマツ　寝室/チーク材フローリング厚15㎜ワトコオイル仕上げ　玄関/チーク材フローリング厚15㎜ワトコオイル仕上げ、土間部:五島石貼り　台所/チーク材フローリング厚15㎜　浴室/伊豆石水磨き、一部ヒノキスノコ

[設備]
冷暖房 ……… 空冷ヒートポンプ式エアコン、造り付け暖炉
給湯 ……… ガス給湯器
給排水 ……… 排水方式/下水放流(ポンプアップ)

[主な設備機器]
衛生機器 ……… TOTO、ボラ
台所機器 ……… 別注
家具 ……… 食堂/A.J.IVARSEN
広間/クリスチャン&ラーセン
建築金物 ……… 堀商店

# 地行T邸

Zigyou T House

1996

| | |
|---|---|
| 所在地 | 福岡県福岡市 |
| 用途 | 住宅 |
| 施工 | 直営 |
| 主体構造 | RC造 |
| 敷地面積 | 185.54㎡ |
| 建築面積 | 96.89㎡ |
| 延床面積 | 299.62㎡ |

福岡市中央区西端の海沿いに位置する地行《じぎょう》は、江戸時代初期、黒田藩が下級武士の屋敷町とするために区割り整地したことから、当時は地形という字を当て、この一風変わった地名となったらしい。1950年代まではすぐ前が遠浅の砂浜であった海浜は埋め立てにより遥か彼方に遠のき、細く狭い道路が当時を偲ばせる。市内で事業を営む建主が比較的整然と区割りされたこの地を好み、道路を隔てた向かい側に寺の伽藍や甍、樹木等を眺められるこの土地を選んだ。

夫妻と子供3人が暮らすためのこの家は、和室をもたない比較的単純な平面・立面によって構成される。まずローコストを考慮して外部をコンクリート打放しシリコン塗布、ピロティの床を花崗岩端材を目地に利用してコンクリート洗出しとした。外部に面する開口部はアルミサッシを使用、一部にスチールを用いて大型ガラスを壁面に直接取り付けた。内部建具はすべてトネリコ材框板戸のワトコオイル仕上げとした。これらの扉が40kgを超える重量のために、堀商店製特殊オリーブナックル蝶番3枚吊りとなった。内部壁面のほとんどは砂漆喰を塗り金ゴテで押さえた。階段室や天井の一部も同様に仕上げた。

一面住宅が建ち並ぶこの地も、低層の集合住宅が目立つようになった。この土地も隣接する北側の空地に集合住宅が計画されていたため、露台を設け、東側列柱を3階の高さまで伸ばしてネットを張り、ツタを這わせることにより、潤いのある窓景とプライバシーの確保を意図した。建築、殊に住宅は竣工後、数年の時を経て住まい手の生活の中で次第に成熟されていくものと考える。その成熟に伴って、そこに配置されている家具や調度品も住まい手と共に時間を共有する大切な空間の一部であると考え、それらの選定、調達を厨房の設計とともに、旧来の知人・永井啓二氏に依頼した。

——外観(右)とこの家を特徴づけるピロティ(左)。天井は一部を金のタイル貼りとした。

**右頁**
- **右**　玄関ホール。折り上げ天井に間接照明が施されている。
- **左**　階段から玄関ホールを見下ろす。

**左頁**
- **右上**　北西側外観見上げ。T状のものは角形のステンレス製雨樋。
- **右下**　階段の壁にぐるりと廻された板はクラックが出やすいコンクリート型枠の打ち継ぎ部分に設けられた。意匠の一つにもなっている。
- **左**　階段室を見上げる。

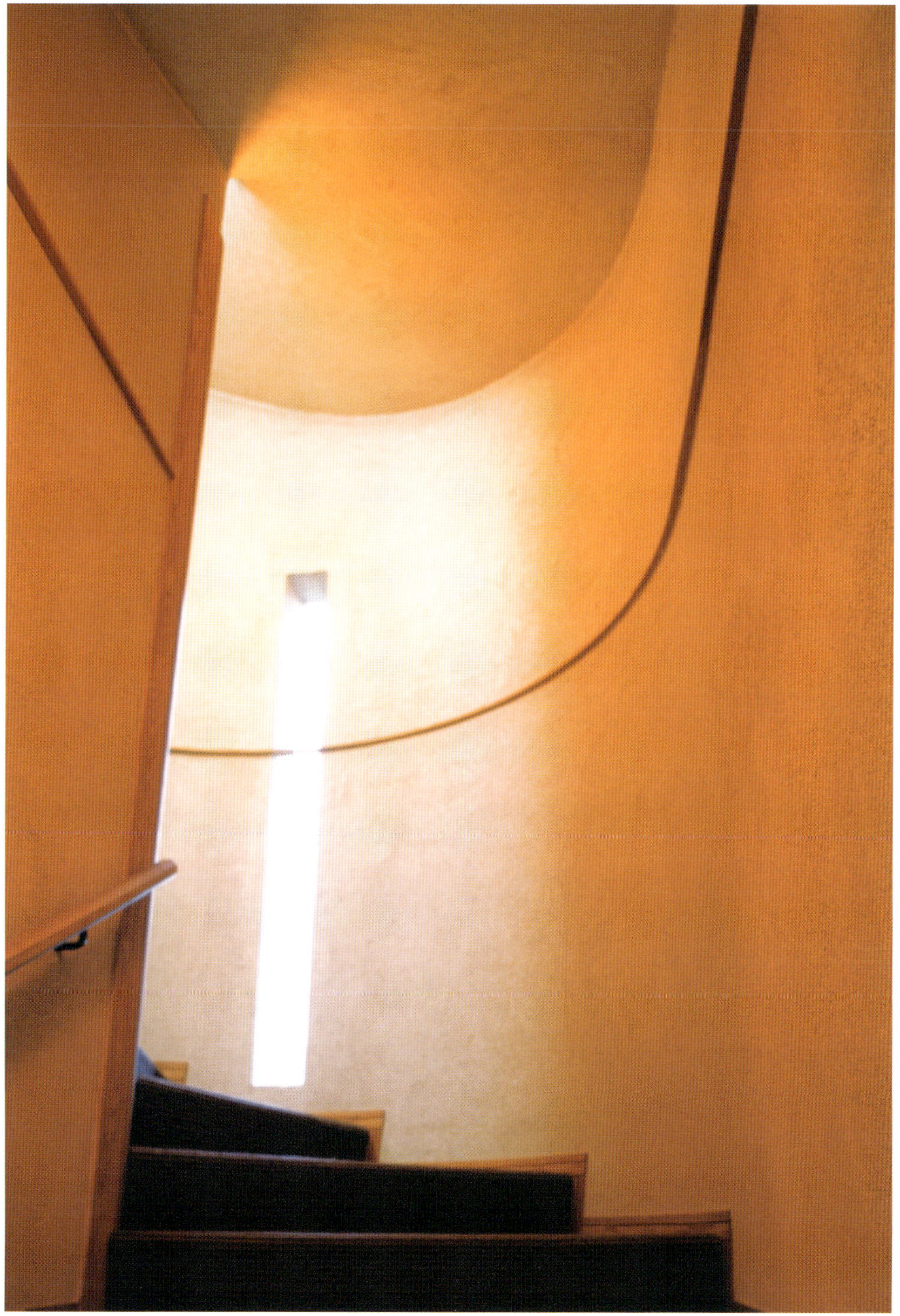

**右頁**　広間には暖炉が設えられている。左手の大きな窓は上部が嵌め殺し、下部が通風窓。大きく育った楠が見える。右側の扉は階段室に通じている。

**左頁**

**右**　広間の天井は砂漆喰金ゴテ押え、高いところは蒲柾貼り。正面奥に見えるのは食堂。

**左上**　広間と食堂の間に八角柱が立ち、空間を緩やかに区切る。格子入りのガラス扉で仕切ることもできる。

**左下**　食堂。

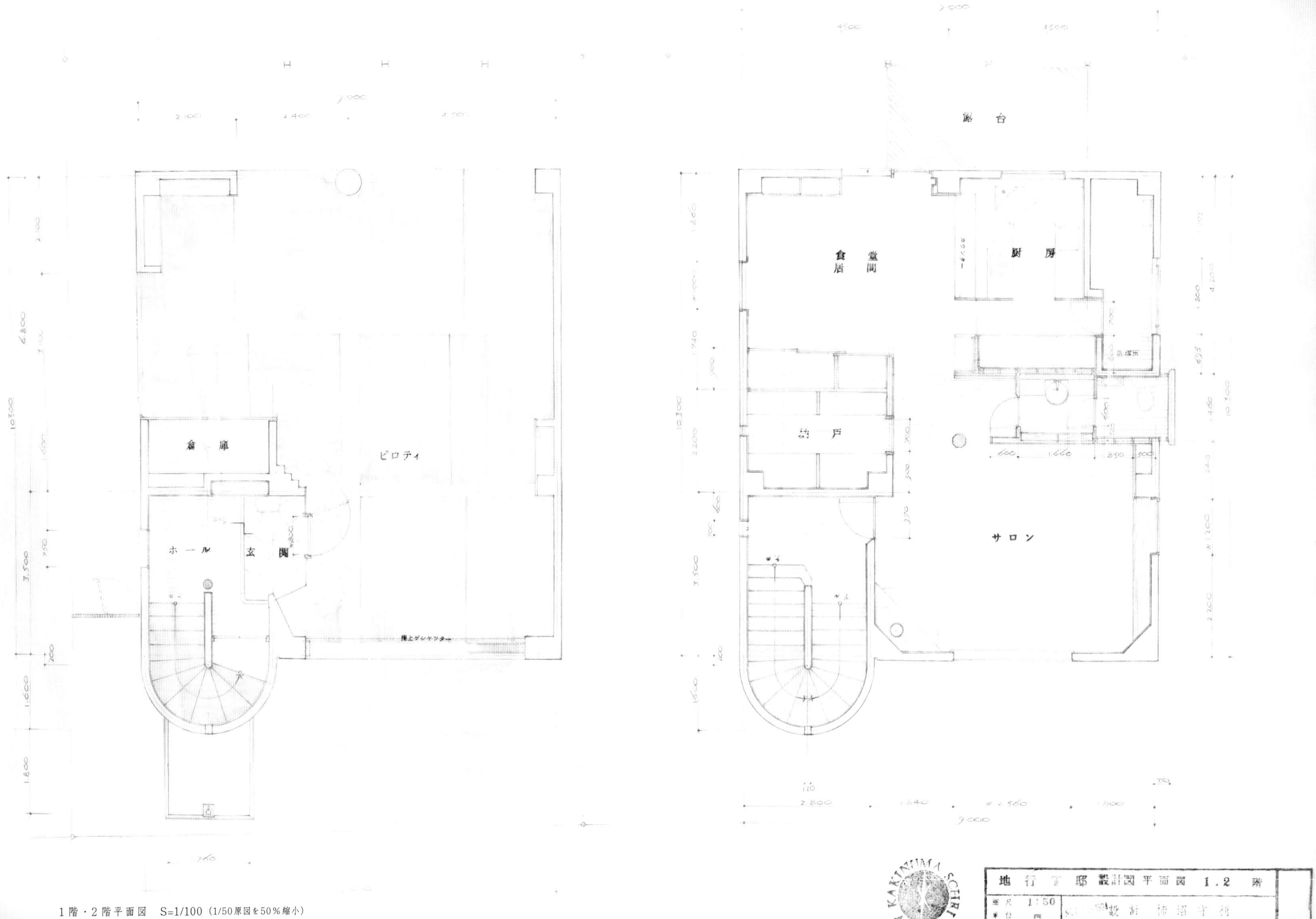


1階・2階平面図　S=1/100（1/50原図を50％縮小）

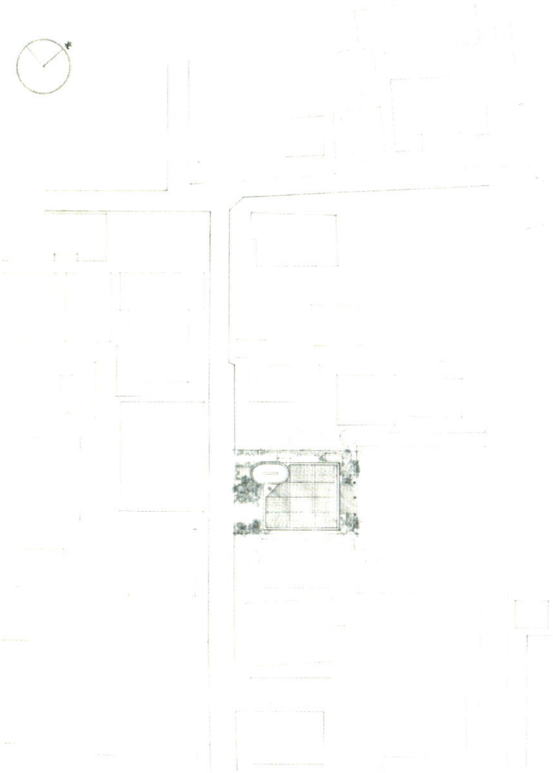

配置図　S=1/1000（1/300原図を30％縮小）

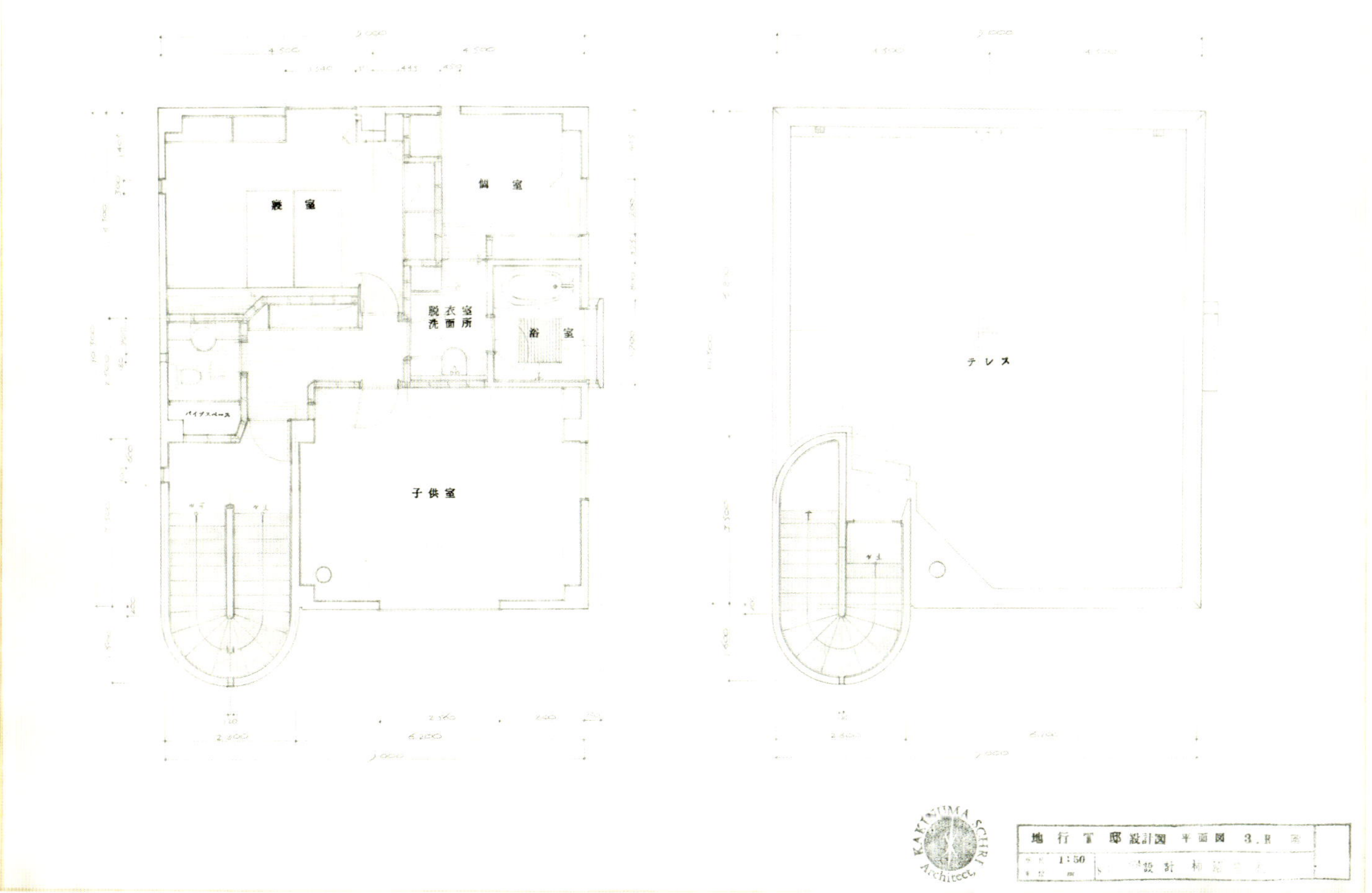


3階・屋上階平面図　S=1/150（1/50原図を33.3％縮小）

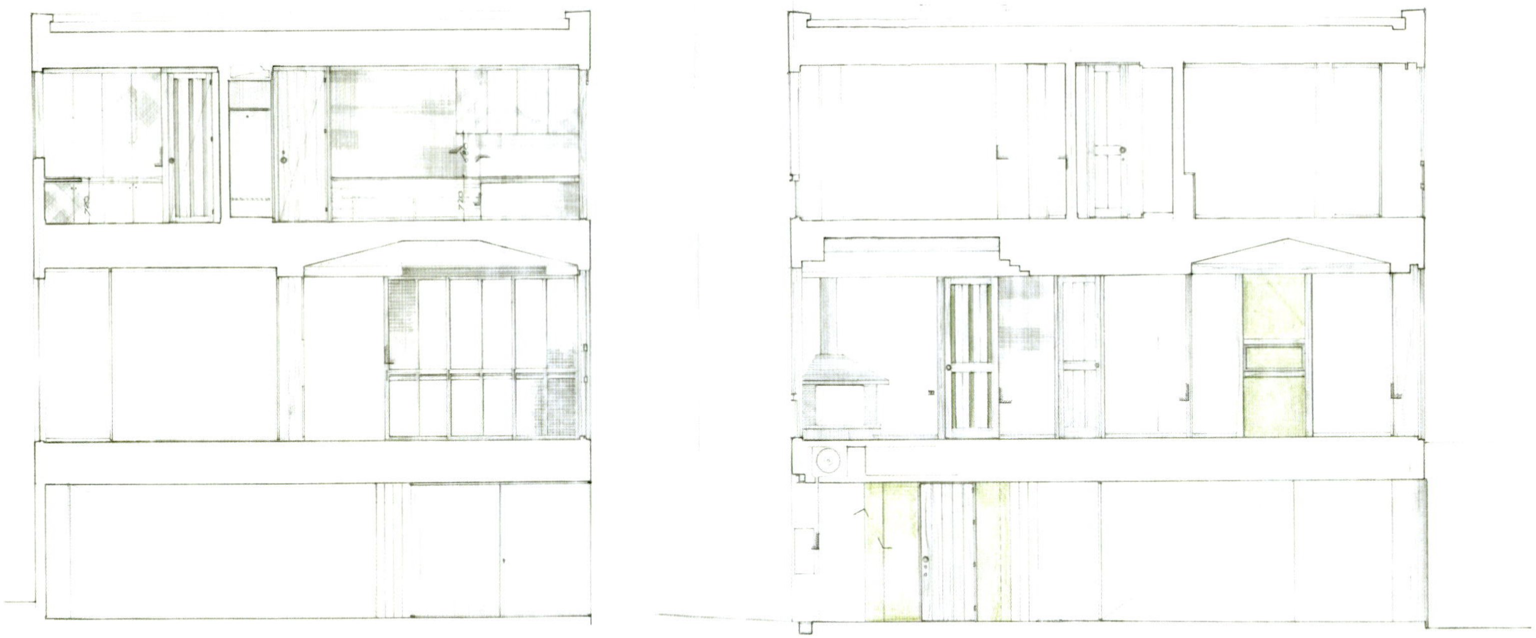

断面図　S=1/120（1/50原図を41.7％縮小）

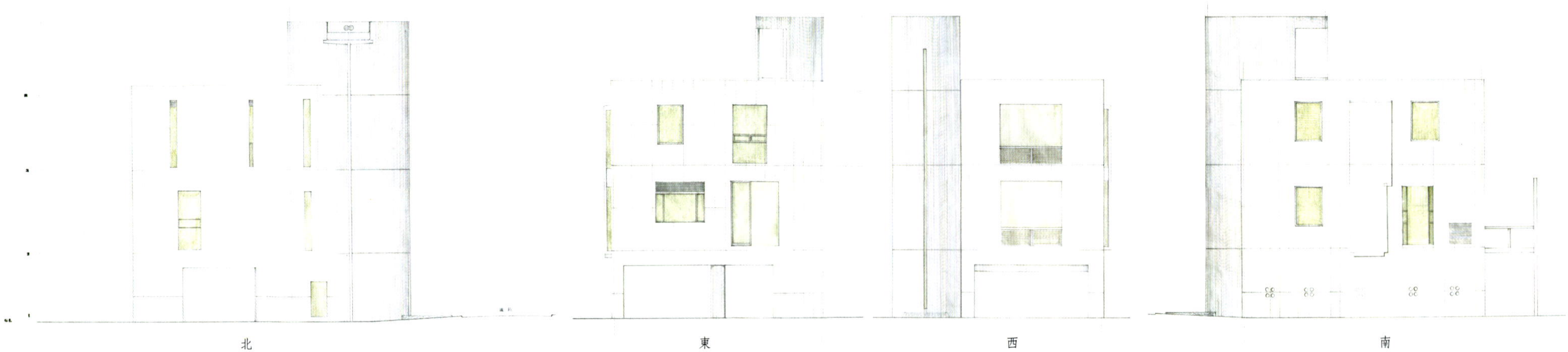


立面図　S=1/250（1/50原図を20％縮小）

**上**　砂漆喰で仕上げられた広間の天井の意匠。
**下**　階段の手摺。

**上**　広間のエアコンの吹出し口。
**下**　南壁面の四つ穴。

ピロティの床はコンクリート洗い出し、目地には花崗岩を使っている。

## 建築資料

建物名……地行T邸
所在……福岡県福岡市中央区
家族構成……夫婦＋子供3人

-

設計……柿沼守利
構造設計……三吉野裕二
設備……小関新英
電気……西村博文

-

施工……直営
大工棟梁/田中明人
設備/千代田工業
電気/シンデンコー
外構・造園/中村造園土木
建具・造作/高木工作所

設計期間……1994年4月—1994年11月
工事期間……1994年11月—1996年5月
構造規模……RC造3階建
基礎……鉄筋コンクリート杭節付PHC杭

敷地面積……185.54㎡
建築面積……96.89㎡
延床面積……299.62㎡
（1階/96.33㎡　2階/94.49㎡　3階/96.89㎡
ペントハウス/11.91㎡）
建蔽率……52.3%（60%）
容積率……139.2%（150%）
地域地区……住居地域、準防火地域、20m高度地区

［主な外部仕上げ］
屋根……アスファルト防水下地100㎜角クリンカータイル貼り
壁……コンクリート打放し、
型枠：1,800㎜×600㎜
建具……アルミサッシ、ブルー系熱線吸収ガラス、一部スチールサッシ
外構……ポーチ・ピロティ/コンクリート洗い出し（花崗岩目地）　露台/H型鋼亜鉛メッキ、スノコ：ヒノキ板厚18㎜ワトコオイル

［主な内部仕上げ］
天井……広間・食堂/砂漆喰金ゴテ押え、化粧梁型ホワイトアッシュ＋蒲柾張り　玄関/砂漆喰（間接照明）　寝室/ホワイトアッシュ乱貼り　台所/フレキシブルボードVP仕上げ
壁……広間・食堂/砂漆喰金ゴテ押え　玄関・寝室/砂漆喰　台所/ケラミット張り一部ホワイトアッシュ張り
床……広間・食堂/コンパネ下地チーク材フローリング厚15㎜　玄関/チーク材フローリング、上がり框：アサメラ、一部トラバーチン　寝室/サイザルカーペット敷き　台所/チーク材フローリング厚15㎜ワトコオイル仕上げ

［設備］
冷暖房……空冷ヒートポンプ式エアコン、造り付け暖炉
給湯……ガス給湯器

［主な設備機器］
衛生機器……TOTO、グローエ、ボラ
台所……別注
家具……ポール・ケアホルム
建築金物……堀商店
照明……スタンド/ル・クリント社
ブラケット/ルイスポールセン

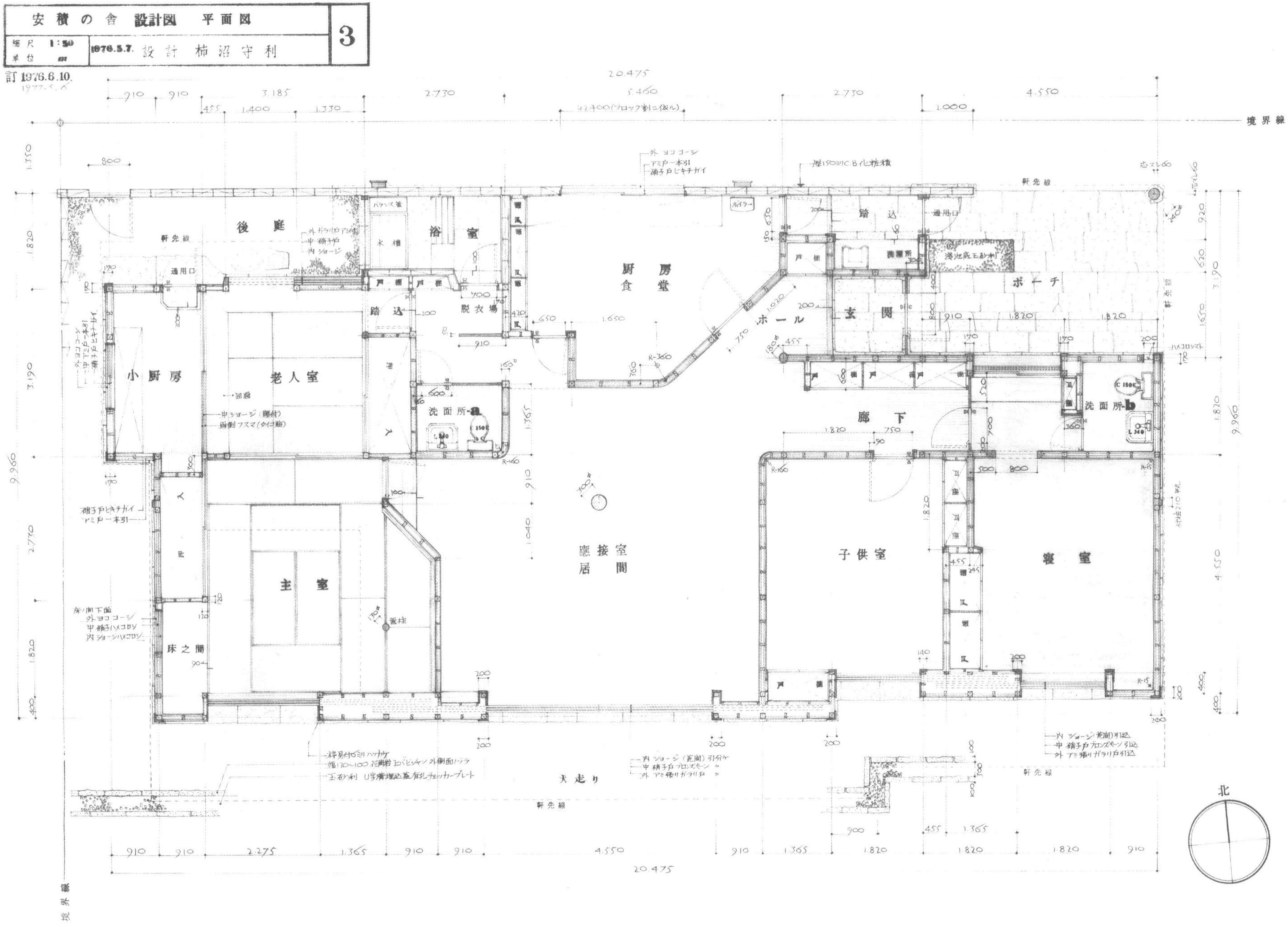


「安積の舎」 平面図 S=1/100 1976年5月7日（1/50原図を50％縮小）

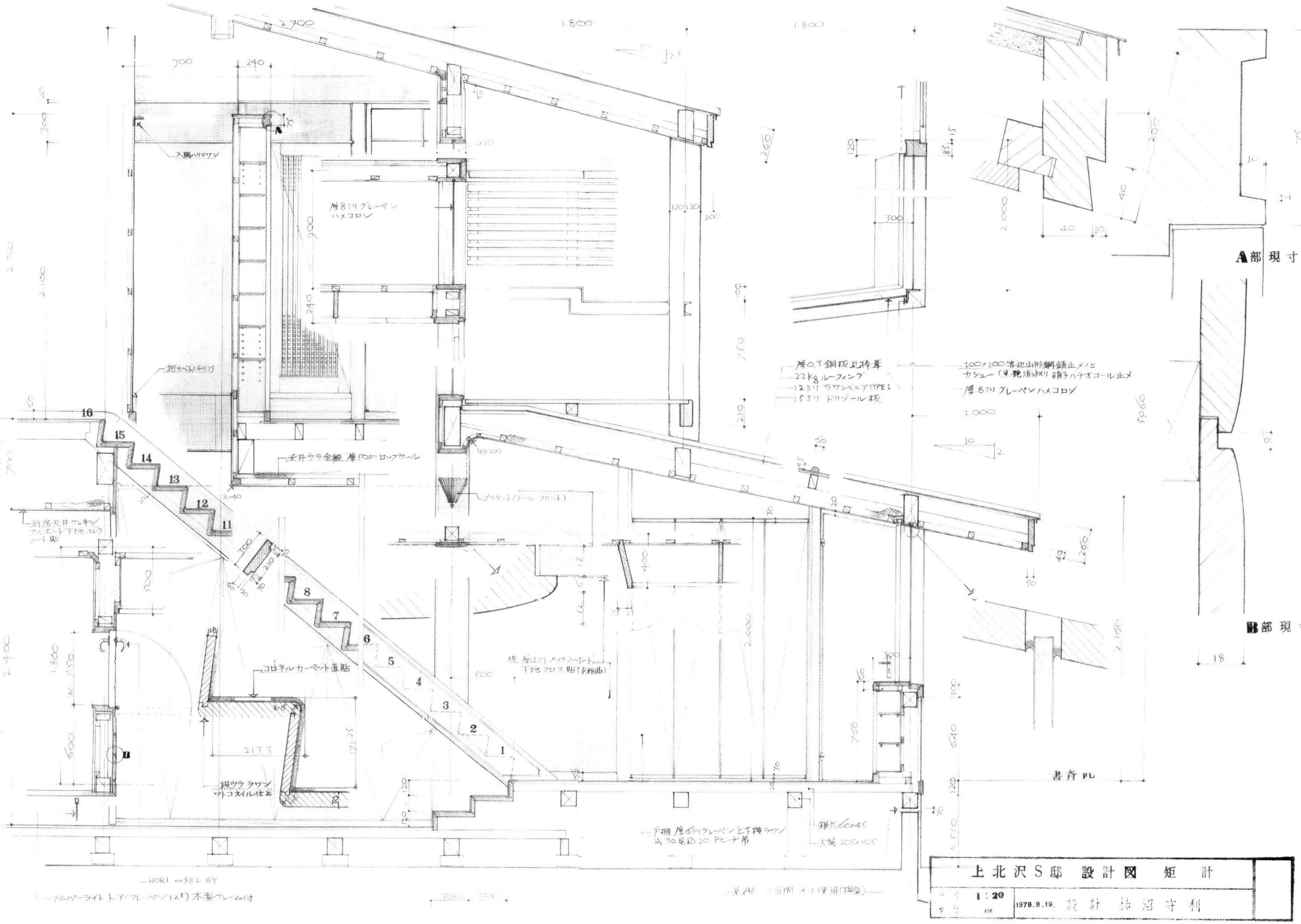


「上北沢Ｓ邸」 矩計図 S=1/40 1978年8月19日（1/20原図を50％縮小）

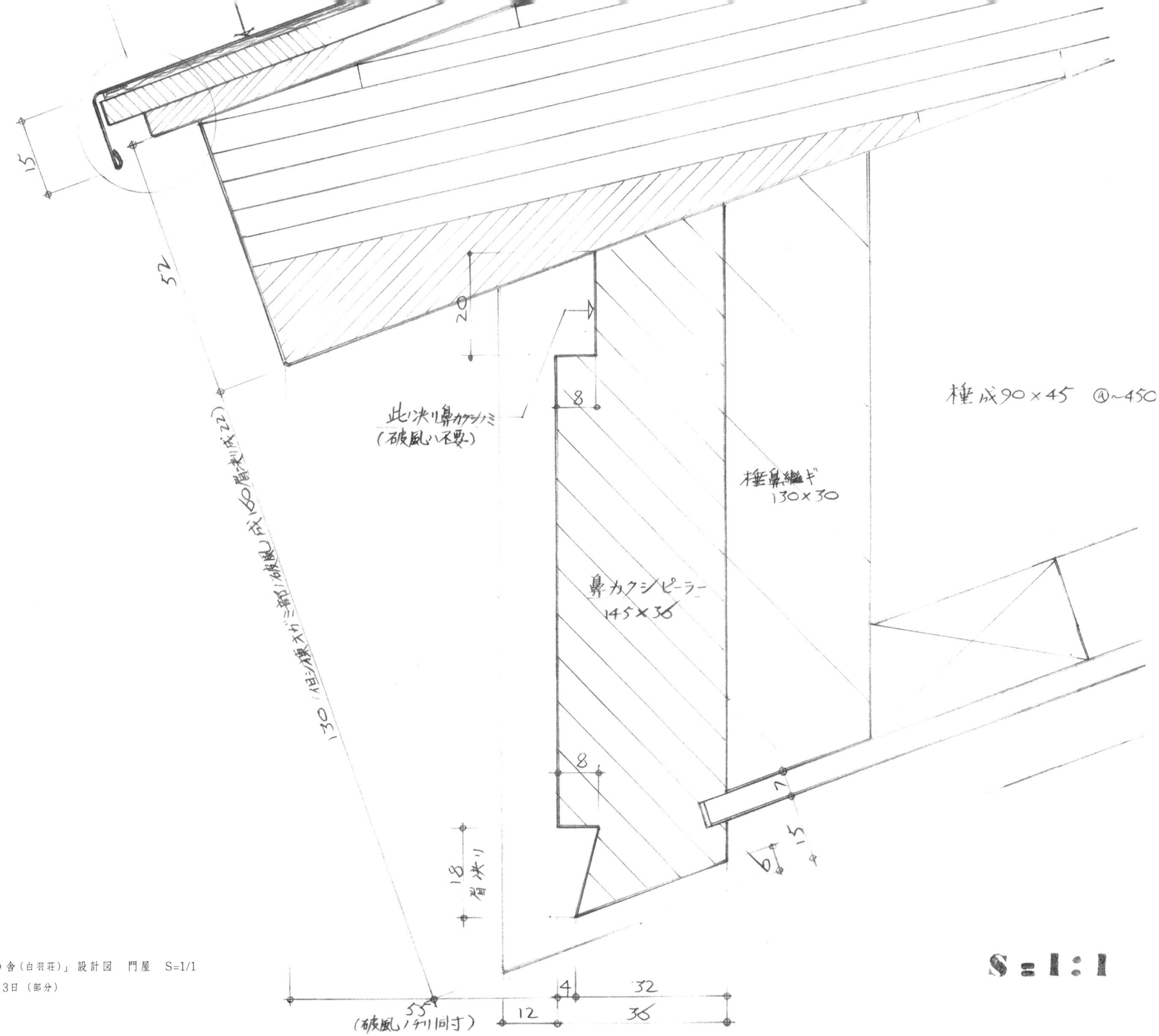


「三田川の舎（白羽荘）」設計図　門屋　S=1/1
1987年5月3日（部分）

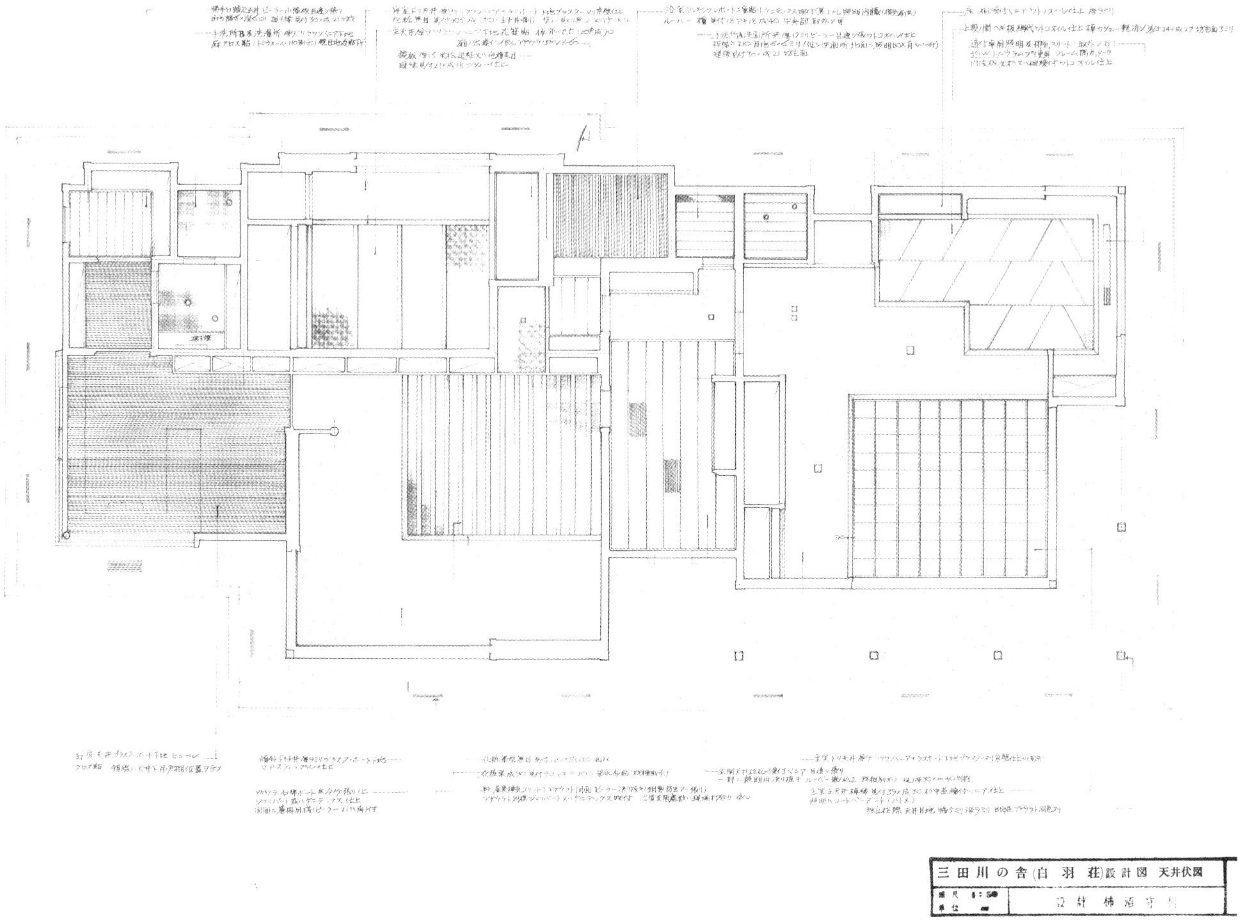


「三田川の舎(白羽荘)」設計図　天井伏図　S=1/120（1/50原図を42％縮小）

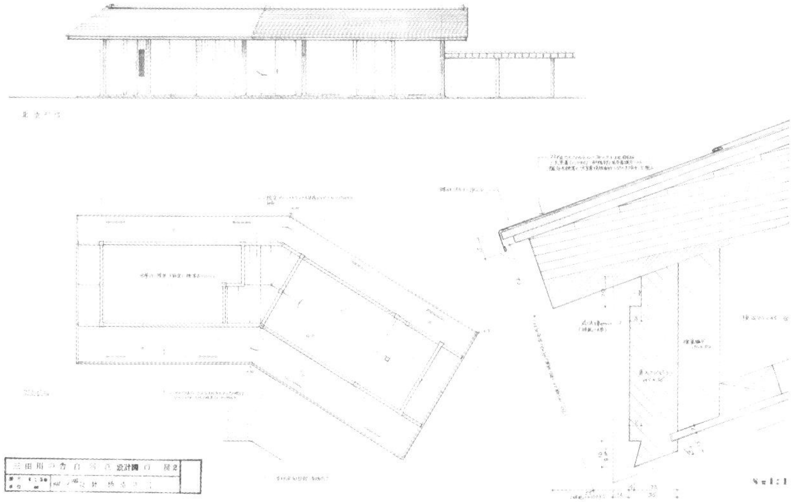

「三田川の舎(白羽荘)」設計図　門屋　S=1/5
1987年5月3日（1/1原図を20％縮小）

## 天井伏図

平面図の上にそのまま重なるのが天井伏図だが、仕上げに使う材や部材の大きさ、割付などを検討するために欠かせない図面であり、天井伏を描かず設計するというのは自分にとっては考えられないことである。建築はさまざまなことが絡み合って出来ている。天井に限らず、断面的な検討や、展開図による壁の検討、部分詳細、建具など、すべてを総合的に検討することが設計の基本ではないだろうか。一方でダウンライトに関しては、現場を見て取り付け位置を決めることが多く、これは白井譲りだが、現場を見て判断することも建築をつくるうえでは基本で重要なことである。

## 原寸図

原寸で描くということは、大工に伝えるためというより自分のためである。自分で描いて確かめないと分からない。昔は1/1でつくって試して間違いがないことを確かめてから実際に建てるという大工が多かったというが、自分が1/1で描くのもそれと同じである。原寸で描き手で触るように確認する。現場で描くこともあるし、大工にその場で削ってもらって確かめることも往々にしてある。少しの狂いが建物に影響を与えてしまう。それを避けるための非常に原始的な方法である。

この図面は銅板の一文字葺きの門屋の立面図と天井伏図、軒先の原寸図を描いたものである。鼻隠しの下の部分には眉削り（眉決り）と呼ばれる切り欠きを施した。そのままではのっぺりとした印象になってしまう軒先をすっきりと見せるためによく用いる。これは数寄屋で用いられる意匠のひとつである。鼻隠しの上部も切り欠いている。垂直の鼻隠しに対して斜めに上の材が載るため、施工上完全に隙間なく納めるのは難しい。8ミリ分奥まらせて接合することで、屋根を見上げたときに隙間があっても目立たないようにするためのものである。いずれにしても、信頼できる大工がいて実現できることである。

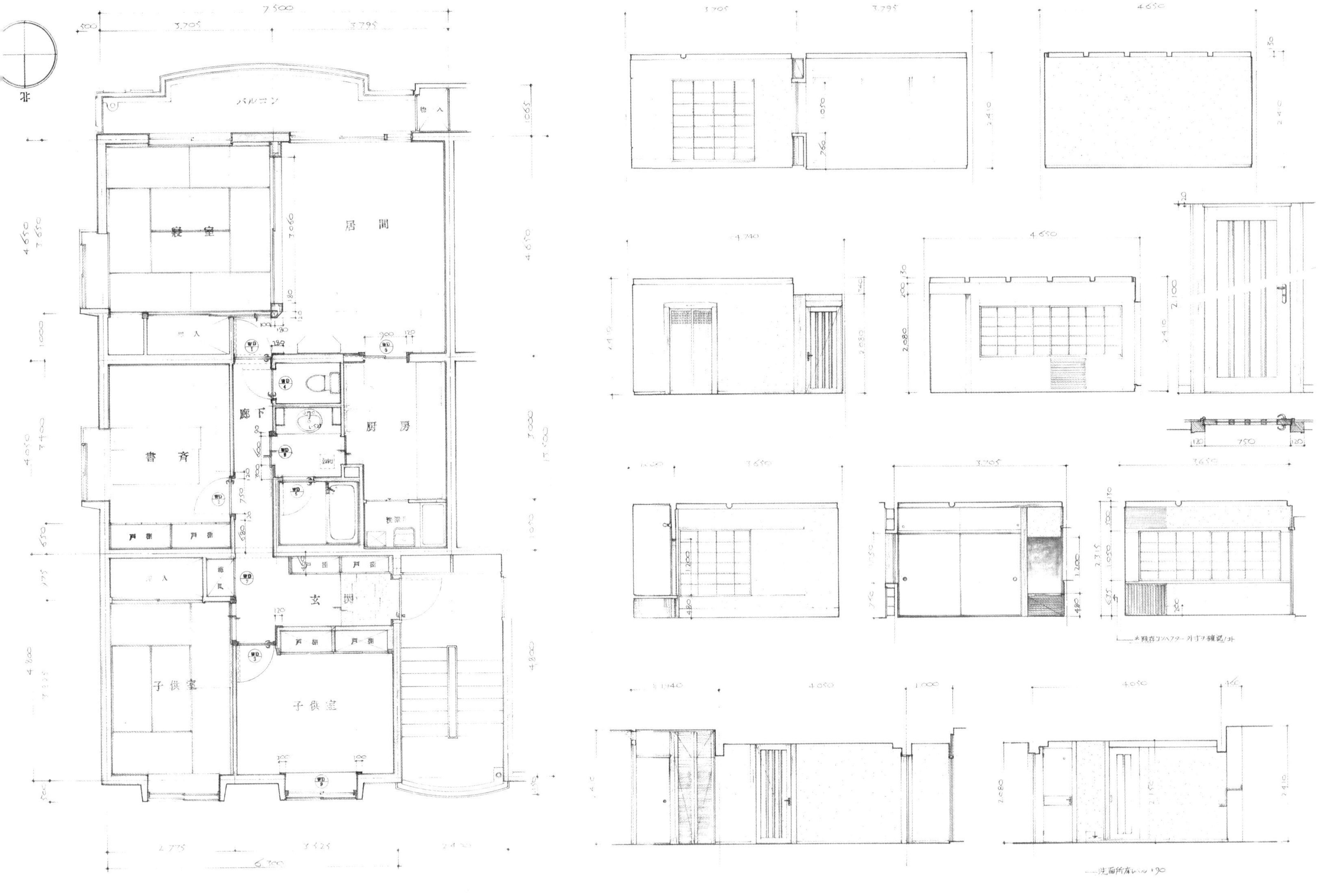
北
バルコン
物入
寝室
居間
押入
廊下
厨房
書斉
戸棚
玄関
子供室
子供室
※既存コンベクター外寸ヲ確認ノコト
洗面所床レベル+90

設計　柿沼守利

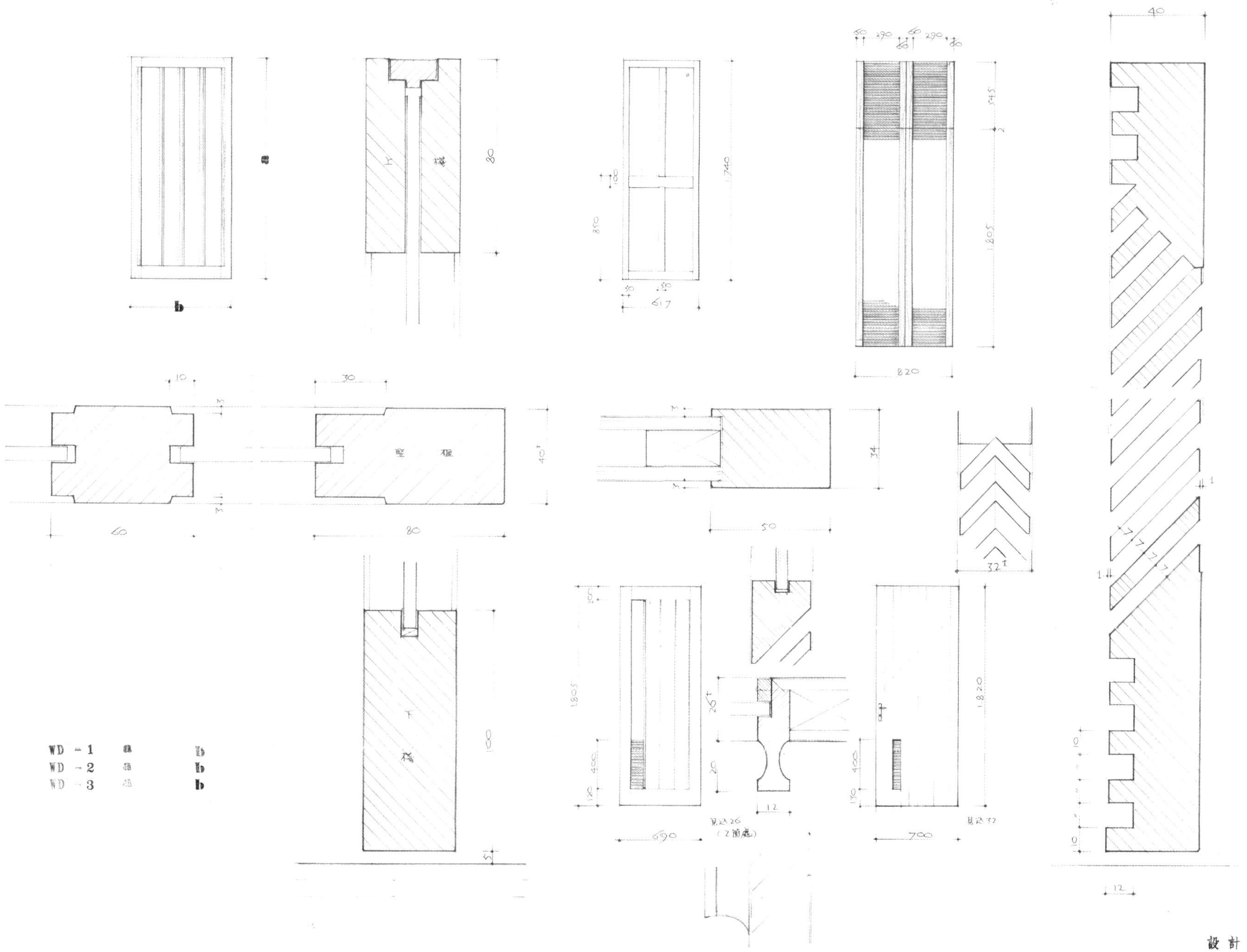


設計 柿沼守利

右頁 「南が丘自邸」平面図、展開図 S=1/100 (1/50原図を50％縮小)
左頁 「南が丘自邸」扉詳細図 S=1/45、1/4.5 (1/20、1/1原図を45％縮小)

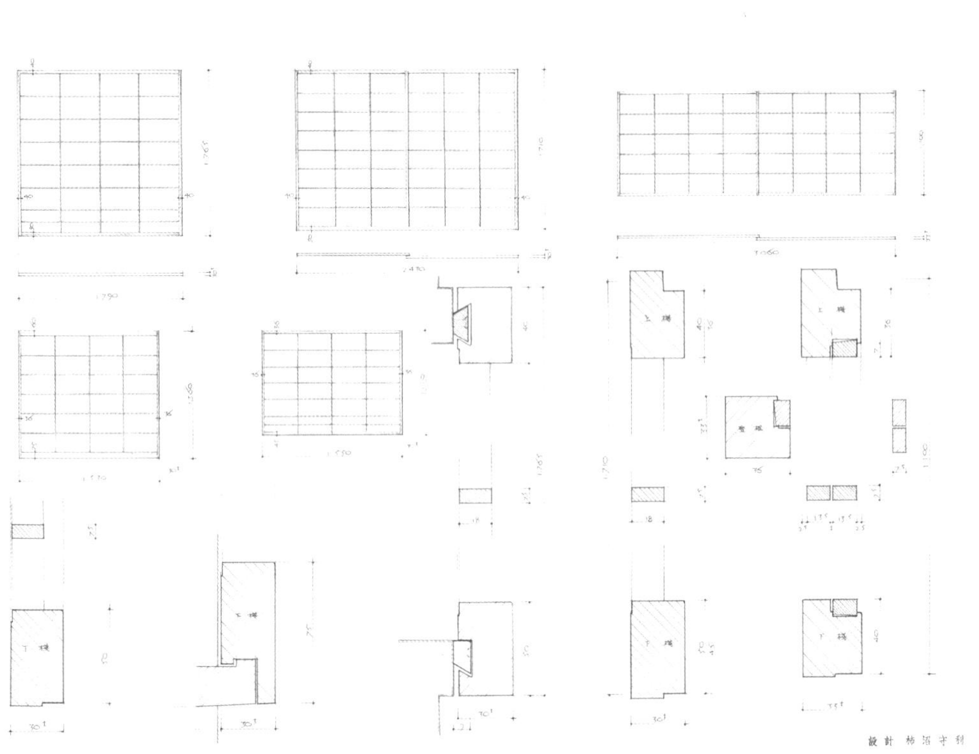


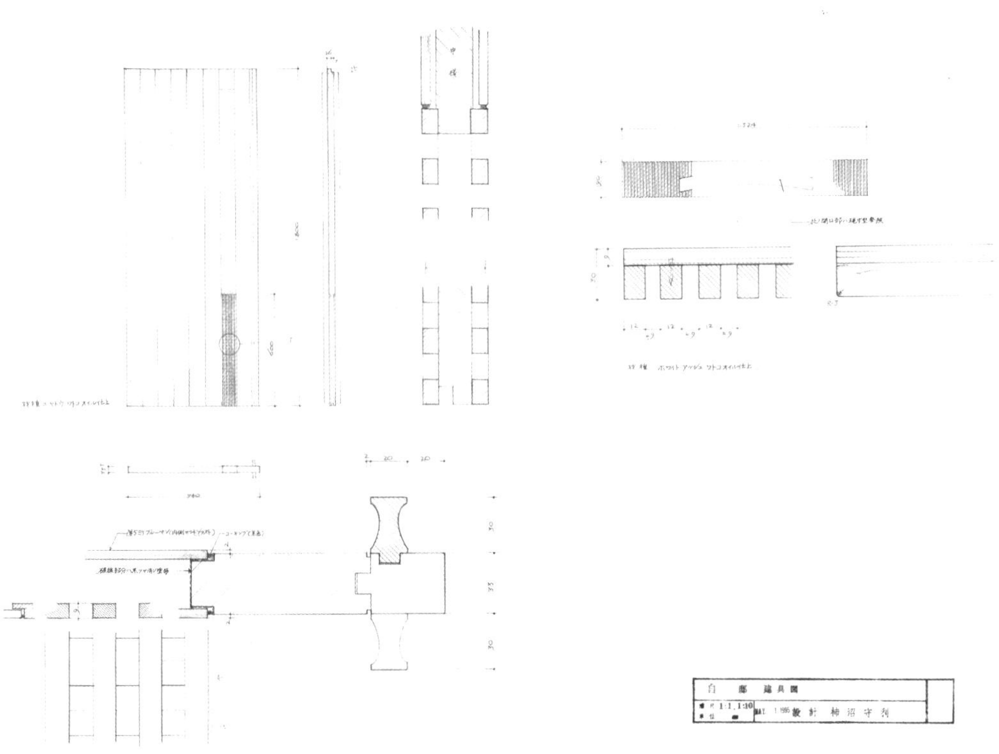




右　「南が丘自邸」建具図　　S=1/4、1/40
左　「南が丘自邸」障子詳細図　S=1/80、1/4
（図2点：1/1、1/10、1/20 原図を25％縮小）

写真2点「南が丘自邸」。集合住宅の一室を改修した。

**右**　玄関。左手の戸の奥は子供室。右は収納棚の戸である。

**左**　和室から居間を見る。和室と居間の間には本来2枚の障子（障子詳細図の右上参照）が入っているが、この写真は取り外したときに撮ったもので、居間に幼い頃の息子が写っている。

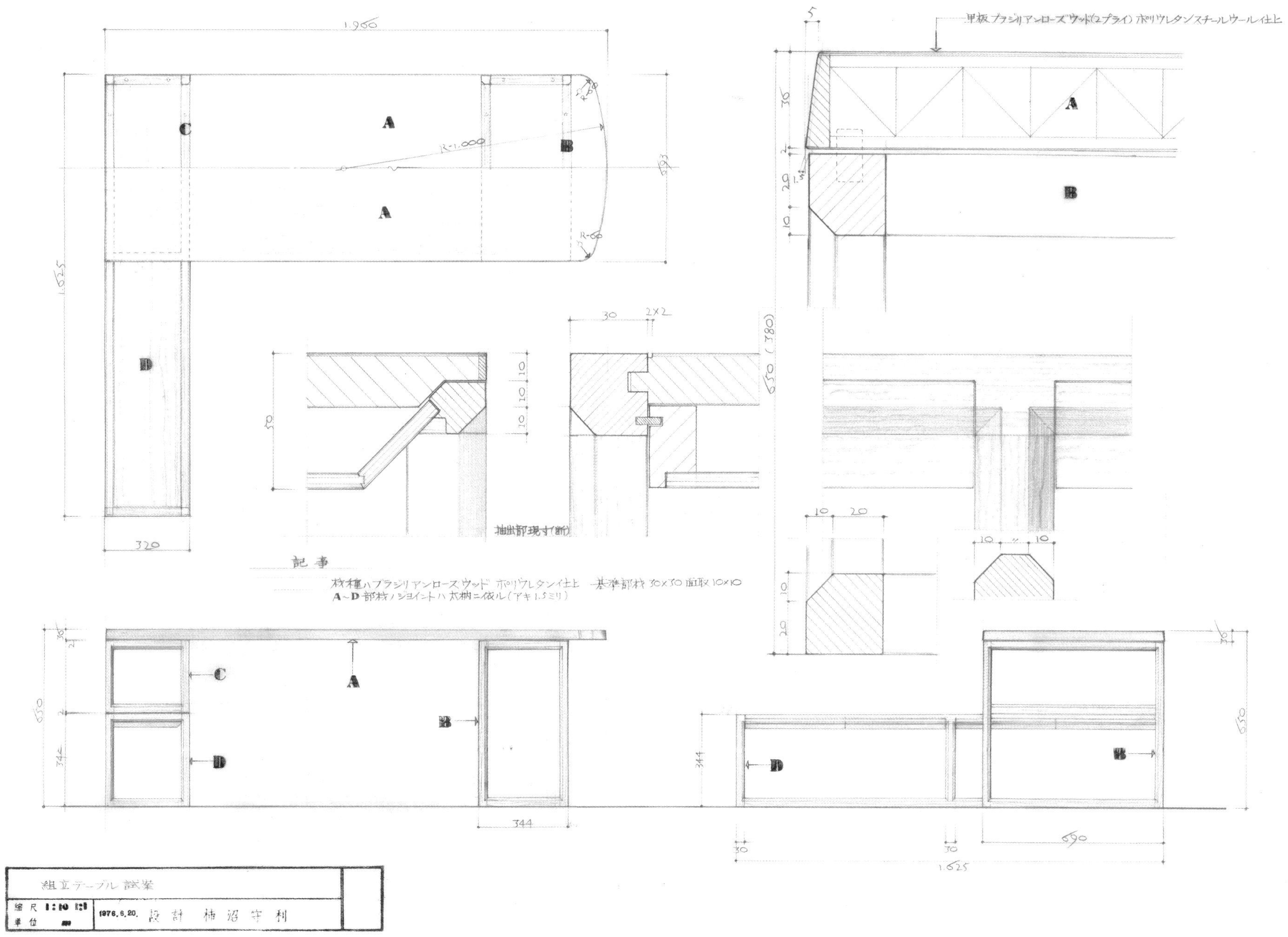


組立テーブル試案　S=1/20、1/2　1976年8月20日（1/10、1/1原図を50％縮小）

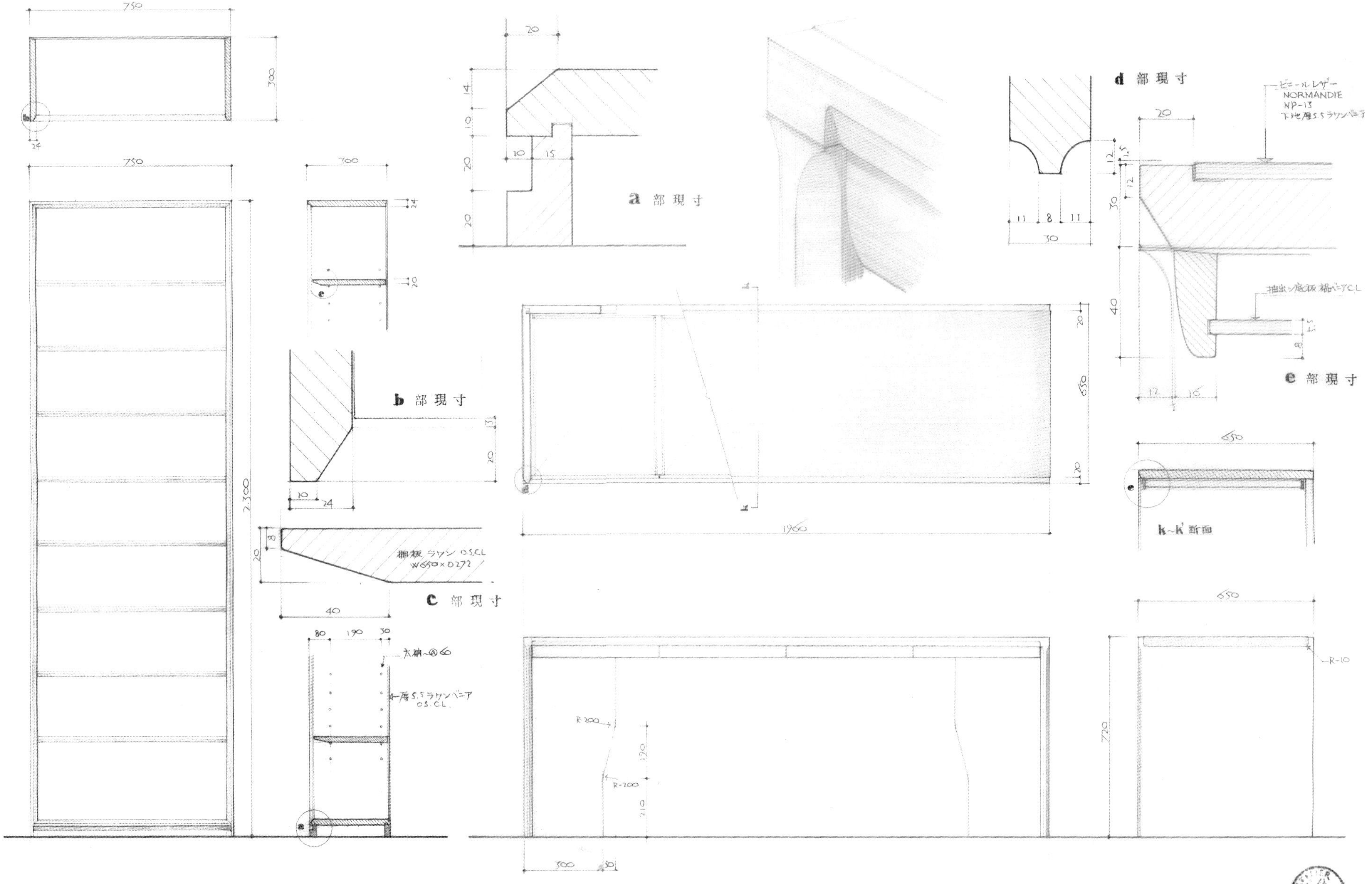


記事 材種ハラワン オイルステイン塗布クリアラッカー五分艶
トシ見本板ヲ提出ノコト
原則トシテ ムク材ヲ使用スルコト
書棚3箇處 机1箇處

| | |
|---|---|
| 家具圖 | 書棚・机 |
| 縮尺 1:10 單位 mm | 1975.9.4. 設計 柿沼守利 |

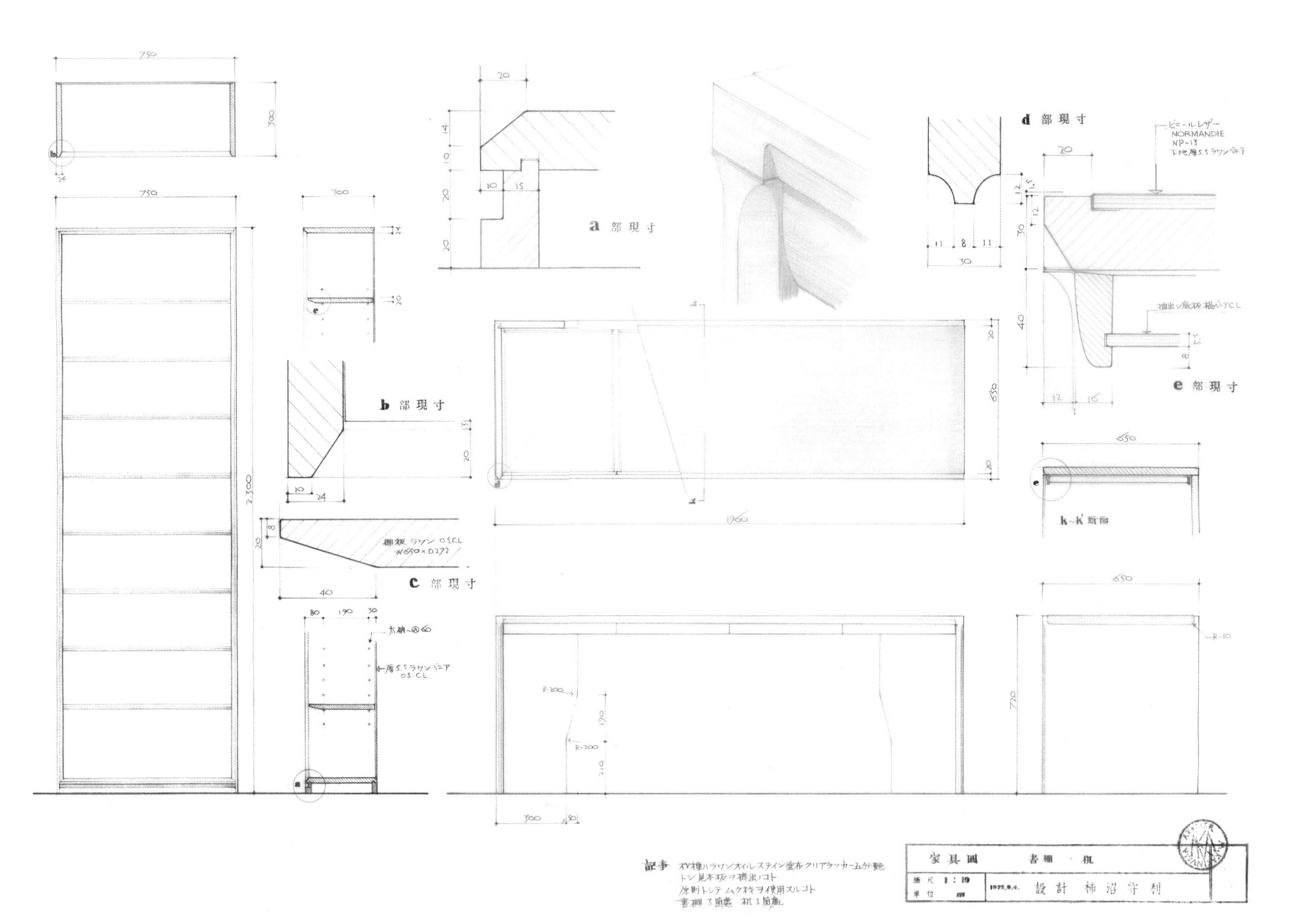

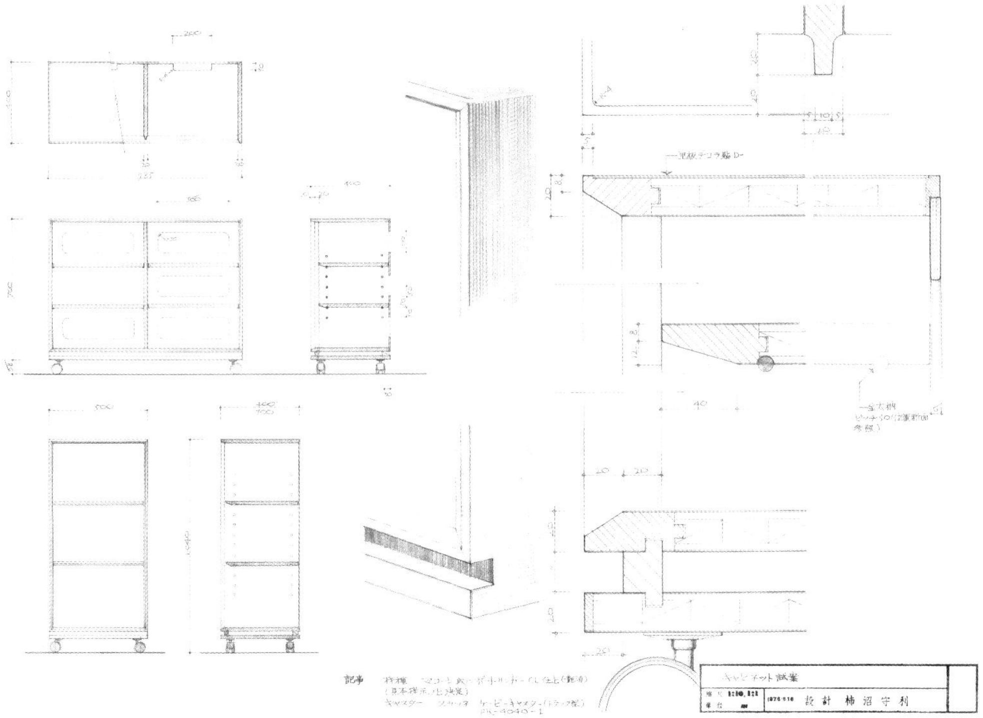


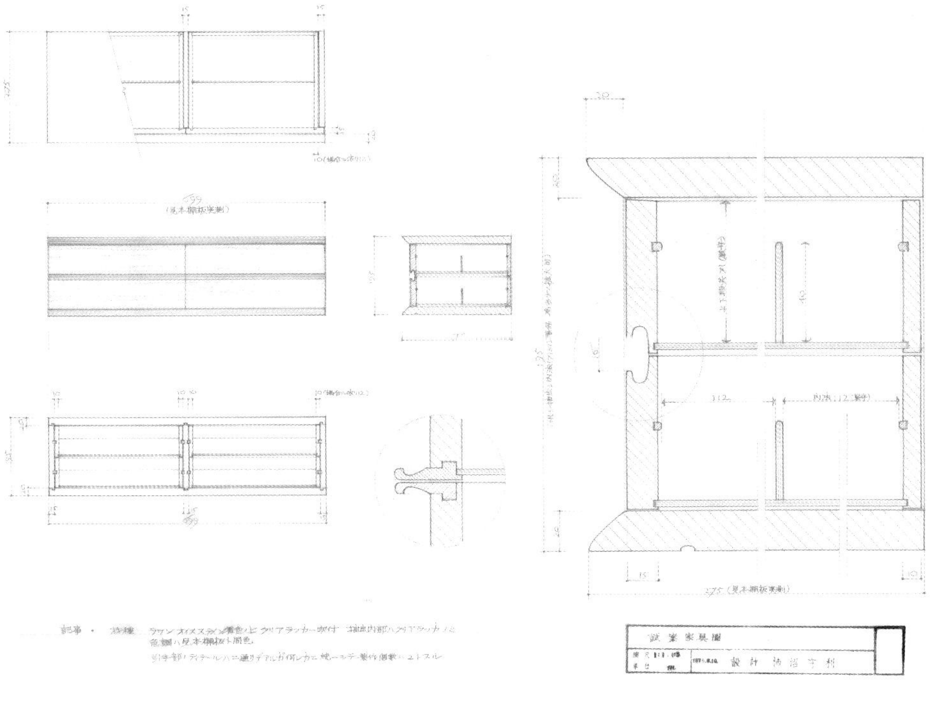


「南が丘自邸」
右頁 家具図　書棚・机　S=1/20、1/2　1975年9月4日
左頁 上　キャビネット試案　S=1/40、1/4　1976年6月16日
下　試案家具図　S=1/4、1/20　1976年8月10日
（右頁：1/10、1/1原図を50％縮小、左頁：1/10、1/5、1/1原図を25％縮小）

## 建具・家具

建具や家具は常に建築本体から浮いているものであり、納まりにしても、材料の選び方にしても設計が難しい。家具については、使う木材は建築と同じ材を用いることもあるが、基本的に柔らかい木は不向きである。家具は仕口がとくに難しい。日本には「差物」という言葉があるが、釘を使わずにどのように部材同士を接合するか、その寸法、納め方など、見えない部分の検討を重ね、経年での狂いが出ないように設計することが重要であり、そうした部分の原寸図を描いて確かめる。また、取手や引手など、実際に手に触れる部分への配慮も求められる。

ここに掲載している建具や家具の多くは自邸のためにつくったものである。右の図の机は自身の書斎で使用しているもので、甲板にはビニールレザーを貼って仕上げた。

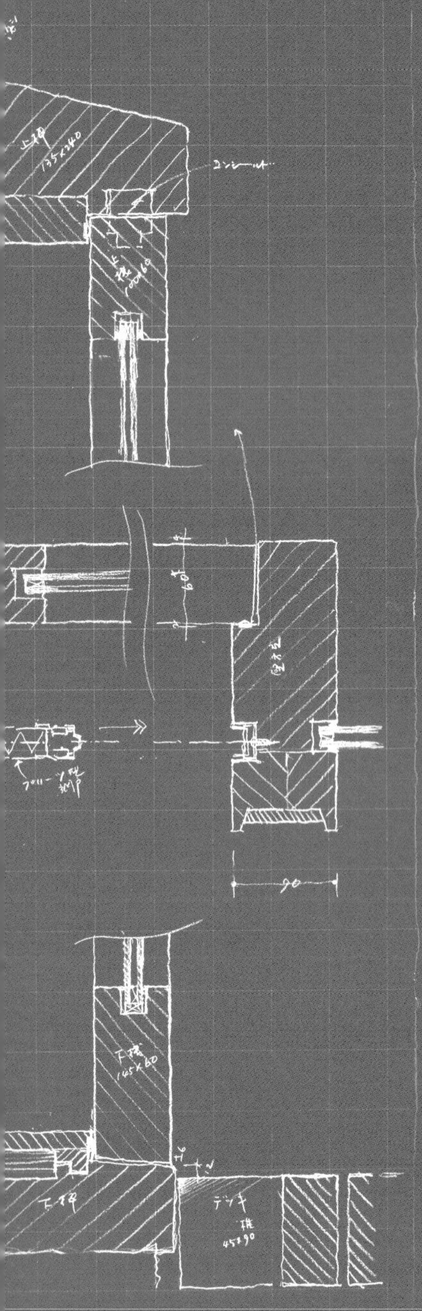


# 2

# 住宅

2002–2017

# House

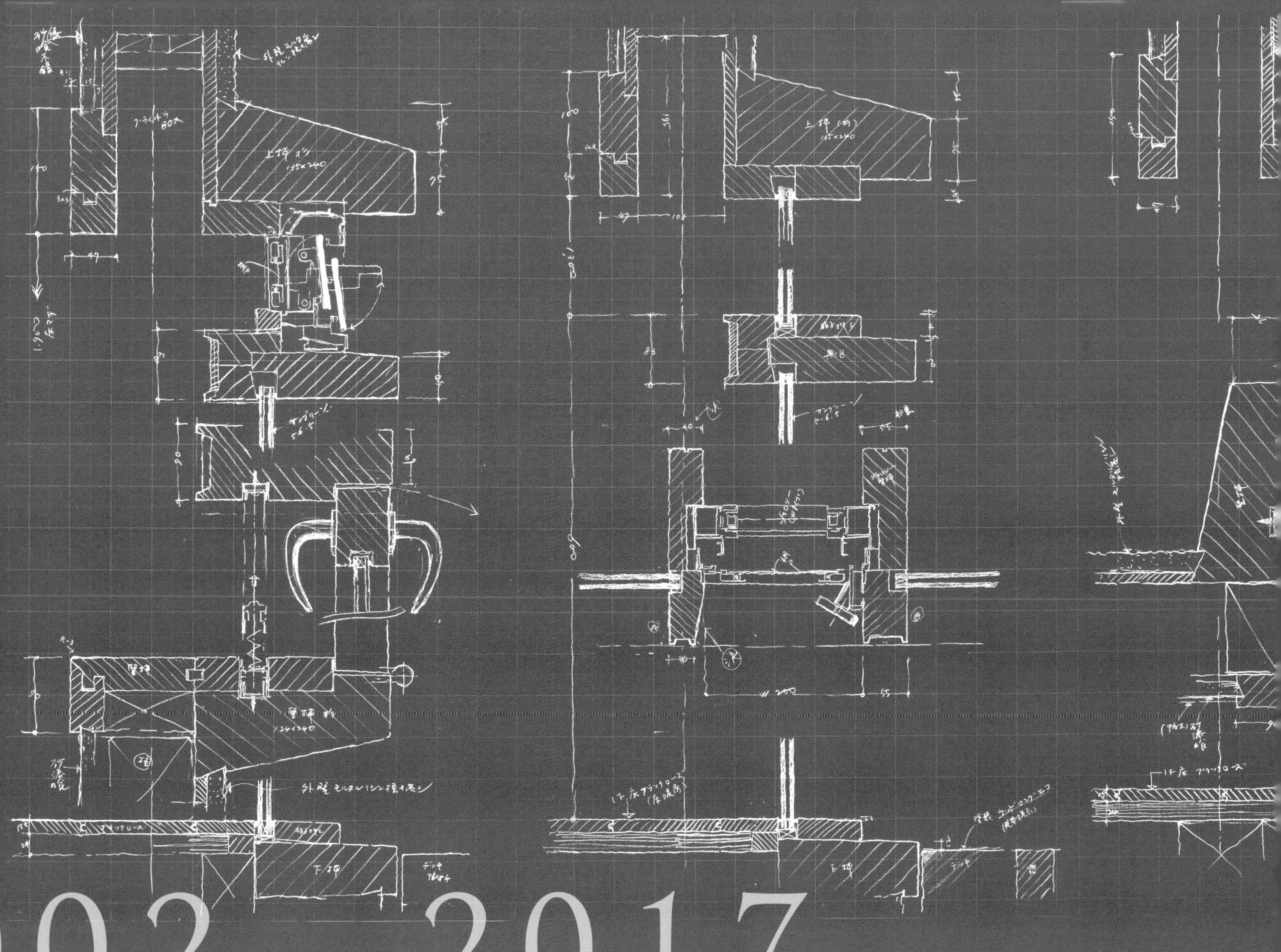

# 2002—2017

# 五島

## Gotoh House and Shop

2002

| | |
|---|---|
| 所在地 | 福岡県福岡市 |
| 用途 | 店舗併用住宅 |
| 施工 | 直営 |
| 主体構造 | RC造 |
| 敷地面積 | 116.74㎡ |
| 建築面積 | 86.97㎡ |
| 延床面積 | 206.91㎡ |

福岡・赤坂のこの敷地は、計画道路により従来の敷地が36㎡減少して116・74㎡となった。和菓子の工場と店舗「五島」を1階に配し、階上に住居、屋上の一部に主のためのオーディオルームを設けるという構成である。旧宅は比較的緑が多く、それらの樹木をできるかぎり店舗の前と2階の中庭に生かすことを念頭において設計した。

竣工から20年以上が経過し、樹木も葉張りを増している。この家の東正面には、筑紫女学園が位置し、以前より文教・住宅地区といわれたこの地域だが、道路に沿って瞬く間に14階建の集合住宅が林立し、閑静な環境も喧噪を避けがたく、住環境の維持は容易ではない。

福岡といえども、都市化の傾向が顕著なこの地域に、本来の静けさを求めることを敢えて目論み、わずかな日照とささやかな緑をビルの谷間に創出させることを試みた。

「創作和菓子」で注目される五島氏は、同じく音響のジャンルでも知る人ぞ知る存在と聞く。糸島の「井上邸」の音響装置も五島氏の手によるものである。

当初の計画では、居間から寝室へ渡る路地にガラス屋根の設置を予定していた。しかし、五島夫妻によれば無蓋のまで支障はないとのこと。むしろ、生い茂る植物にはそのままのほうがいい、という夫妻の話は、設計者として肝に銘ずべきことである。

――――スリットから光の差し込む2階居間・食堂。外部の通路を通って寝室へ向かう。

右頁｜住居階へ繋がる階段室。通風を兼ねたスリット状の開口から静かな光が差し込む。
コンクリートには黒い塗装を施している。

左頁｜階段室と呼応するように室内にもスリットが設けられている。

**右**　居間・食堂から庭、奥の寝室を見る。

**左上**　床は厚15㎜のカリンフローリング。
テーブルはオリジナルデザイン。

**左下**　中庭を眺められる浴室。寝室と繋がっている。天井は他の住宅でもよく用いている木製ルーバー。ここでは米ヒバを使い、奥に照明を仕込んでいる。

玄関方向を見る。左手の壁の奥は台所。格子戸は配膳のとき左右に引き分けて使えるようになっている。天井はホワイトアッシュ。

**右**　正面外観。1階は和菓子「五島」の店舗。

**左**　店舗の扉。チークとカリンの格子扉は中心吊りで回転式。

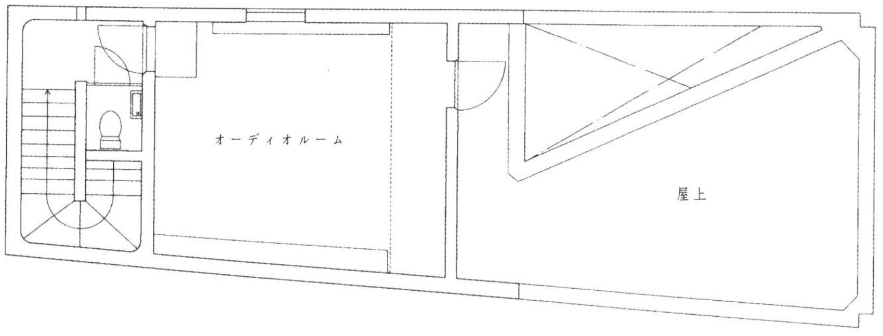


3階平面図　S=1/150

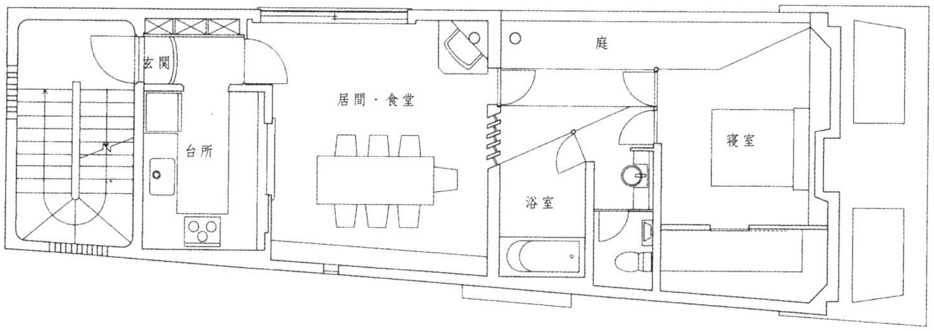


2階平面図　S=1/150

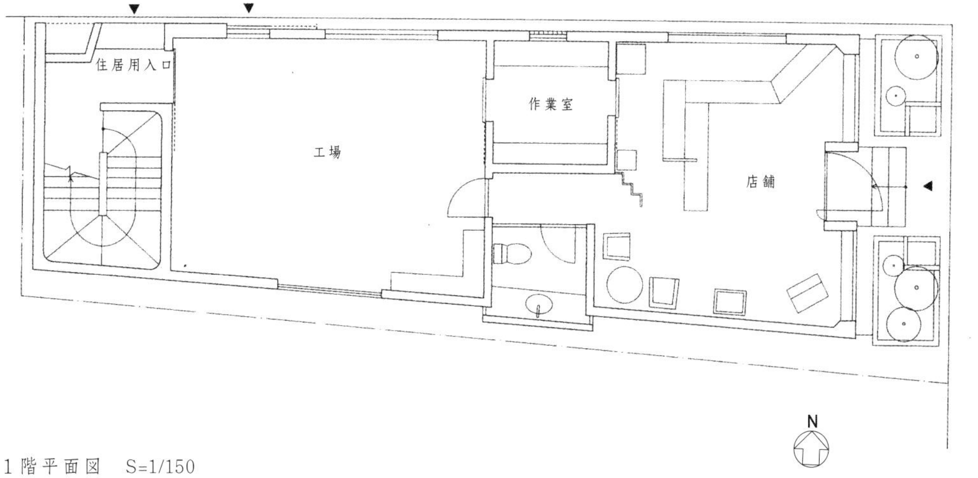


1階平面図　S=1/150

## 建築資料

建物名……五島
所在……福岡県福岡市
家族構成……夫婦
-
設計……柿沼守利
構造設計……渡辺守秀
現場指導……鶴留元
-
施工……松下信二(直営)
設備/佐電工(宮崎伸二)
電気/佐電工(志佐潤)
設計期間……2000年12月—2001年9月
施工期間……2001年3月—2002年2月

構造規模……RC造3階建
敷地面積……116.74㎡
建築面積……86.97㎡
延床面積……206.91.㎡
(1階/86.97㎡　2階/78.67㎡
3階/41.27㎡)
建蔽率……74.49%(80%)
容積率……177.24%(400%)

[主な外部仕上げ]
屋根……クリンカータイル100㎜角(屋上)、コンクリート打放しエポキシ樹脂塗装
壁……コンクリート特殊パターン打放しフッ素樹脂塗装
建具……スチールサッシ
外構……コンクリート洗い出し

[主な内部仕上げ]
天井……居間・寝室/ホワイトアッシュ厚12㎜ワトコオイル塗り　浴室/ヒバ材竪繁格子　化粧室/ナチュラルクロス貼り　店舗/ホワイトアッシュ厚12㎜、一部ナチュラルクロス貼り、梁:カシュー塗り　オーディオルーム/木毛板厚25㎜
壁……居間・化粧室/デュッセル(サントロペ)　寝室/ナチュラルクロス貼り　浴室/ヒバ材羽目板、腰:輸入スレート　オーディオルーム/木毛板厚25㎜
店舗/砂漆喰
床……居間・化粧室・オーディオルーム/カリンフローリング厚15㎜　寝室/サイザルカーペット敷き　浴室/十和田石円盤仕上げ　店舗/シタンフローリング厚15㎜

[設備]
空調……冷暖房方式/ヒートポンプエアコン
給湯……都市ガス給湯器
給排水……給水方式/上下水道直結
排水方式/公共下水道放流

[主な設備機器]
衛生機器……TOTO 厨房機器/松下電工
家具……造り付け収納家具(高木工作所)、ショーケース製作:松下信二
照明……マックスレイ、ルイスポールセン、ハンスウェグナー
建築金物……堀商店
暖炉……槌屋(ダッジウエスト社/セコイア)

# 藤崎K邸

Fujisaki
K House

2002

| | |
|---|---|
| 所在地 | 福岡県福岡市 |
| 用途 | 住宅 |
| 施工 | 川原工務店 |
| 主体構造 | 木造 |
| 延床面積 | 186.2㎡ |

福岡市西部に位置するこの住まいは、今から23年前に竣工した。地下鉄駅に近く、比較的賑やかな大通りから少し這入り込んだ静かな住宅地に在る。

家族構成は夫妻と娘さんの3人で、敷地は広くはないが、旧宅の樹木をそのまま生かすように建物を配置した。建設当時の諸事情から、かつて私が手がけた「香住ケ丘の舎」(52頁)以上に、コスト削減に徹した記憶がある。天井に構造材のOSBボードを用いていることもその一例である。

建主は北欧家具や小物類を蒐集しており、前述の「香住ケ丘の舎」の主との長い交誼によるところが大きく、北欧コレクションにおける、彼女の影響を多分に受けていることが窺える。主は、入居後から徐々に調度品を増やして、室内空間の創出に専心している。建物は住まい手によって様変わりするもので、空間構成の愉しみとも言える日々の工夫はそこに生活する者の感性の顕といえよう。

時の経過とともに建物の風合いが増して、今は庭の樹木とのバランスも良くなってきている。

——— 玄関より1階食堂を見る。左手の窓には引きこみの障子を入れている。奥に見えているのは和室。
天井はOSBボード張り、平竿縁・廻り縁は米スギ。

POUL
KJÆRHOLM
MØBELARKITEKT
LOUISIANA

食堂より庭方向を見る。

**右**　玄関収納の扉。米マツの板目帯を張り、上下はナチュラルクロス貼り。どの家にも共通の小さな取っ手が使われている。

**中**　階段の簓桁はレッドオーク、その脇の柱は米スギ。柱は角を削り丸みをつけている。

**左**　居間壁面収納。通気のため、厚3㎜×幅25㎜の米スギを編んだものを使っている。

右　2階居間。住まい手が集めた北欧家具が置かれている。

左　壁は深い青の布貼り、上部は構造用合板張りワトコオイル仕上げ。

居間の南側の障子を閉めたところ。障子は黄金比率より少し細長い1:2程度の割合で用いることが多い。

**右上**　居間から北方向を見る。右手に見える窓の斜め向かいが子供部屋。

**左上**　外観見上げ。外壁は足場板を張っている。竣工から年数を経て落ち着いた色調になってきた。

**右下**　2階居間。庭側には広いベランダを設けている。照明はアルネ・ヤコブセンのデザイン、ルイスポールセン社製。窓はすべて壁面に引き込むことができる。

**左下**　2階ベランダは異形鉄筋を屋根から吊って支えている。手摺には溝型鋼を使用している。

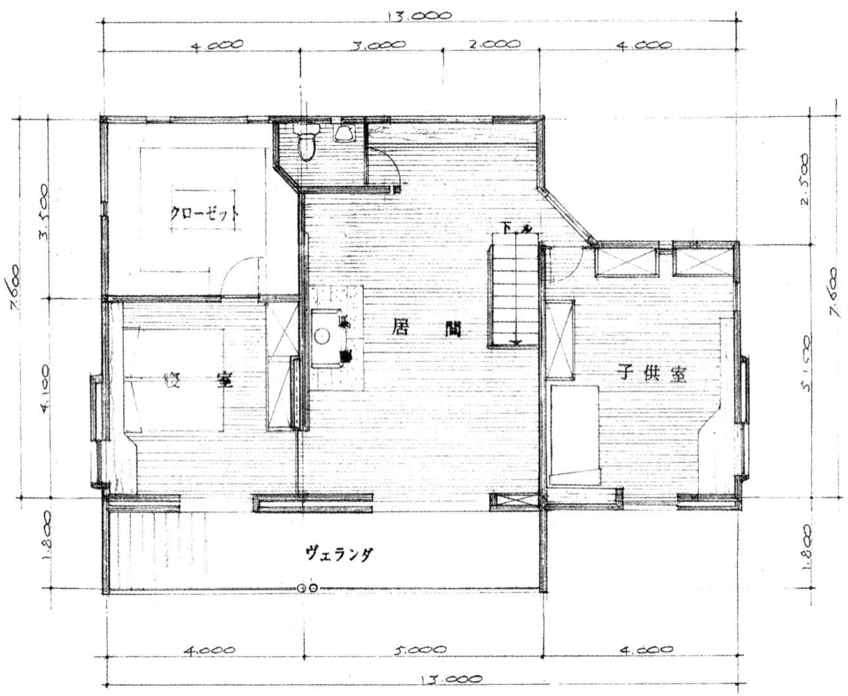


2階平面図　S=1/150

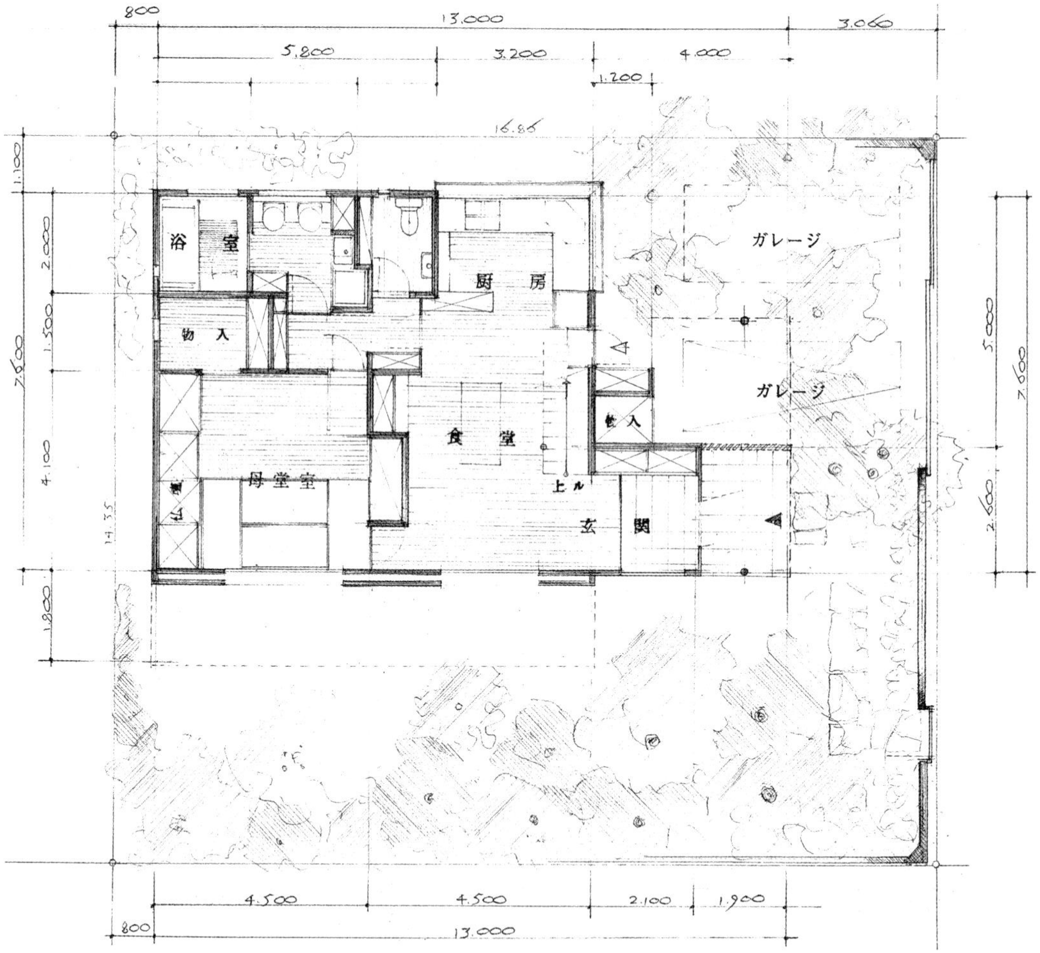


1階平面図　S=1/150

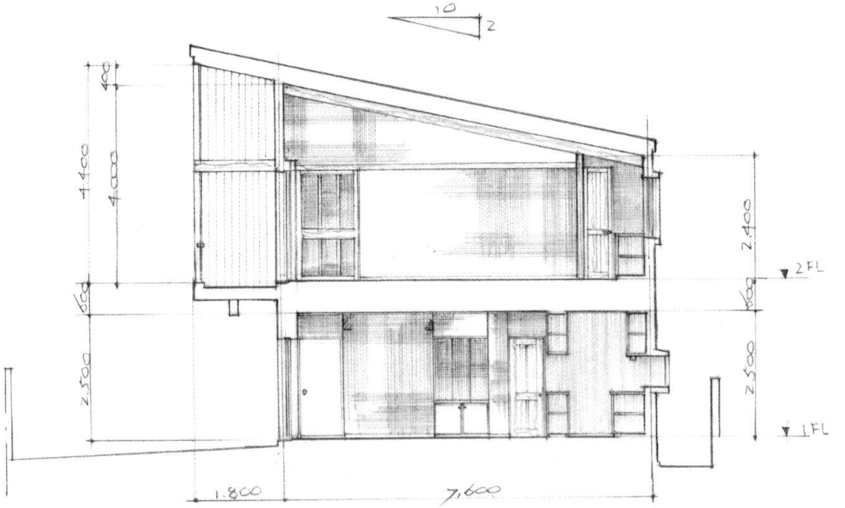


断面図　S=1/150

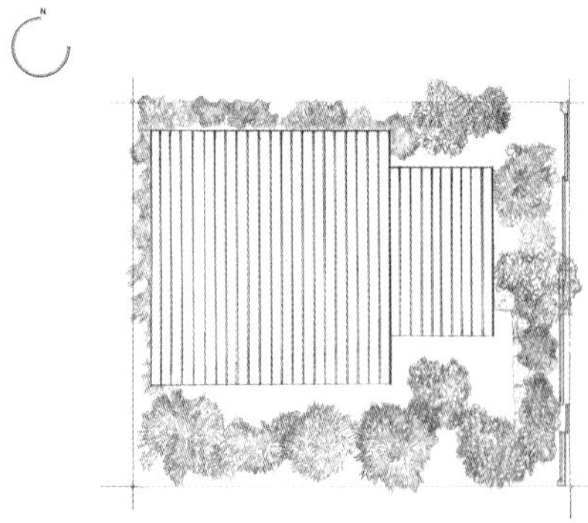

配置図

右　アプローチ。木々の奥にひっそりと佇む。

左　玄関から外を見る。庭の緑が美しい。
床の石は粘板岩のバサルティーナ。

## 建築資料

建物名 ………… 藤崎K邸
所在 ……………… 福岡県福岡市
家族構成 …… 夫婦＋子供1人
-
設計 ……………… 柿沼守利
構造設計 …… 川原喜代司
現場指導 …… 鶴留元
-

施工 ……………… 川原工務店
大工棟梁/松下信二
屋根/小形板金（小形勝師）
左官/清水左建（清水建詞）
建具/高木工作所（志方秀光、本多孝二）
竣工 ……………… 2002年
構造規模 …… 木造2階建
延床面積 …… 186.2㎡（1階/78㎡　2階/108.2㎡）

［主な外部仕上げ］
屋根 ……………… ガルバリウム鋼板厚0.4㎜厚瓦棒葺き
軒天 ……………… 木毛板厚25㎜張り
壁 ………………… 足場板厚36㎜張り
建具 ……………… 木製建具

［主な内部仕上げ］
天井 ……………… OSBボード化粧平貼り
壁 ………………… ナチュラルクロス　浴室/米ヒバ張り、腰壁：砂岩（モスグリーン）
床 ………………… チークフローリング

［設備］
空調 ……………… エアコン（ダイキン）

給湯 ……………… 都市ガス

［主な設備機器］
台所 ……………… キッチンハウス
洗面所・手洗い所 …… TOTO
浴室 ……………… 浴槽/鋳物ホーローバス
照明 ……………… マックスレイ他
建築金物 …… HORI商店（渡辺一孝）

# 井上邸

Inoue House

2003

| | |
|---|---|
| 所在地 | 福岡県糸島市 |
| 用途 | 週末住宅 |
| 施工 | 川原工務店 |
| 主体構造 | 木造＋RC造 |
| 敷地面積 | 1,091.09 $m^2$ |
| 建築面積 | 66.50 $m^2$ |
| 延床面積 | 102.88 $m^2$ |

福岡県糸島市（旧・糸島郡）の南東、海抜１８０メートルの小高い山の傾斜地に建つ住宅である。

建主の写真家・井上一氏は、30年以上前に福岡市内にある氏の住まい（輝国I邸）を設計して以来の友人である。２００１年の春、ご尊父、故井上孝治氏の作品を展示する写真ギャラリーを併設する週末住宅の設計の依頼を受けた。井上氏に案内されて土地を見に出かけると、候補地は玄海灘を見下ろすたいへん眺望の良い場所であった。そのとき身体のバランスを失うほどの強風が吹き上げてきたことを今もよく覚えている。

周囲の景観に溶け込ませるよう、建物の色調を深緑とし、道路に面する箇所は玄関のみとして、斜面に沿って住宅部分、その階下にギャラリースペースを配置している。暖炉のある居間・食堂からは玄界灘に浮かぶ玄海島を間近に望むことができる。バルコニーを覆う庇を深くとりながら、奥の厨房からの眺めも考慮した。刻々と変化する海や空のうつろい、無音の航跡を残して進む船の往来、鳥たちの舞う姿を眼下に見下ろすなど、見るものを飽きさせることがない。5月になると、昏れ泥む頃には烏賊釣り船の漁火が目前の海に無数に拡がる。

漁火に浮き立つ影や小呂島　不群

夫妻の希望で寝室からも同じように居ながらにして、空・海の変化が見てとれるよう窓を設けている。またデッキには固定の手摺を設けずに、子供が訪れた時などに応じてワイヤーを張るようにしている。海から吹き上げる強風に対しては気密性の高い摺り揚げ形式のドイツ製サッシと雨戸で対応している。

20年程前、玄海島付近を震源とする福岡西方沖地震の際にはこの建物が１２０ミリほど北西にずれて浴室のペアガラスにヒビが入った。居合わせた夫妻は何時間も家の中に戻れなかったそうである。

竣工から20年以上を経て、海からの冷たい北風に抗うごとく、周囲の緑は力強く成長を遂げている。厨房から東側の景観を見たいと言う夫人の要望で設けた横長の窓や、大きめの開口のある西側浴室の窓からは玄界灘と共に間近に生い繁る木々が眺められる。

最下階のギャラリーは、13年にわたって週末のみ開館する予約制で営まれてきた。国内のみならず海外から訪れる人もいて、夫妻が供する茶とケーキと共に会話も弾み、海を眺めて静かな時間を過ごす人が多かったと聞く。孝治氏の作品が東京都写真美術館に収蔵されたことを契機に現在は閉館している。

この住まいの計画が始まった頃から進められていた、九州大学糸島キャンパス移転で昨今は土地や道路の整備が進み、その環境も変わりつつある。かつて別荘地として開発されたが、次第に永住する人が増えてきている。糸島の自然の中に佇む場所として穏やかに在り続けてほしいと希うばかりである。

——雄大な自然の景色が広がる。開口部にはドイツ製のサッシ（ヘーベシーベ）を用いて、すべて右手の壁内に引き込めるようになっている。

右頁｜南側外観。

左頁｜デッキより東の方向を見る。デッキと深い軒の先端はわずかに弧を描き、穏やかな印象を生み出している。

右頁　床は中国産スレート貼りで自然光を程よく反射する。
壁は当初砂漆喰であったが震災後にデュッセル仕上げに変更した。

左頁
右　食堂から室内方向を見る。右手の扉は寝室。壁の上部はガラスで仕切り、天井に連続性をもたせている。
左　居間より食堂、台所を見る。天井高は高いところで4.3m。

右頁

右　階段から玄関を見上げる。

左上　西側に配置された浴室。大きく開かれた窓から木漏れ日が差す。
床は十和田石、壁と天井はヒバで仕上げた。

左下　寝室。寝転んだ状態でも海を眺められる高さに窓を設けている。
照明はデンマークのレクリント。

左頁

西側外観。手前に見える大きな窓が浴室、その隣は寝室の窓、
さらに隣のスリットはデッキ部分。壁はスギ板張り。

右頁
右　ギャラリー階と生活階を繋ぐ階段は上下で壁の素材を切り替えている。上部の階段の隙間から自然光が差し込む。
左上　ギャラリー。
左下　井上孝治氏に関連する書籍を見ることのできる資料室。

左頁
右　建物の両脇には下のデッキへと繋がる通路が設けられている。
左　上階のデッキを意匠が施された２本の柱が支える。

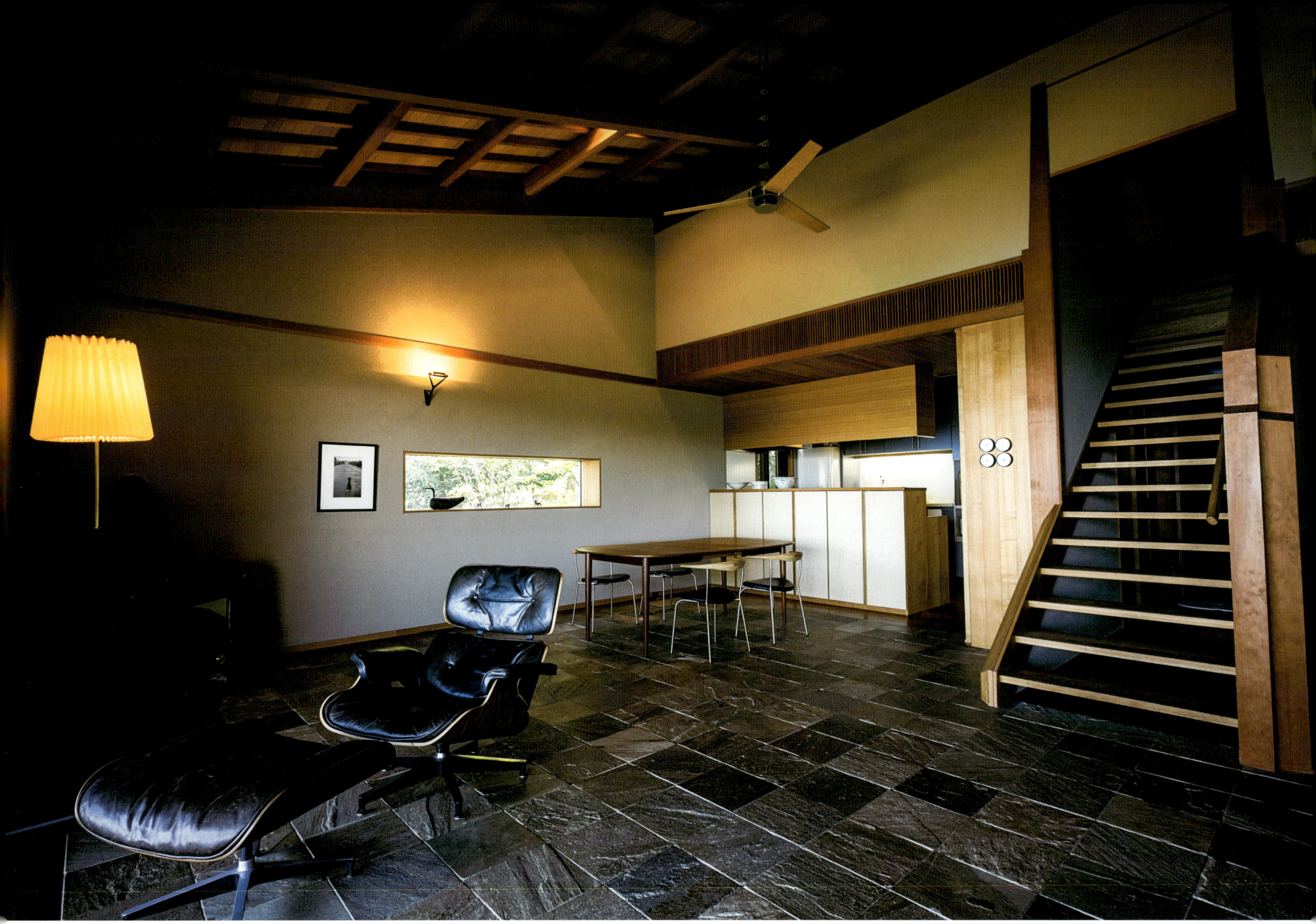

食堂と階段を見る。海側以外の開口は抑えている。

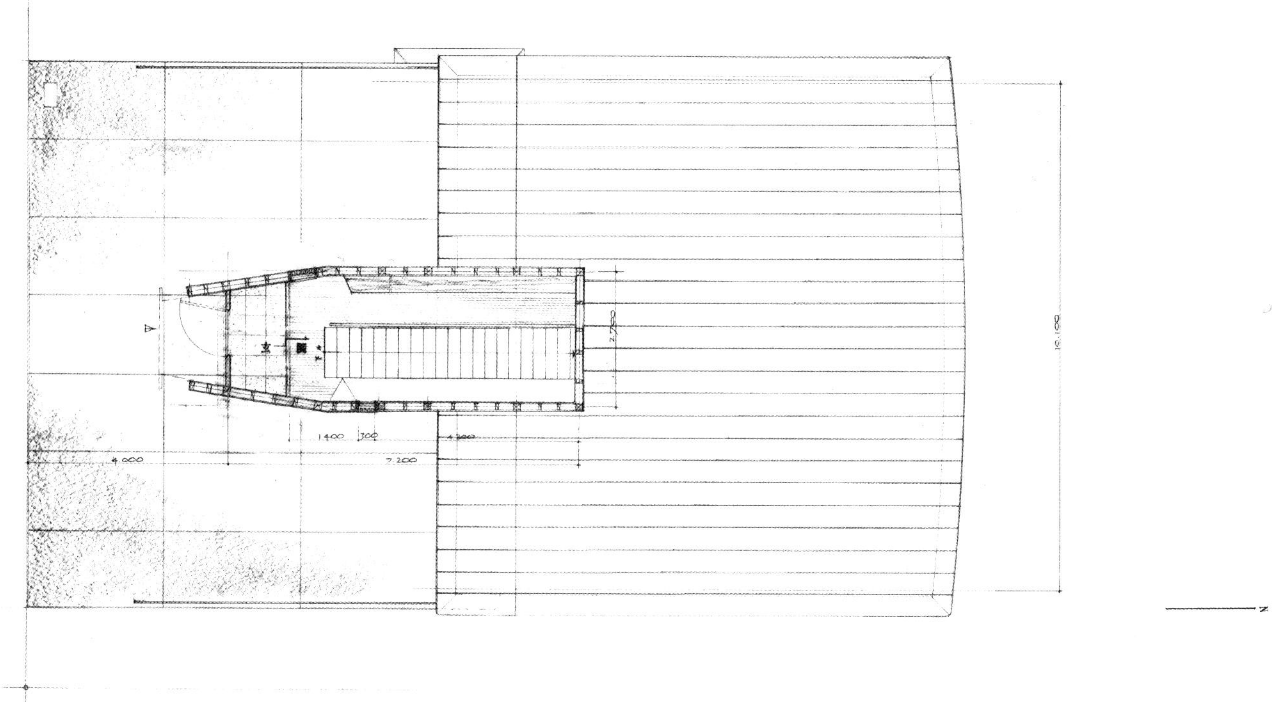


1階平面図　S=1/150

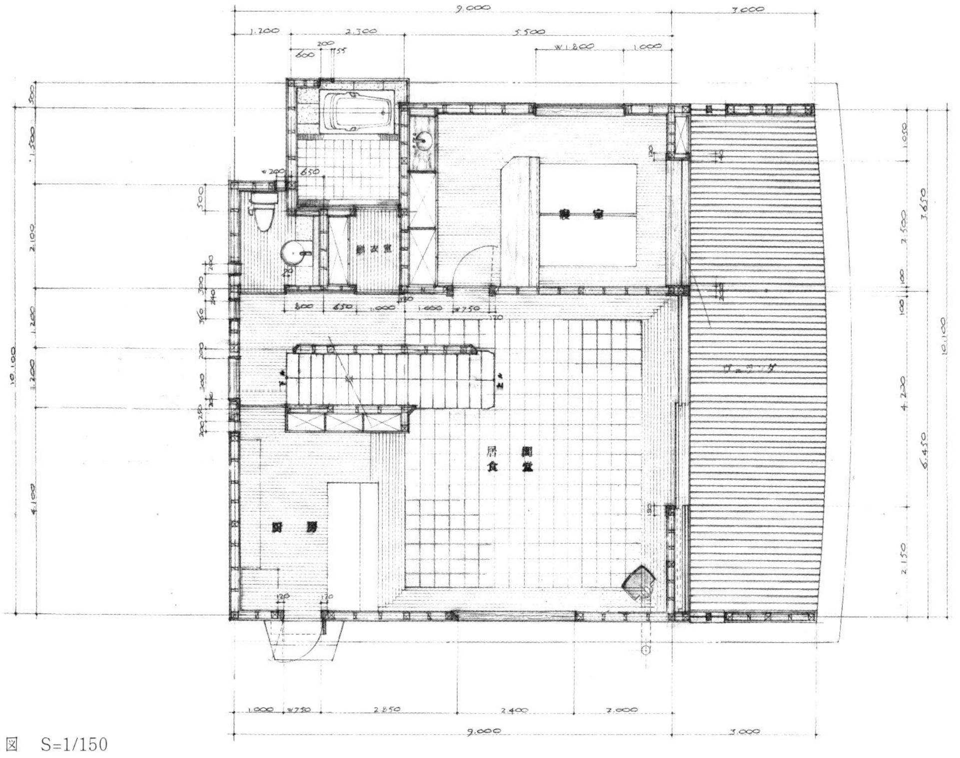


地下1階平面図　S=1/150

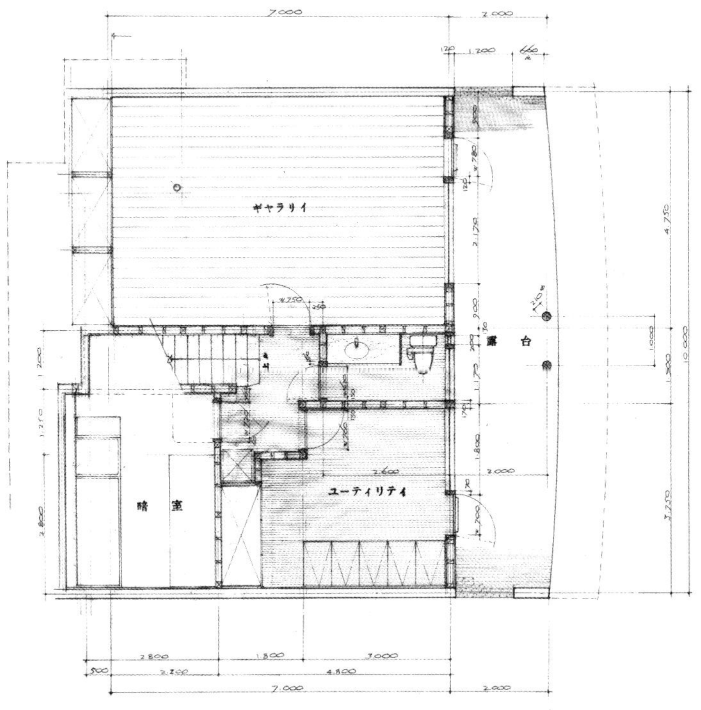


地下2階平面図　S=1/150

**右**　デッキのスリット状の開口部。

**中**　独特の意匠が施された階段の手摺。

**左上**　玄関の梁。他の建物でも見られる二重円が開けられている。

**左下**　食堂の嵌め殺し窓。海側は直角だが、台所に近い方の枠の側面は斜めになっている。

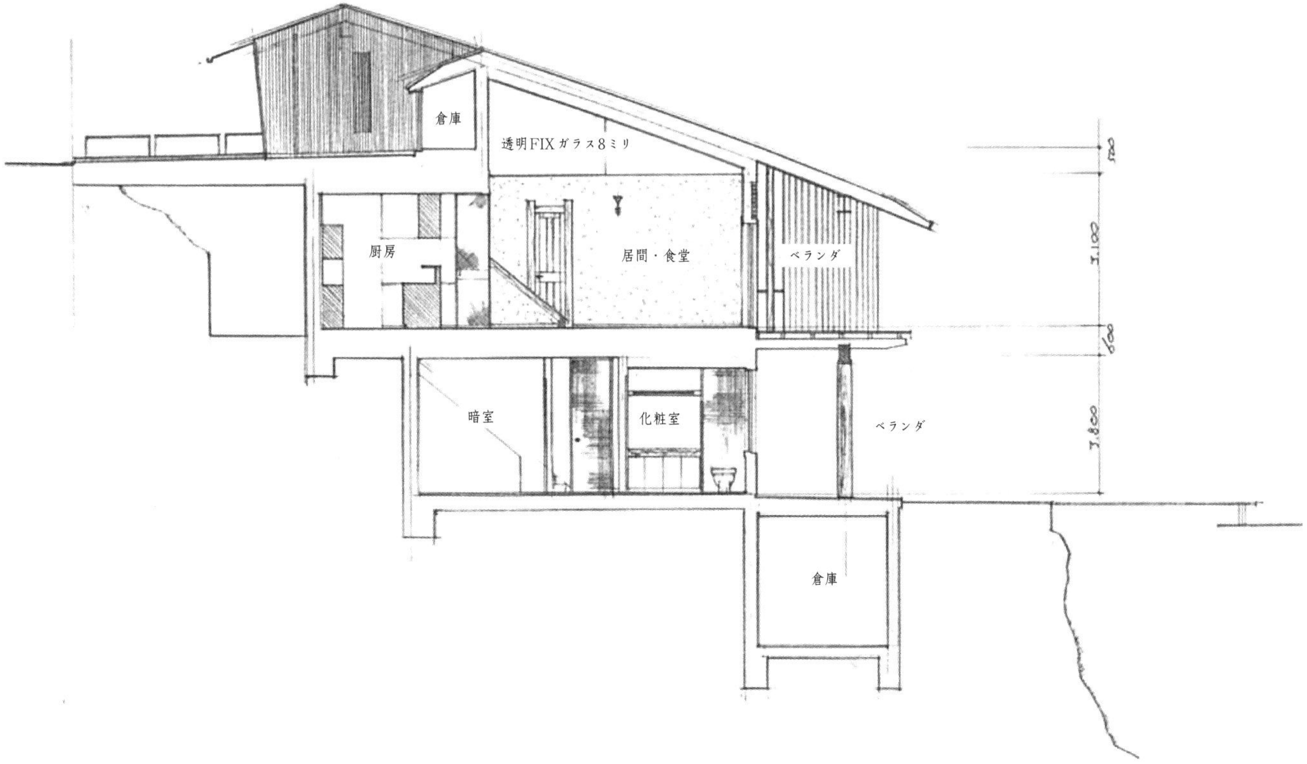


断面図　S=1/150

西立面図　S=1/250

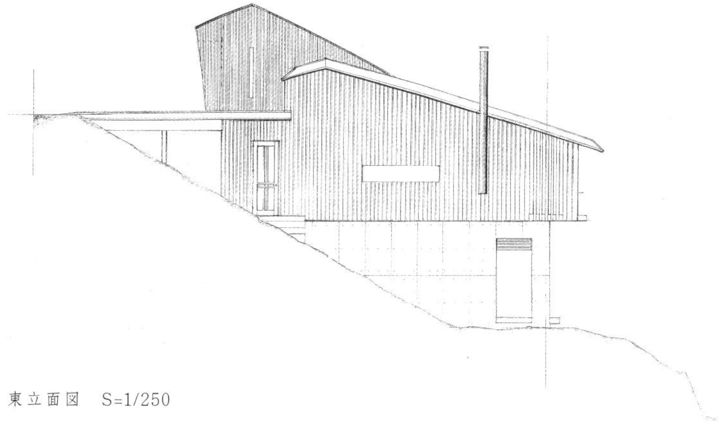

東立面図　S=1/250

## 建築資料

建物名……井上邸
所在……福岡県糸島市
-
設計……柿沼守利
構造設計……渡辺守秀
-
施工……川原工務店
現場指導/鶴留元
大工棟梁/清水忠義
左官/清水左建（清水建詞）
設備/舞鶴工業（川原重信）
電気/九電工（福島修一）
外構・造園/浜地造園（浜地豊）

竣工……2003年2月
構造規模……木造在来工法＋RC造（一部鉄骨造）
地下2階＋地上1階建

敷地面積……1,091.09㎡
建築面積……66.50㎡
延床面積……102.88㎡
建蔽率……6.60%（20%）
容積率……14.93%（40%）
地域地区……市街化調整区域、
自然公園法第2種特別地域

［主な外部仕上げ］
屋根……ガルバリウム鋼板厚0.4㎜瓦棒葺き
壁……スギ足場板厚36㎜張りキシラデコール塗り（タンネングリーン）
建具……ヘーベシーベ、2重ジャロジー、タモ材木製建具、一部木製3重ガラス入り横軸回転窓

［主な内部仕上げ］
天井……タモ材化粧張り　母屋・登り梁/ベイマツワトコオイル塗り
壁……その他/デュッセル仕上げ　展示ギャラリー/ドングロス下地VP塗り　浴室/ヒバ材羽目、腰：輸入スレート貼り
床……玄関/花崗岩小叩き　居間・食堂/スレート系石板300㎜角、ボーダーチークフローリング厚15㎜　寝室/チークフローリング厚15㎜　浴室/十和田石円盤摺り　展示ギャラリー/アラスカヒノキ張り厚15㎜

［設備］
空調……ヒートポンプエアコン、温水式床暖房
給湯……ガス式ボイラー

［主な設備機器］
水廻り……TOTO
照明……マックスレイ他
建築金物……HORI商店（渡辺一孝）
シーリングファンミンカエア（サンフランシスコ）
暖炉……槌屋（ダッシュウエスト社/セコイア）

# Layton House

2004年

| | |
|---|---|
| 所在地 | アメリカ合衆国ユタ州 |
| 施工 | Rusty Long |
| 主体構造 | RC造＋木造 |
| 敷地面積 | 6,120㎡ |
| 延床面積 | 660㎡ |

アメリカ中西部ユタ州レイトン市内に、2004年に竣工した住まいで、ロッキー山脈の南端、ワサッチ山をすぐ裏手に望む海抜1、200メートルの高地に位置する。

私の娘夫婦と孫の3人が暮らす。娘の夫はこのユタの地に生まれ育ち、約1、800坪の土地を両親から引き継ぎ、それまで住んでいた築100年近い20坪に満たないログハウスの家の建て替えとして、2002年の秋に着工した。敷地は2メートルほどの高低差のある斜面で、地下を掘る際に出た相当数の岩石を選び出して加工し1階の外壁に積んだ。

この地域は夏と冬の気温差が大きく、冬季の積雪量はそれほど多くはないものの、気温が氷点下15度以下となることもあり、寒さは厳しい。工事はそのような厳寒のなかで続けられた。寒さに対して徹底して断熱性を高め、フリーウェイ沿いでもあることから気密性の保持は不可欠であった。

地下1階、地上2階建てで、2階に主室をまとめ1階に日本間を設けた。ここはゲストルームとしての性格が強く、1間半の床の間と脇床付き10畳、そして4畳半の取り次ぎ、および踏み込みを設けた。

また、この辺りの住宅の特徴として敷地や規模の大きな建物は少なくないが、いわゆる「設計者」の手になるものはほとんどなく、2×4工法で「型」に沿って建てられることが一般的である。この家も地元のつくり方に倣い2×4で建てているが、2階部分をH鋼を使用してキャンティレバーで大きく張り出し、軒は1・8メートルの深さにした。積雪を考慮して雨樋は付けていない。春先には屋根の雪が弧を描くように軒を巻き込んで地響きを立てて落下する。

米国では大工の仕事が分業化されており、2×4の構造体の施工を行う「フレーマー」とその後の仕上げまでを手がける「フィニッシュ・カーペンター」とに分かれる。この家を担当したラスティは後者に属し、稀に見る腕の持主で、枠類は言うに及ばず、玄関扉、暖炉脇の格子扉、2箇所の八角柱そして床框、床柱などをアルダー材で拵えてくれた。この国では柱用の角材や丸太などの入手が非常に困難なことから板材の組み合わせを選ばざるを得なかった。1年の大半を現地で過ごし、各ディテールを図面化するとともに、大概の納まりを原寸図を描いて打ち合わせた。当然、寸法の単位も異なり、大工道具も全くと言って良いほどの違いがあった。殊に鑿《のみ》、鉋が存在しないことに驚いた。戸惑うのは大工の方も同じであったろう。しかしながら、ラスティは初めての和室を見事にまとめ切った。いま、当時を顧みて、もしラスティに出会わなかったなら、この家の仕上がりが大きく違ってしまっていただろうと思う。

竣工時には3歳であった孫も、成人となった。娘が庭に植えた木々や笹類は生い繁り、時の経過と共に当時の景観も変わりつつある。振り返ると、ユタでそれぞれの職人たちと過ごした日々をいま懐かしく想う。

——— 南面外観。1,200坪もの広大な敷地に建つ。寒暖の差が激しく、冬は積雪量が多い。

配置図

1階の外壁は石を割って使っている。この家で使っている石はすべて敷地を掘った際に出たもの。
2階はシーダー板張り。軒は1.8ｍ出している。梁は構造体ではなく付梁で、屋根も2×4工法でつくっている。

陰影が美しい玄関。床は敷地から出た石を石工が割って使い仕上げた。左手の壁面の墨色の材は木造の農機具庫が解体された際に買い取った古材。構造用合板と交互に組み込み表情ある壁面をつくった。

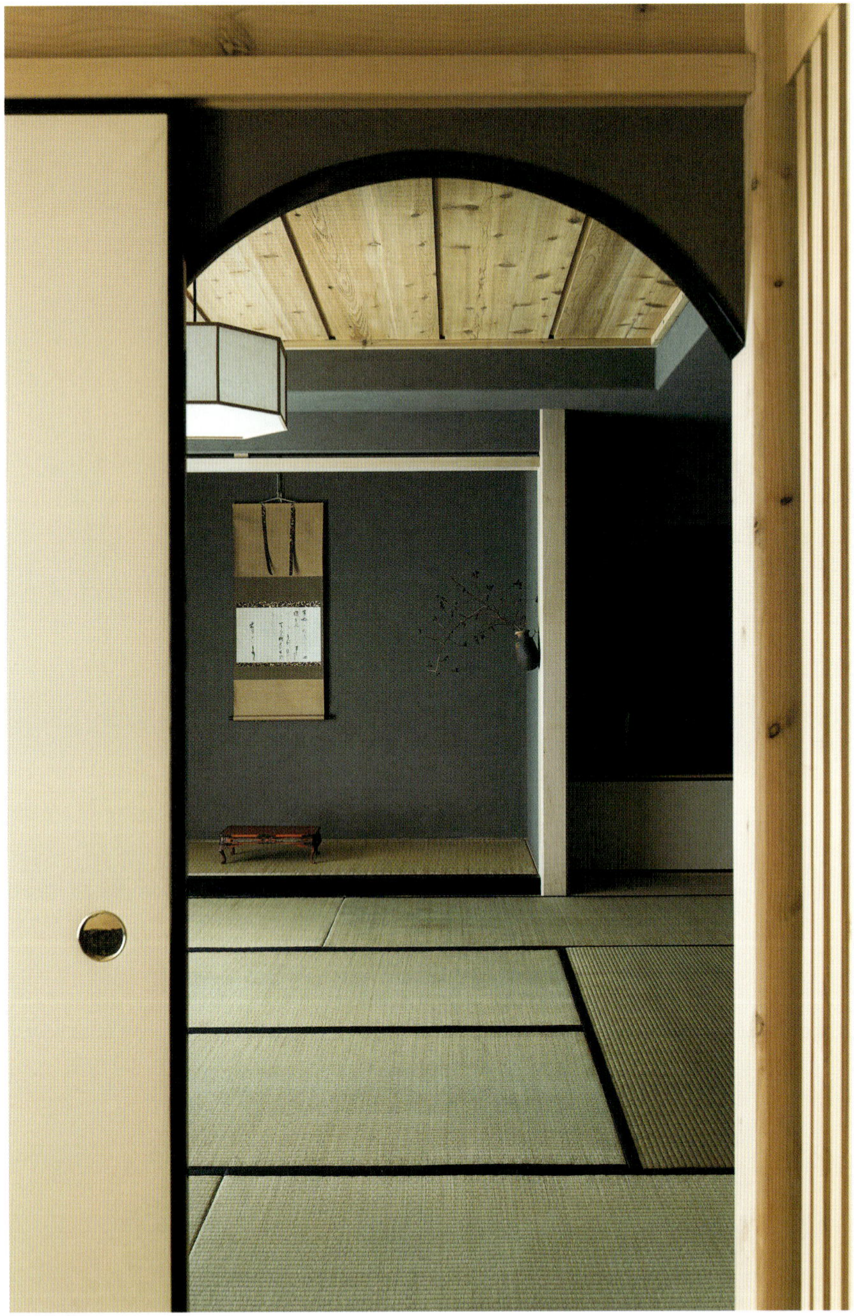

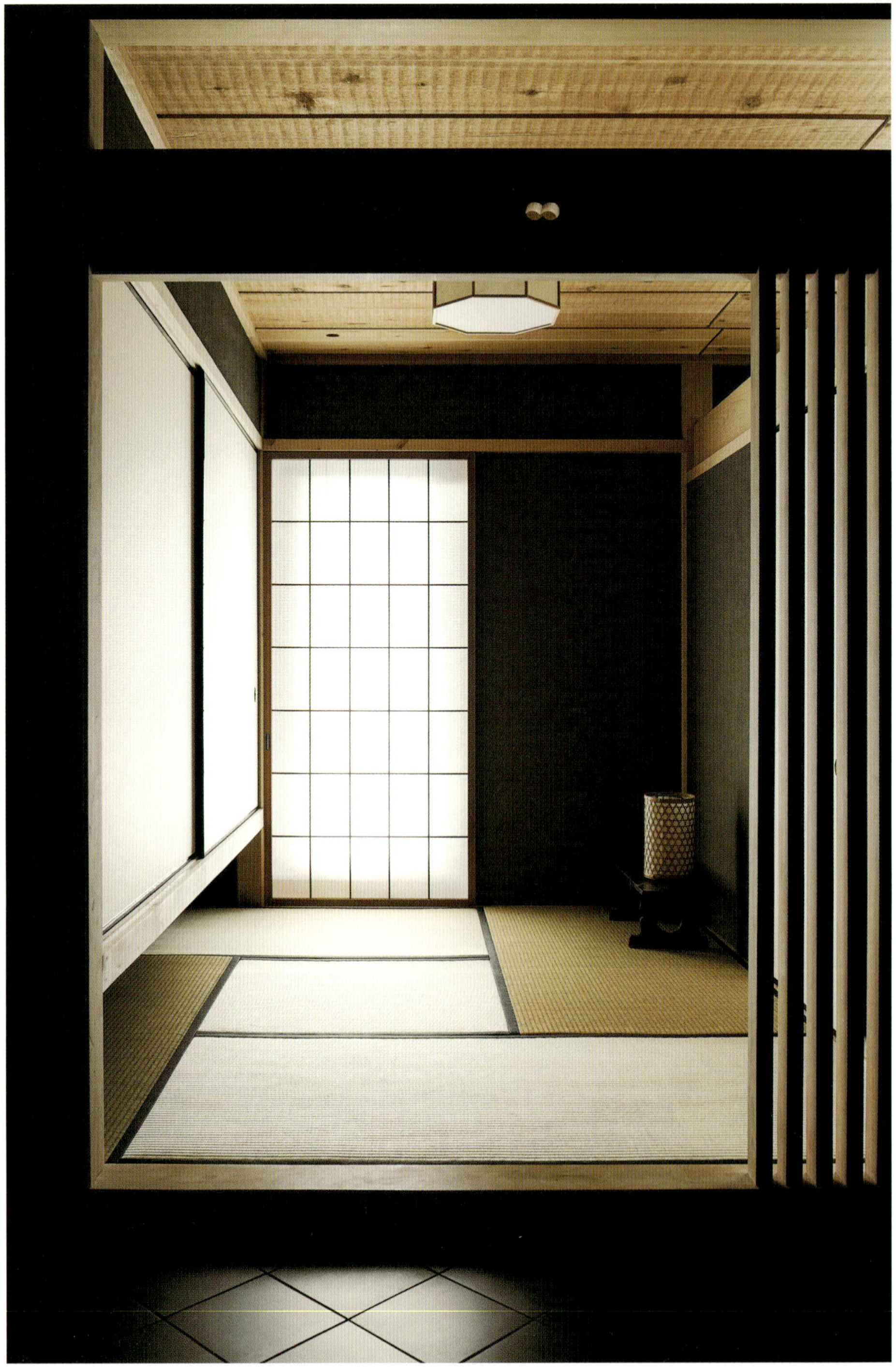

**右**　寄付。

**左**　寄付からアーチをくぐり和室へ入る。

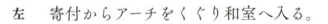

床の間正面を見る。床柱や落としがけはアルダー(榛)。壁は聚楽壁を模した色調でスタッコで仕上げた。

**上**　廊下から和室と階段を見る。
**下**　和室より東方向を見る。奥には庇を出したテラスが設けられている。障子は日本から取り寄せたもの。

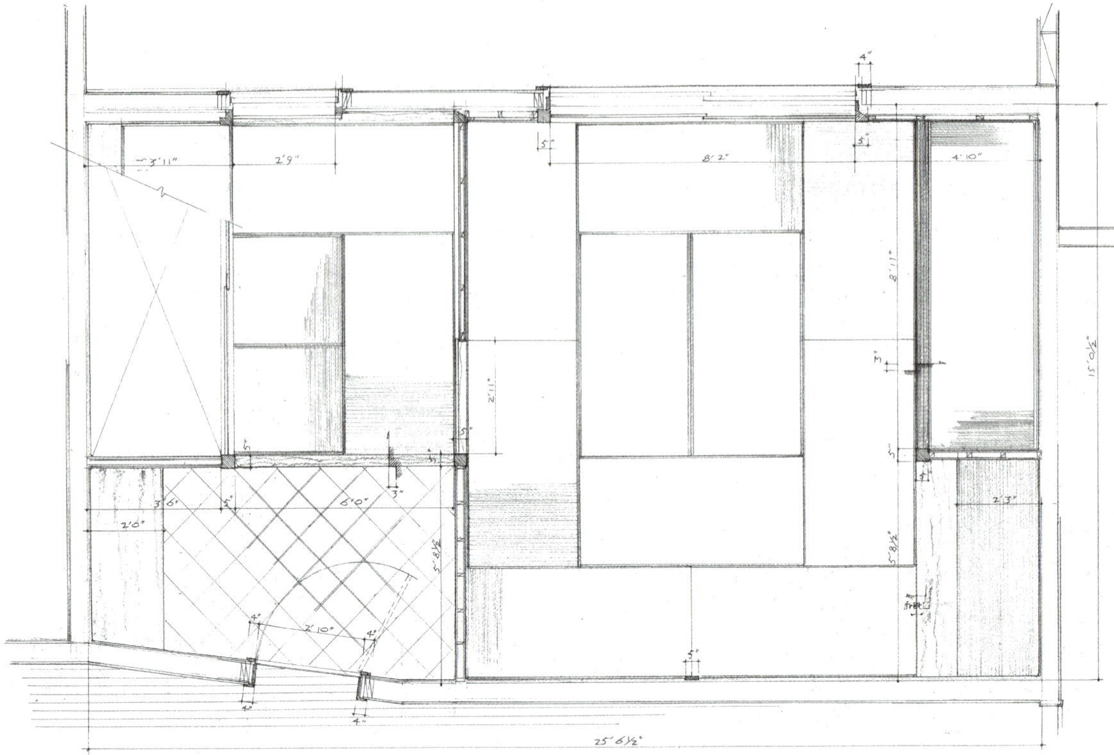

和室平面詳細図　S=1/60

——120頁-129頁図面単位
フィート、インチ（'＝フィート、"＝インチを示す）

インチやフィートの単位で図面を描き、より詳細な納まりや意匠は原寸図を描き大工と意思疎通をはかった。日本から取り寄せたものは、障子、襖、照明、夏にテラスに取り付ける簾の4つて、他の材料は現地で調達したものである。現地では角材が手に入りにくいため、床柱や落としがけ、床框も板材を組み合わせてつくっている。畳は床暖房に対応していないもののため、壁面に床暖房と同じものを入れている。

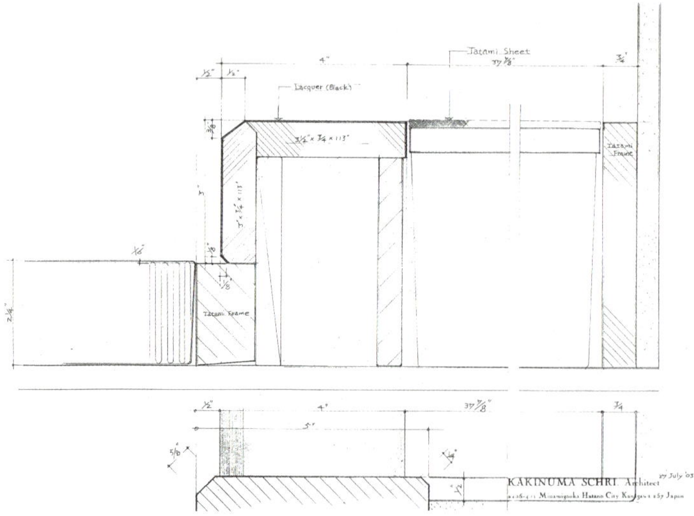


床の間廻り詳細図　S=1/4

**右**　2階廊下。棟木は構造体だが、梁は化粧梁。アルダーの板を張り合わせたもので内部は空洞になっている。その一部には空調のダクトが入っており、穴から空気が出る仕組みになっている。

**左**　階段手摺の意匠。

右頁｜居間。正面中央に見えるのは暖炉と煙突。暖炉廻りの収納扉はラスティ氏が製作した。床は床暖房に対応したスレート貼り。

左頁｜居間から外方向を見る。大きな窓は嵌め殺しとして気密性を良くして、下段の窓で通風できるようにしている。

**右頁**　食堂。大きな窓から外の景色を眺めながら食事ができる。天井はアジア原産の植物の葉を編んだもの。

**左頁**
**右**　広々とした台所は設計図をもとに現地の家具職人が手がけた。
**左上**　浴室。壁はシーダー板張り。
**左下**　西側外観。1階の軒が出ているところは和室に面したテラス。

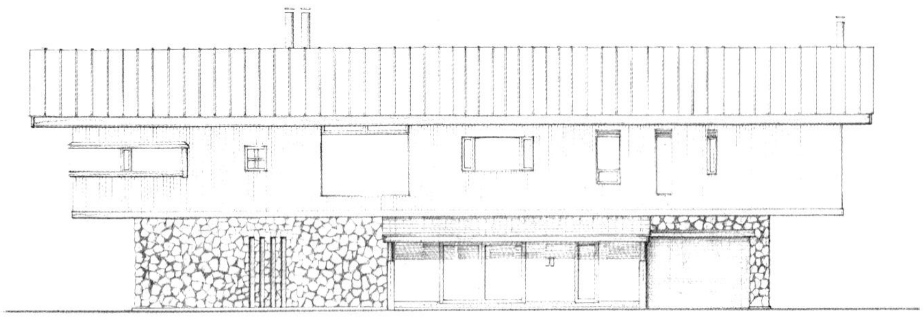

立面図　S=1/250

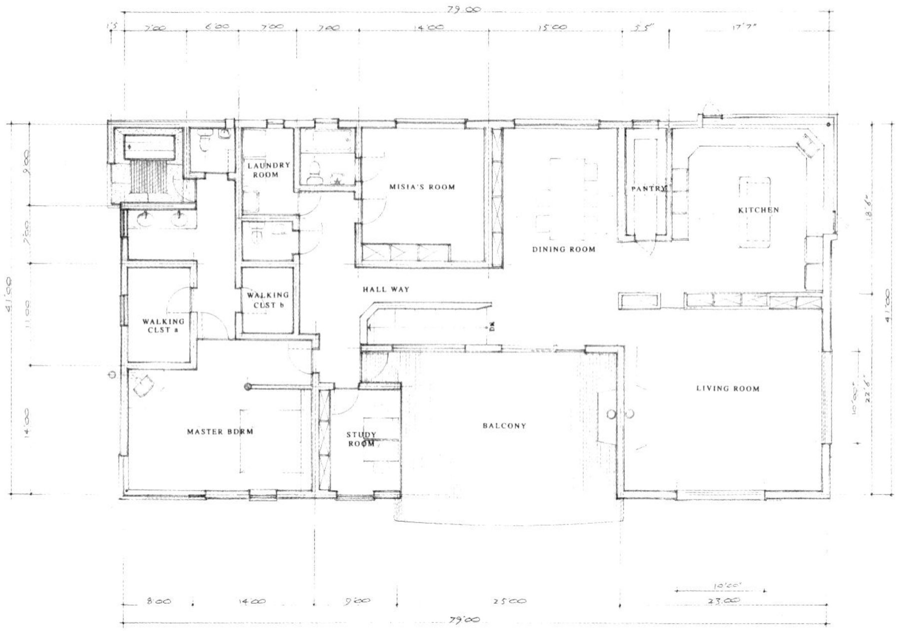


2階平面図　S=1/250



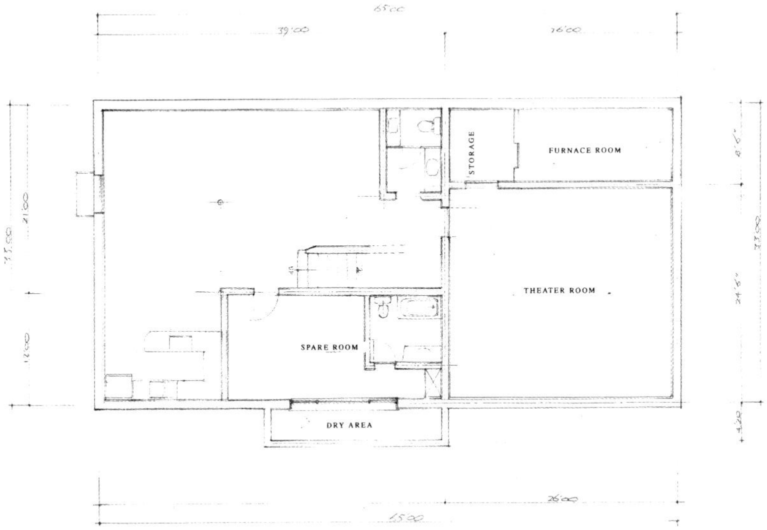


FIRST BASEMENT FLOOR PLAN

地下1階平面図　S=1/250

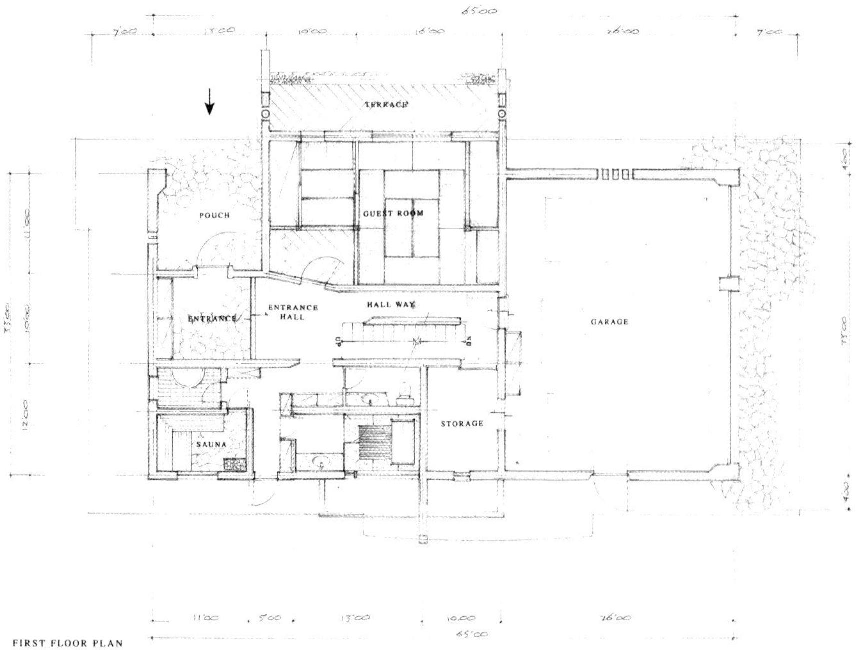


FIRST FLOOR PLAN

1階平面図　S=1/250

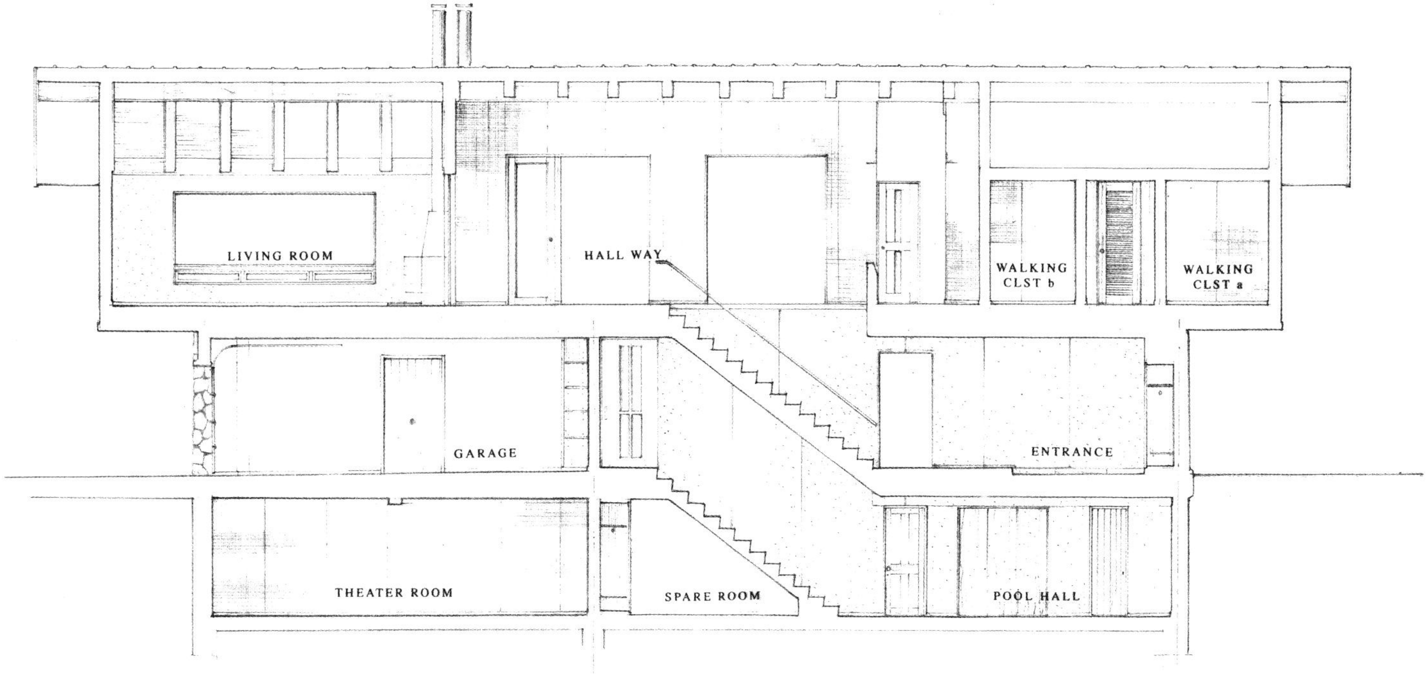




長手断面図　S=1/150

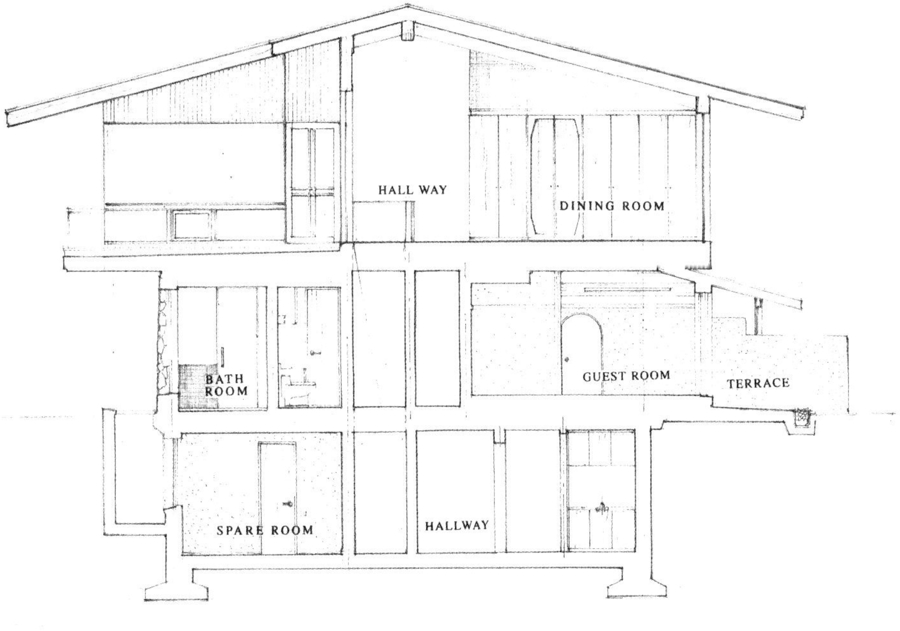


短手断面図　S=1/150

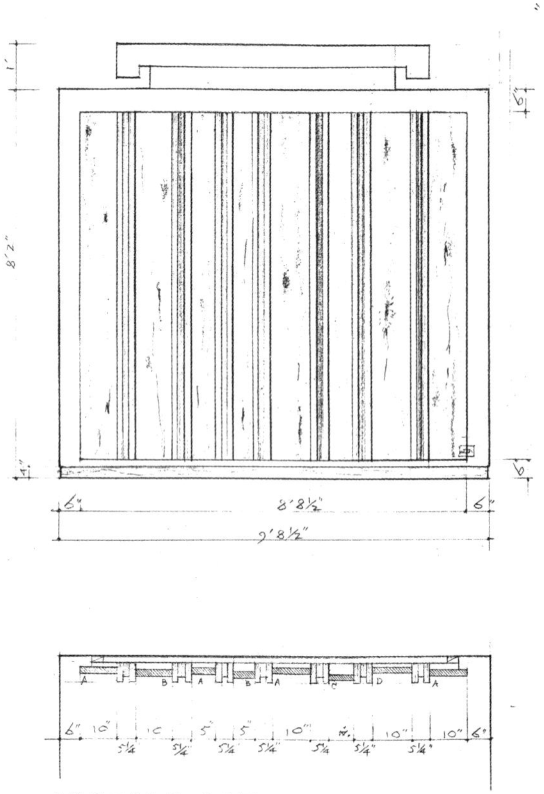

玄関壁面詳細図　S=1/50

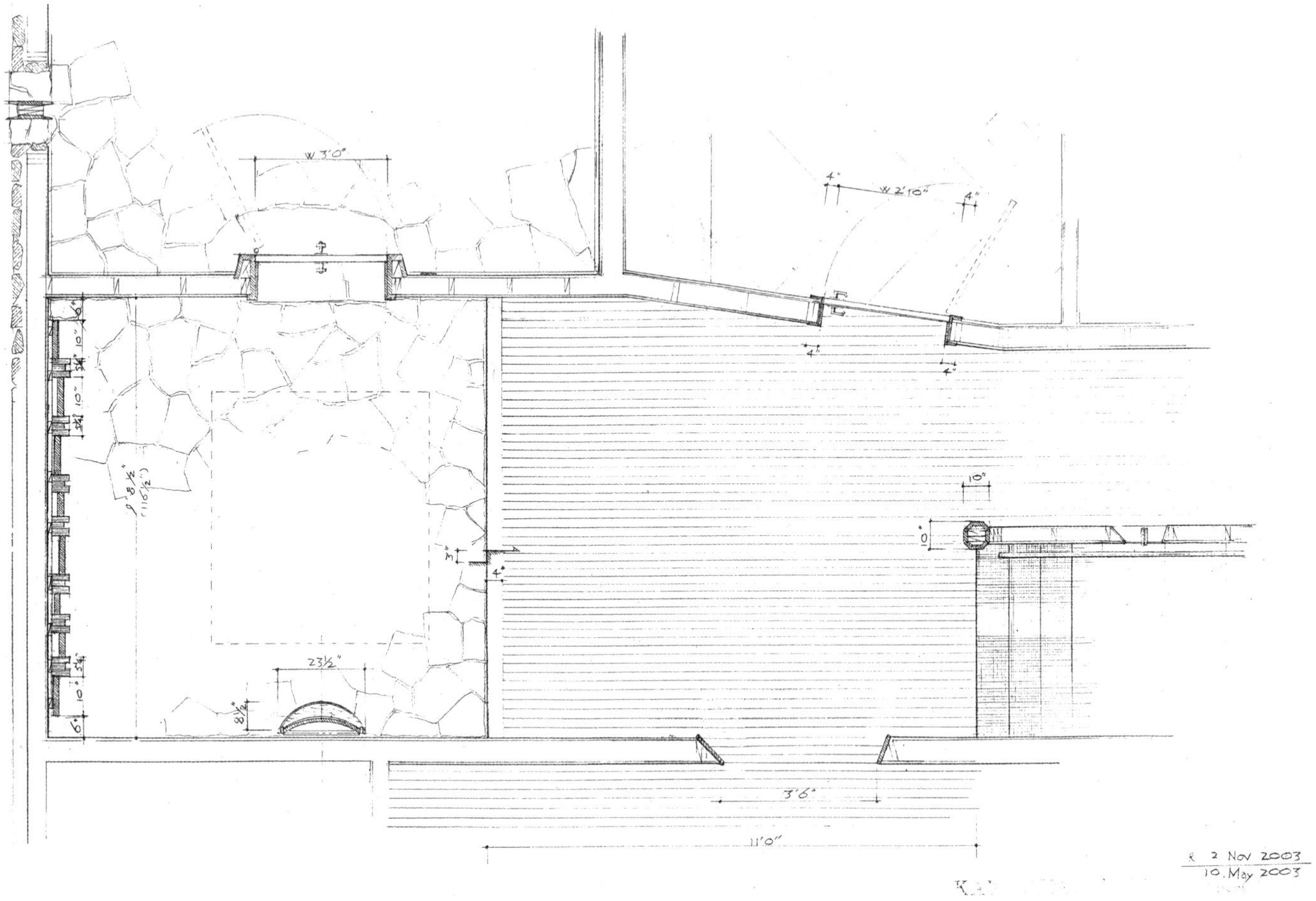

玄関・ホール平面図　S=1/50

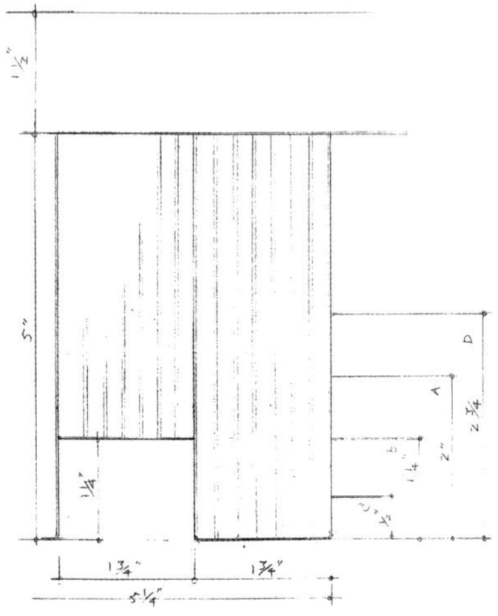

玄関壁面詳細図　S=1/3

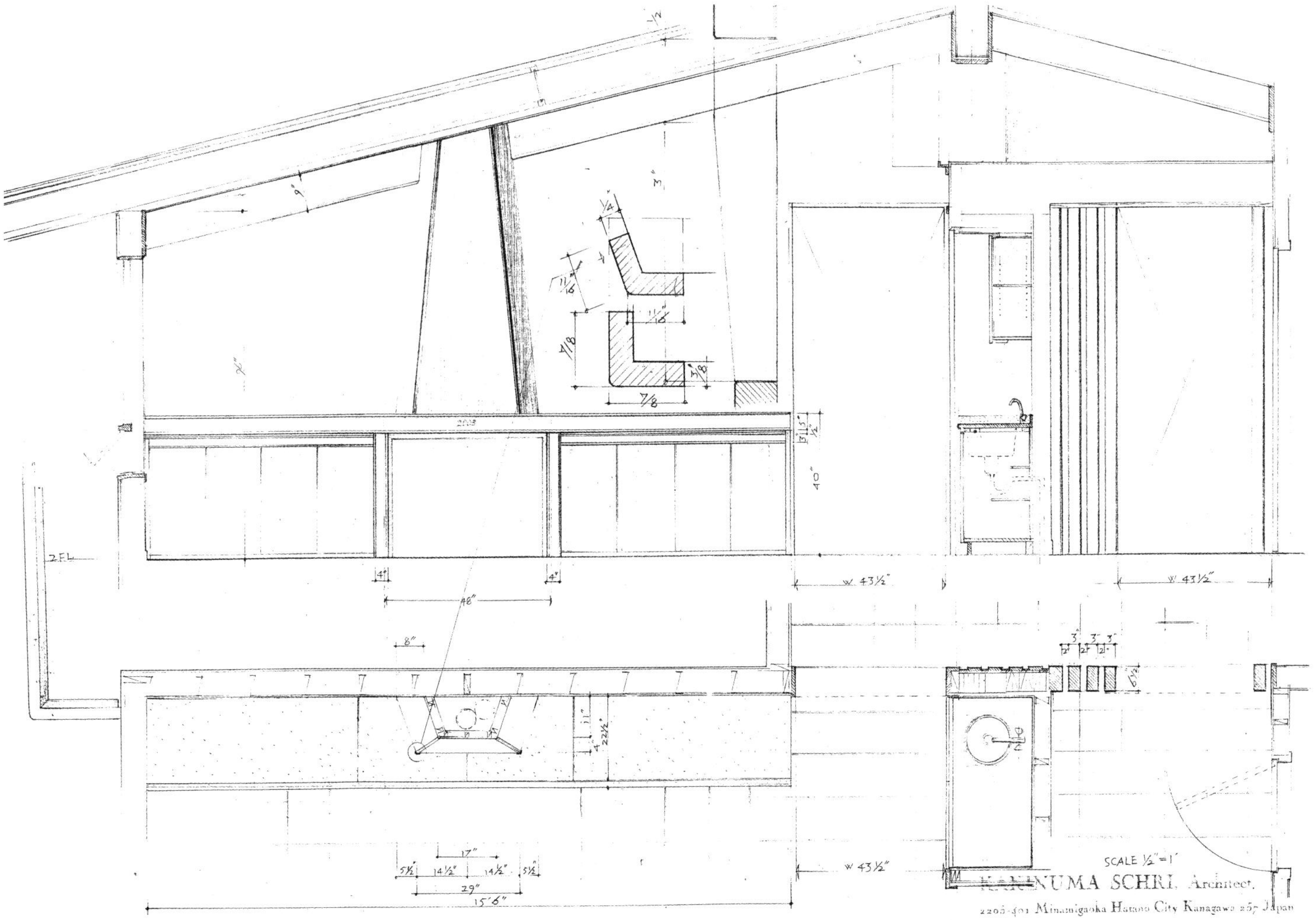


居間暖炉・収納廻り詳細図　S=1/50

現地では家に暖炉があるのは一般的だという。この家では、暖炉を壁の中央に配して、その両横を腰までの収納としている。壁全体はナチュラルクロスで仕上げ、煙突の角部分にはL字型に加工したアルダー材を取り付けている。収納の天板は大理石、側面上端には溝型鋼を取り付けている。この造作をラスティが手がけており、収納扉もラスティによる。

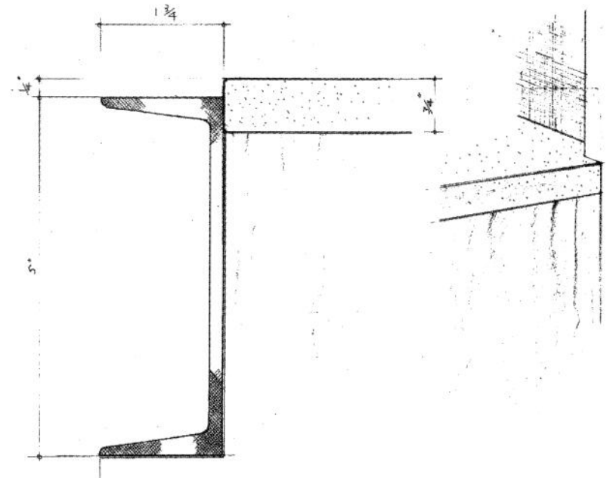

暖炉・収納側面上端部分詳細図　S=1/4



## 建築資料

建物名 ………… Layton House
所在 ………… アメリカ合衆国ユタ州レイトン市
家族構成 …… 夫婦＋子供1人
-
設計 ………… 柿沼守利
-
施工 ………… Carpenter / Rusty Long
Framer/ J. Fulton Thompson Corp.
(Jeff Thompson 、Sean)
Painter / John's Quality Painting
(John Erickson)
Electrician / Walker Electric（Bryce）
Tile/ Olsen Tile（Dave Olsen）
Marble/ European marble & granite
Window/Moyes Glass
Roof / Bob Harvey Roofing
Mason / Bastian Bros.Stone
Masonry（Tom）
竣工 ………… 2004年
構造規模 …… 木造＋一部RC造
地下1階＋地上2階建
敷地面積 …… 6,120㎡
延床面積 …… 660㎡
（地階/198㎡　1階/198㎡　2階/264㎡）

［主な外部仕上げ］
屋根 ………… ガルバリウム鋼板厚0.5㎜瓦棒葺き
軒天 ………… スパゲティボード厚24㎜貼り
壁 ………… シーダー厚18㎜目透かし張り
建具 ………… 外部アルミ＋内部アルダー材サッシ

［主な内部仕上げ］
天井 ………… 植物の葉を編んだもの
壁 ………… ナチュラルクロス貼り
床 ………… 床暖房対応スレート、一部竹フローリング

［設備］
空調 ………… 床暖房、ヒートポンプ式エアコン
給湯 ………… ガス

［主な設備機器］
洗面所 ………… コーラー他
手洗い室 …… TOTO
照明 ………… LORA、FLOSS
建築金物 …… HORI商店（渡辺一孝）
シーリングファン …… ミンカエア
（サンフランシスコ）

# 糸島・月見草の家

Itoshima
Tsukimisou House

2007



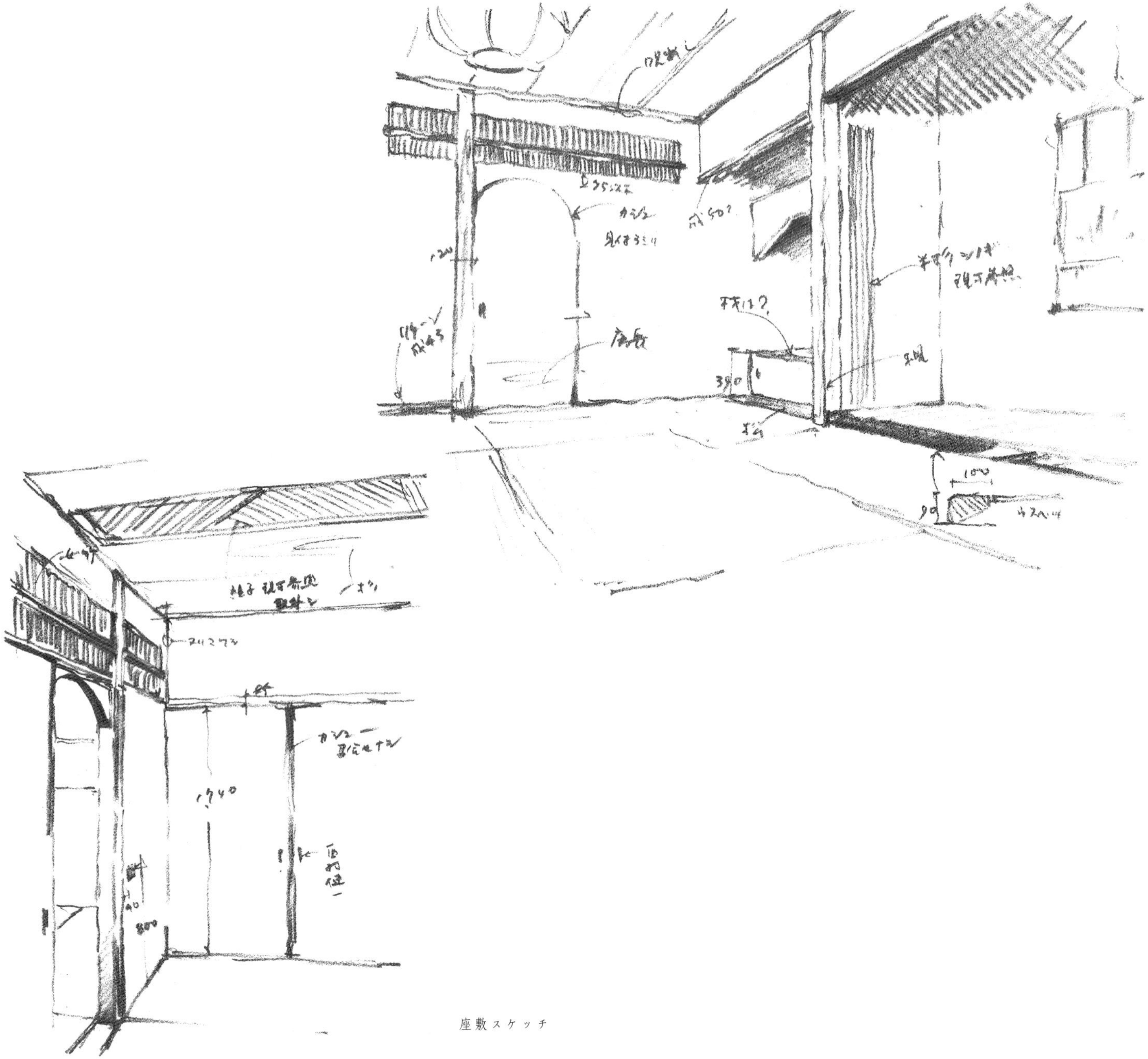

座敷スケッチ

| | |
|---|---|
| 所在地 | 福岡県糸島市 |
| 施工 | 山下建設 |
| 主体構造 | 木造 |
| 敷地面積 | 1,374.0 ㎡ |
| 建築面積 | 269.28 ㎡ |
| 延床面積 | 195.19 ㎡ |

——座敷。床柱は両面を太鼓落としにしたカエデ。撮影した段階では壁はまだ中塗りの状態で、木が落ち着いた頃に聚楽で仕上げる。

中尊

右頁　右　廊下から居間･食堂を見通す。

左　食堂。幅3,700㎜のナラ材のテーブルはオリジナルデザイン。床には割肌の玄昌石を敷き、壁際の床はチーク板。壁面の上部のスリットの奥にスピーカーが組み込まれている。収納扉とスリットはオーク。

左頁　食堂から居間を見る。天井材は代用萩を天蚕糸（てぐすいと）で編んだもの。

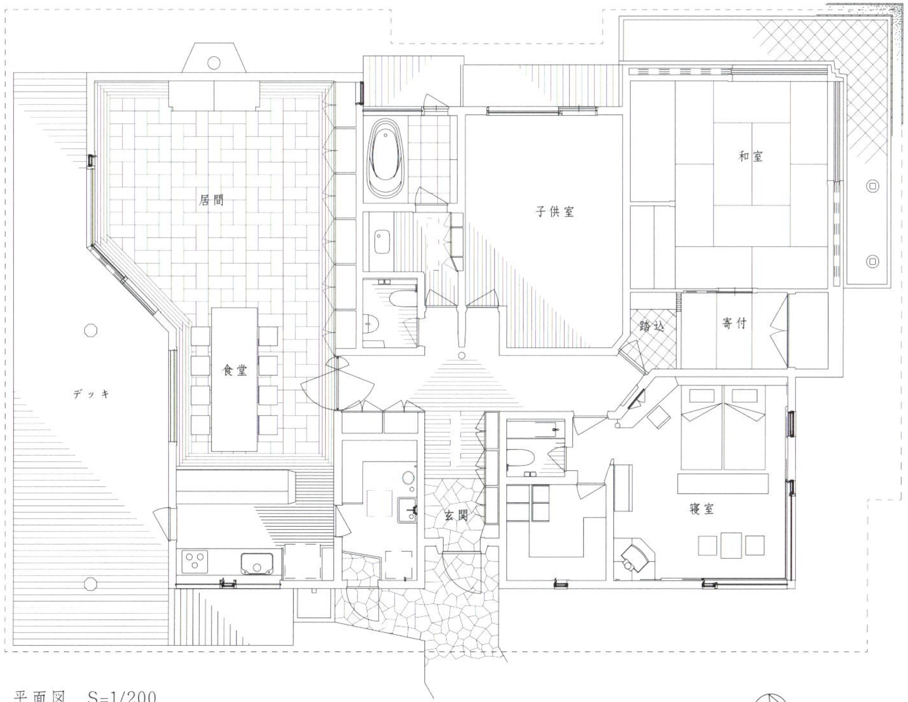


平面図　S=1/200

右頁
右　和室から西を見る。
左上　外観全景。大きな切妻屋根がかかる。
左下　火灯口の向こうは寄付。欄間は女竹。

左頁
デッキはシイノキ張り。
柱は手前がカシ、奥がシイで十六角形。

## 建築資料

建物名……糸島･月見草の家
所在……福岡県糸島市
家族構成……夫婦+子供1人
-
設計……柿沼守利
-

施工……山下建設
担当/松山靖信、柴田昭子
大工棟梁/與本篤史
床暖房/西部ガス
電気設備/矢野電気
建具/高木工作所
建具金物/堀商店
数寄屋建築用材/御池
左官/清水左建
家具/塩崎木工
塗装/創立塗装
造園/浜地豊
現場指導/鶴留元
竣工……2007年10月

構造規模……木造平屋建
敷地面積……1,374.00㎡
建築面積……269.28㎡
延床面積……195.19㎡

[主な外部仕上げ]
屋根……ガルバリウム鋼板
壁……スギ7寸幅足場板張り
建具……木製建具

[主な内部仕上げ]
天井……居間･食堂/代用萩(天蚕糸編み)貼り
壁……左官仕上げ
床……居間･食堂/玄昌石貼り、一部チーク

# 山櫻の家

Yamazakura House

2008

北側道路越しの外観。メインの居室の2階の天井高を確保するために1階は高さを抑えている。

| | |
|---|---|
| 所在地 | 福岡県 |
| 施工 | 山下建設 |
| 主体構造 | RC造 |
| 敷地面積 | 188.66㎡ |
| 建築面積 | 110.16㎡ |
| 延床面積 | 327.08㎡ |

——— ガレージには恒見石が敷かれ、右手に水盤がある。左手が玄関扉、中央奥に見えているのが書斎。

2階居間。右側に見えるのは輻射式の冷暖房パネル。食堂と緩やかに空間を分けている。

**右**　マンションが敷地南側に建っており、東側にも将来的にマンションが建つ可能性があったことから中庭型のプランとなった。庭を囲む外壁はマンション側からの視線を遮りつつ、光と風を通すためスリット状に開口を設けた。壁の内側にはスギ材を貼っている。

**左**　居間からデッキを見る。右側の小窓で台所と接していて、どこからでも山桜を楽しめる。

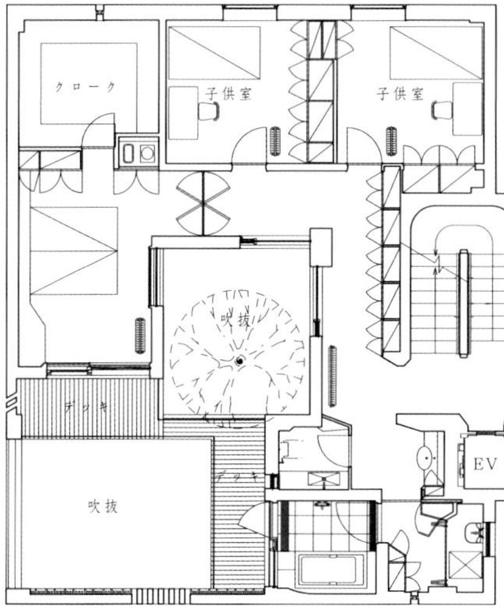


3階平面図　S=1/200

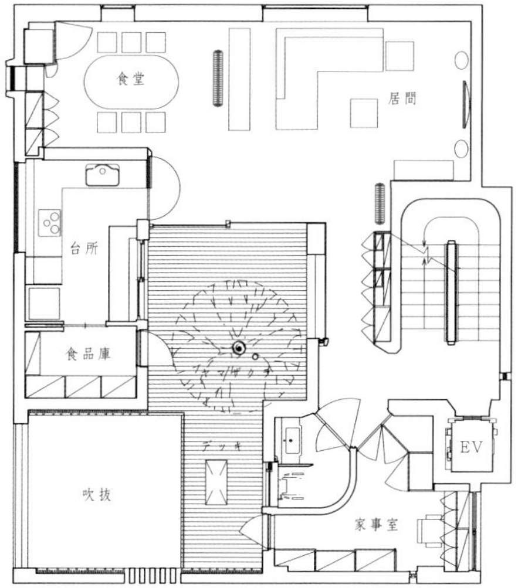


2階平面図　S=1/200

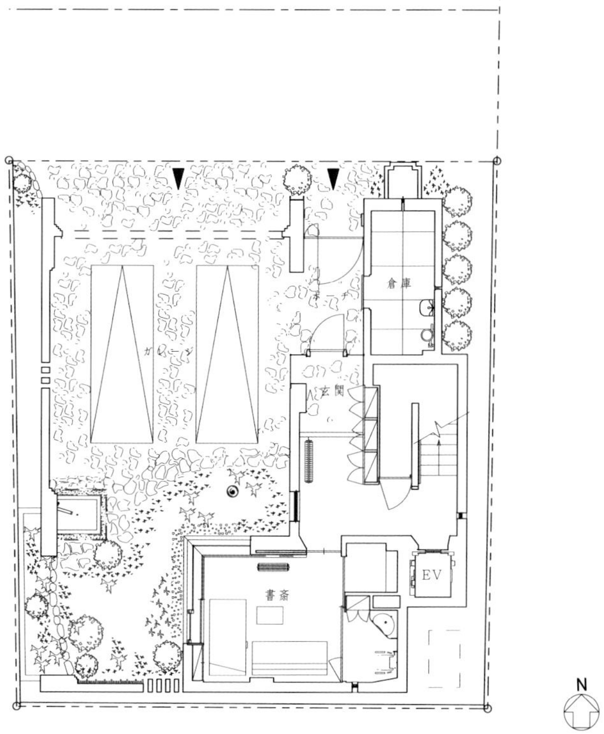


1階平面図　S=1/200



右頁
右　階段天井の照明。
左上　曲げた竹を使った腰壁。
左下　網代の扉。あちこちに数寄屋の意匠が施されている。

## 建築資料

建物名 ………… 山櫻の家
所在 …………… 福岡県
家族構成 …… 夫婦＋子供2人
-
設計 …………… 柿沼守利
-
施工 …………… 山下建設　担当/柴田昭子
戸嶋美治、久保田雄三
棟梁/與本篤史
現場指導/鶴留元
造園/浜地造園
1階石張/日新造園
左官/清水左建
塗装/創立塗装
冷暖房設備/ピーエス工業
電気設備/矢野電気
エレベーター/三菱日立ホームエレベーター
建具/灘建装
エルミンマド/三協立山アルミ
建具金物/堀商店
家具/塩崎木工
数寄屋建築材料/御池
天井・花莚制作/荒巻洋利
竣工 …………… 2008年8月
構造規模 …… RC造3階建＋ペントハウス
敷地面積 …… 188.66㎡
建築面積 …… 110.16㎡
延床面積 …… 327.08㎡
住宅部分273.47㎡ 車庫部分53.61㎡

[主な外部仕上げ]
壁 ………………… RC打放し、一部バーンウッド、杉板
ガレージ床 ……… 厚約100㎜恒見石

[主な内部仕上げ]
天井 …………… キリ板張り
床・建具 ……… モザ ラスティック

階段のディテール。厚15㎜の鉄のささらと木を組み合わせている。

―――居間から南に面した食堂、デッキを見る。天井は籐の網代。ダウンライトの位置は現場で職人と相談しながら決めた。

# 樋井川の宅

Hiigawa house

2013

| | |
|---|---|
| 所在地 | 福岡県福岡市 |
| 施工 | 山下建設 |
| 主体構造 | 木造 |
| 敷地面積 | 253.41㎡ |
| 建築面積 | 138.52㎡ |
| 延床面積 | 169.51㎡ |

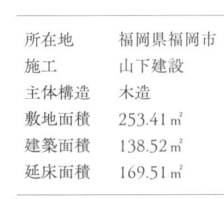

居間南面開口部原寸スケッチ　(1/7に縮小)

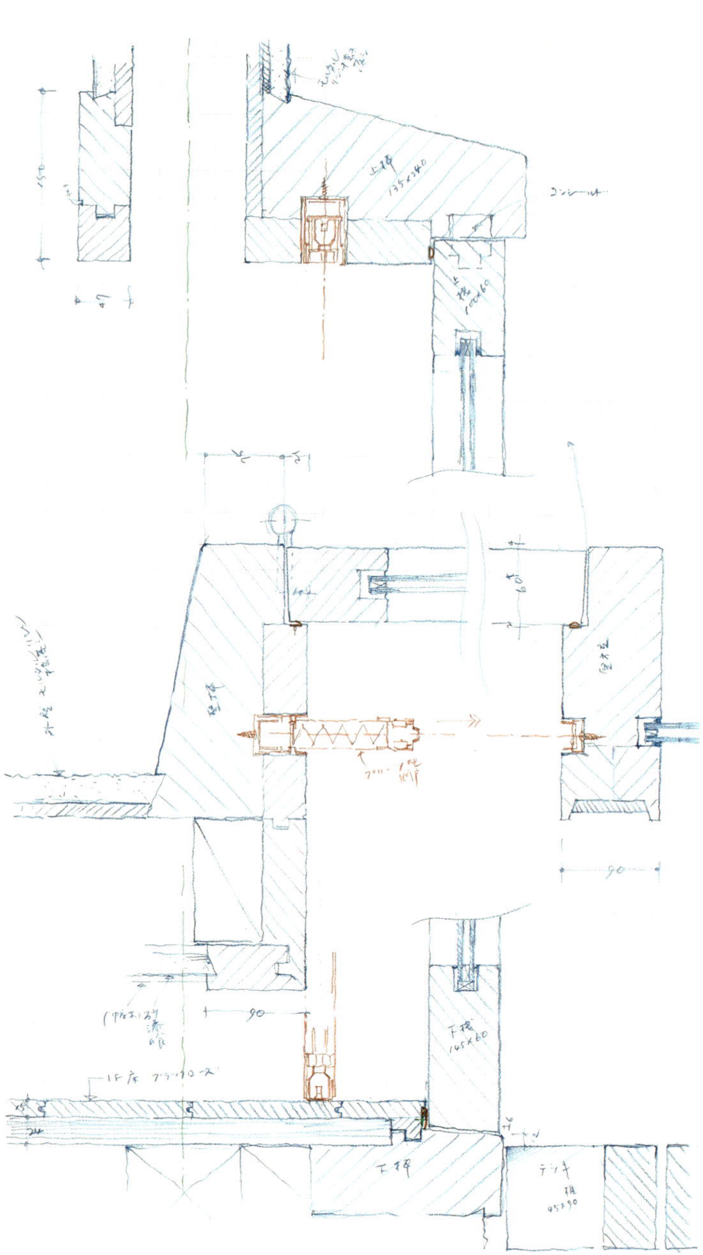

嵌め殺し窓

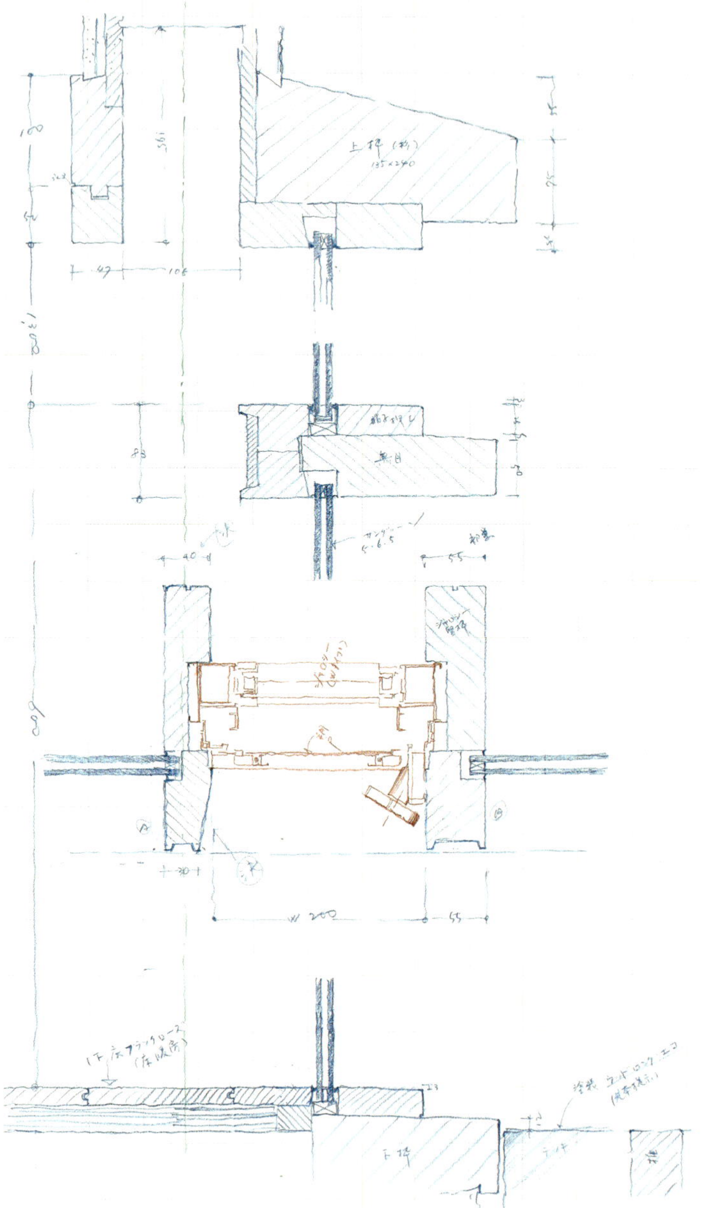

ジャロジー

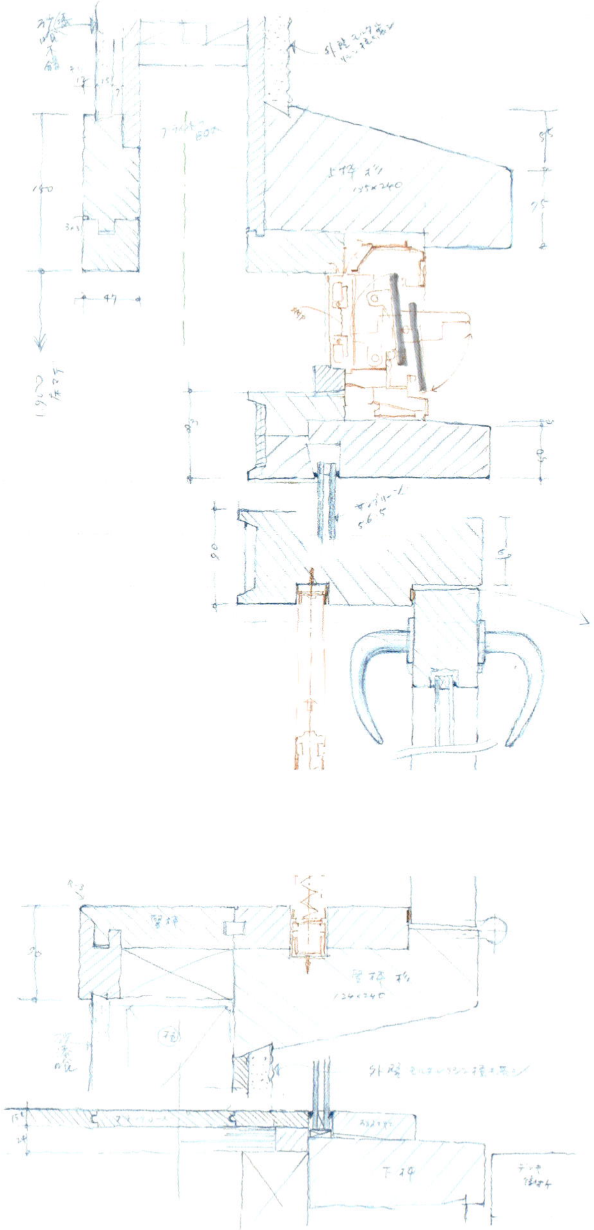

ガラス扉部

**右上**　東の道路から見る外観。１階の屋根を大きく延ばし、駐車場の屋根を兼ねている。

**右下**　台所。上写真に写っているＬ字型の横長窓が台所の開口部。

**左**　食堂の南面開口部。中央のスリットは通気用のジャロジー窓、その両隣は嵌め殺し、両端はデッキに出られるガラス扉となっている。

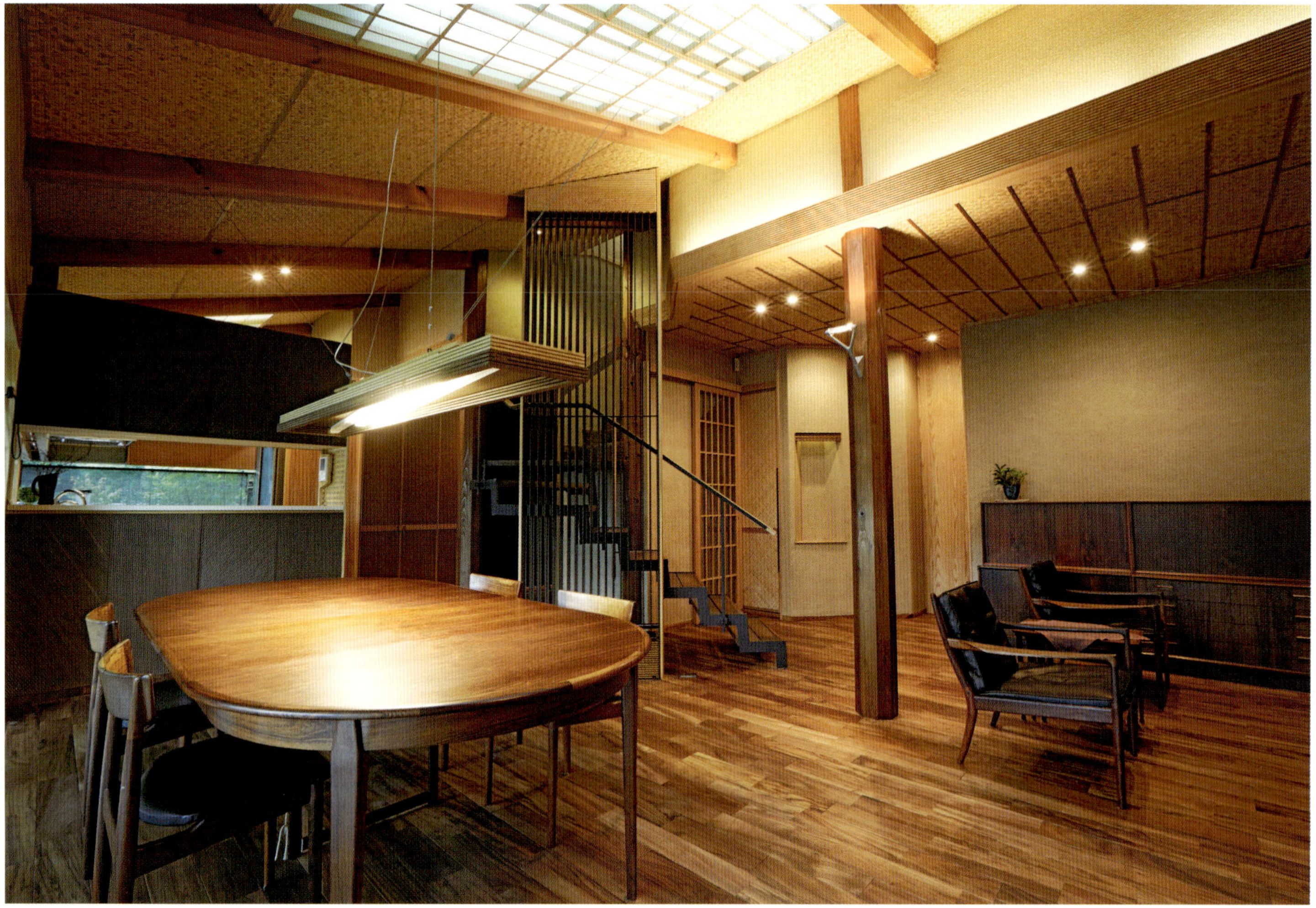

**右上**　化粧室前に立てた壁。

**右下**　その壁の小口はアッシュの板材を貼り、細かくスリットを入れている。

**左**　食堂の左奥に台所、正面奥に階段、右手に居間。八角柱は地スギ。食堂のペンダント照明はオリジナル。

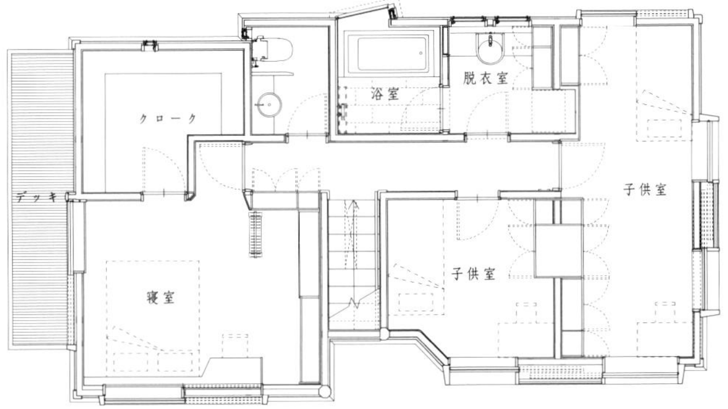


2階平面図　S=1/150

西立面図　S=1/250

南立面図　S=1/250

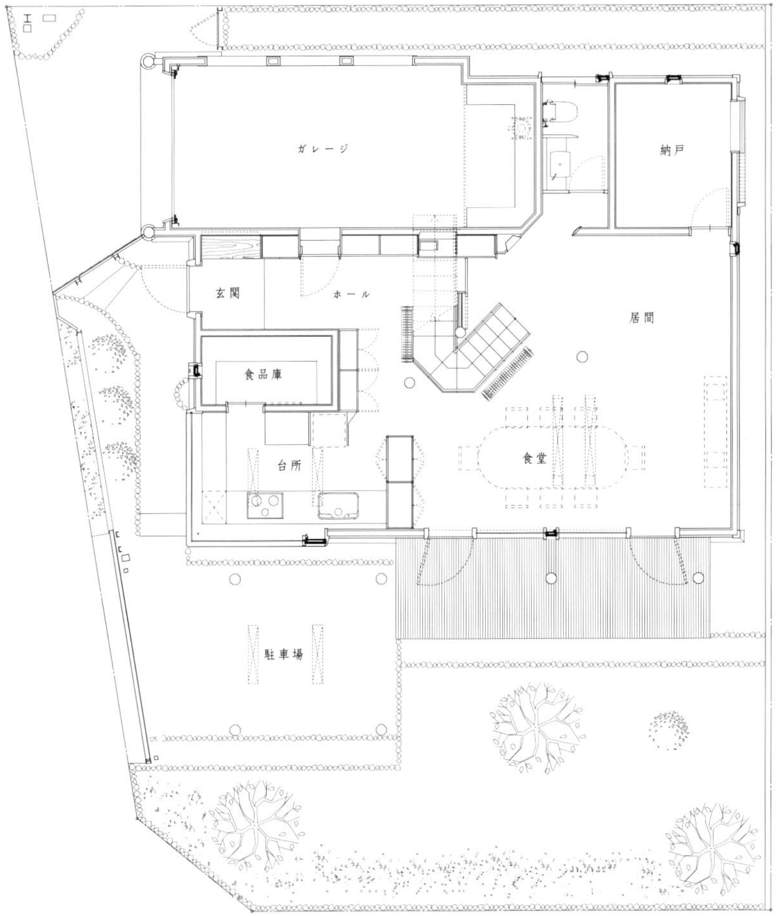


1階平面図　S=1/150

## 建築資料

建物名 ……… 樋井川の宅
所在 ………… 福岡県福岡市城南区
家族構成 …… 夫婦＋子供3人
-
設計 ………… 柿沼守利
-
施工 ………… 山下建設
担当 /山下辰信・柴田昭子
大工/山下建設(吉良和久・與本篤史・窪地善隆)、松下建築(松下信二)
左官/清水左建(清水建詞)
建具/髙木工作所
(髙木信夫・本多幸二・志方秀光)
建具金物/堀商店(渡辺一孝)
金属/鏡鉄工所(小池安雄)
屋根/シモバン(小嶺弘晃・丸木道夫)
塗装/伊東塗装店(伊東精二)
内装/インテリア飛鳥(廣瀬信義)
空調/ピーエス工業(吉田将人)
床暖房/西部ガス
電気設備/岡本電気工事(岡本隆士)
給排水設備/ミズホ技研(稗田正弘)
造園・石積み/山口緑産(山口健吾)
北欧家具搬入/ハミング・ジョー
(赤星光太)
現場指導/鶴留元

竣工 ………… 2004年
構造規模 …… 木造2階建
敷地面積 …… 253.41㎡
建築面積 …… 138.52㎡
延床面積 …… 169.51㎡
(1階/104.60㎡　2階/64.91㎡)

建蔽率 ……… 54.67%(60%)
容積率 ……… 56.40%(80%)

[主な外部仕上げ]
屋根 ………… ガルバリウム鋼板厚0.35㎜
鼻隠し・破風 ……… 溝形鋼
軒天 ………… 木毛板厚15㎜
壁 ……………… モルタルクラッシャー掻き落とし厚30㎜
建具 ………… 木製建具(ホワイトアッシュ、スギ)
デッキ ……… シイウッドロングエコ塗り

[主な内部仕上げ]
天井 ………… 籐網代貼り(御池)錆竹またはベイスギ押さえ、桐板貼り
壁 ……………… 砂漆喰仕上げ、桐板貼り
床 ……………… ブラックローズ厚15㎜
構造材 ……… 柱/地スギ　梁/ベイマツ

# 浦の浜の舎



Uranohama House

2017

| | |
|---|---|
| 所在地 | 福岡県糸島市 |
| 施工 | 松下建築 |
| 主体構造 | 木造 |
| 敷地面積 | 785.88㎡ |
| 建築面積 | 190.24㎡ |
| 延床面積 | 145.24㎡ |

福岡県糸島市内で北欧及び英国のアンティーク家具や食器などを扱う店を営む夫妻のための住まいである。

10数年前から私の設計した家の家具調度をこの店で調達することの多かったことから夫妻と懇意になり、また糸島に10年前に竣工した木造平屋建住宅の建主とも夫妻は面識があり、その家に近いイメージをとのことから相談を受けた。

この家は夫妻が経営する店から5キロほど南東にあり、通勤に適するということからこの土地を選択したと聞く。近くに海水浴場があり、潮の香りが漂う。

以前この地には保育園があり、広い敷地のため斡旋してくれた知人と分割したそうである。敷地に余裕があるので、当初から平屋建として計画した。建主に簡単な平面図を描いてもらい、それを元に設計を進めた。

玄関を挟んで南側に居間、食堂、厨房を配し、切妻屋根の構造をそのまま室内空間に取り込んで、天井高を維持できるよう心がけた。玄関の北側にある寝室及びゲストルームも同様である。居間のウォール・シェルフなどの家具及び照明、ベッド類は建主の選定による。主なる部屋を温水床暖房とし、居間にはデンマーク製暖炉を設置しているが、その暖炉も建主がデンマークで求めたものである。

仕事柄、海外からの来客も多く、加えて隣家の客も、この家のゲストルームを利用するそうである。家の周囲には保育園時代からの桜が多くあり、春には居ながらにして桜花を愉しむことができる。

――――南側外観。深い軒を一本の柱が支える。外壁は溝加工を施した幅210㎜、厚36㎜の足場板。

右頁　玄関ホールから居間・食堂方向を見る。
大らかな切妻屋根の下、居間・食堂・台所が一体となった空間。

左頁
上　食器棚の奥に台所がある。完全に仕切らず、カウンター式にすることで料理が出しやすく会話しながら食事の準備ができる。家事・書斎スペースも近くに設けている。
下　西側壁面には住まい手がデンマークから直輸入した暖炉を組み込んでいる。

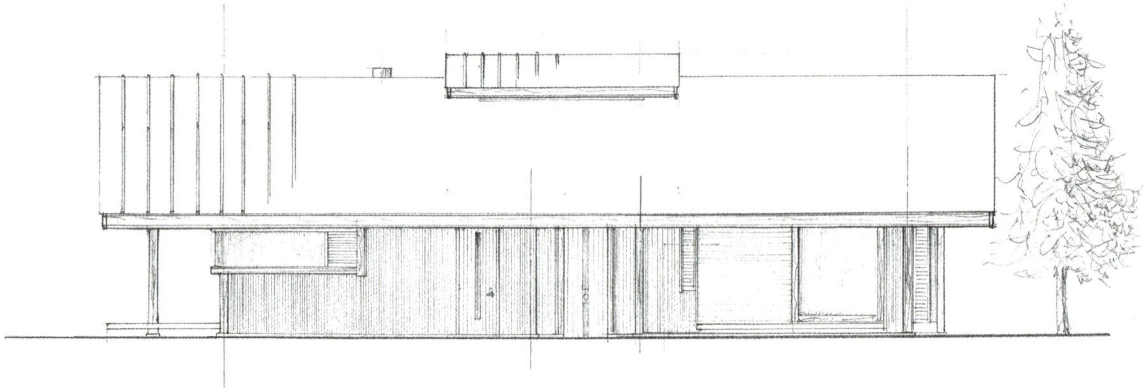

東立面図　S=1/150

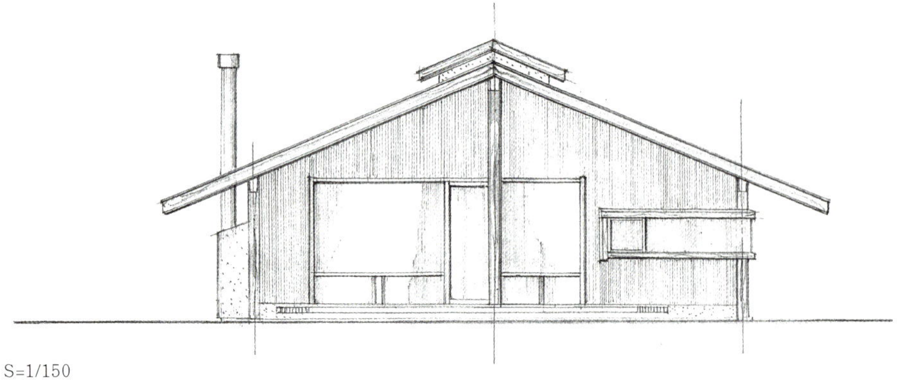

南立面図　S=1/150

## プロポーションと外壁仕上げ

勾配屋根をつける場合は、プロポーションの観点から軒を深く出す。「浦の浜の舎」ではデッキ側に2,600㎜出し、棟を柱で支えている。深い庇は、雨の吹き込みを防止し外壁の汚れ防止にも繋がる。ここでは屋根裏収納を設けているため屋根勾配はやや急だが、そうでない場合はもう少し緩くする。外壁には足場板を使用することが多い。よく乾燥させれば丈夫な素材である。そのまま張る場合と、この家のように溝加工を施し表情をつけることもある。

——東側外観。雨樋は付けず、足元に石を敷いて水はねを防いでいる。

アプローチから玄関を見る。扉・枠はアメリカンブラックウォールナット。玄関左の細い扉は勝手口。パントリーに直接荷物を入れられる。

右　玄関。右手にプライベートな室、左手に居間·食堂·台所がある。壁は24㎜厚の針葉樹合板を長さを変えて断面を見せるように貼り、表情をつくっている。

左上　台所のL字型の開口部。

左下　食堂から台所方向を見る。台所の窓の奥の庭が見える。

右　手洗い所の窓の奥は家事室。嵌め殺し窓の横にガラスなしの僅かな開口がある。外に面していないが明るく風が通る。

左上　ゲストルーム。物書きや化粧ができる小テーブルが備え付けてある。照明はルイス・ポールセンのVL38。

左下　浴室。天井・壁は米ヒバ。腰壁は十和田石貼り。

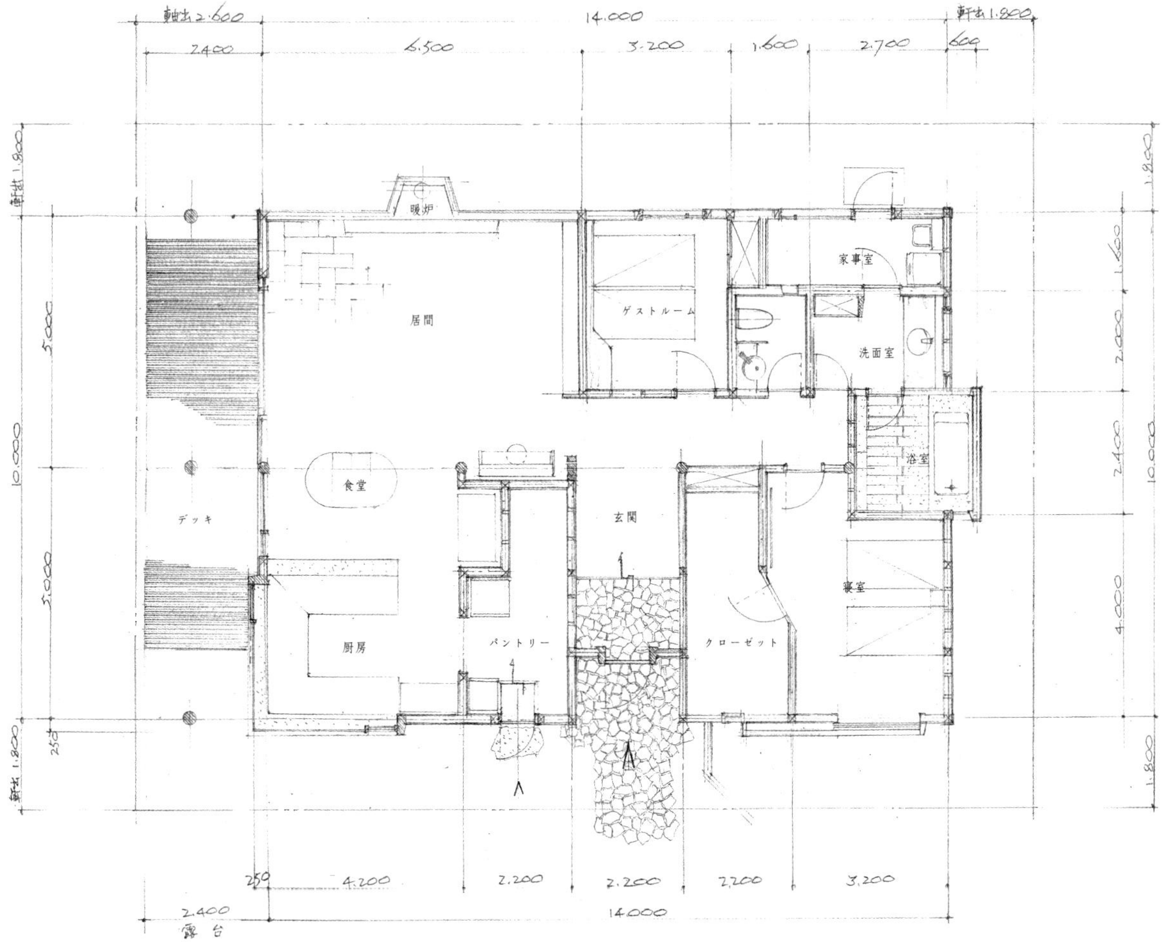


平面図　1/150

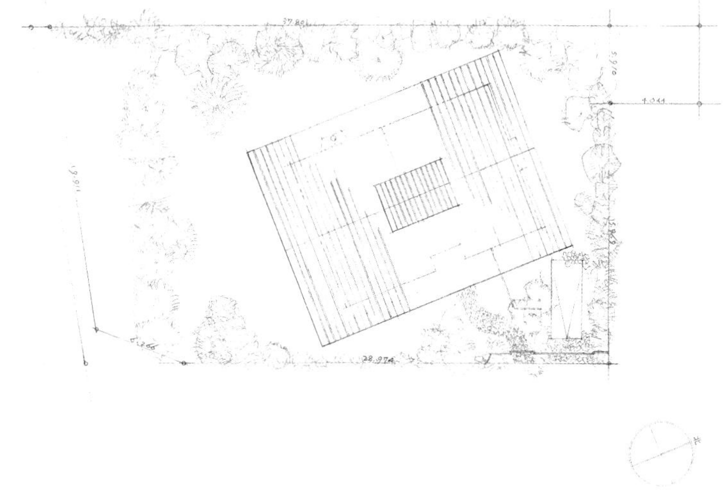

配置図



## 建築資料

建物名 ……… 浦の浜の舎
所在 ………… 福岡県糸島市
家族構成 …… 夫婦
-
設計 ………… 柿沼守利
構造設計 …… 與本篤史
-
施工 ………… 松下建築
現場指導/鶴留元
大工棟梁/松下信二
屋根/高島板金（高島昌信）
左官/清水左建（清水建詞）
建具/高木工作所（志方秀光、本多幸二）

竣工 ………… 2017年9月
構造規模 …… 木造平屋建
敷地面積 …… 785.88㎡
建築面積 …… 190.24㎡
延床面積 …… 145.24㎡
建蔽率 ……… 60%（70%）
容積率 ……… 50%（200%）
地域地区 …… 第1種住居専用地域

［主な外部仕上げ］
屋根 ………… ガルバリウム鋼板厚0.4㎜瓦棒葺き
軒天 ………… 木毛板厚25㎜目透かし張り
壁 …………… 足場板厚36㎜溝加工古味色仕上げ
建具 ………… 木製建具、ジャロジー

［主な内部仕上げ］
天井 ………… 木毛板厚15㎜貼り　浴室/バスリブ張り、ベイヒバ格子ルーバー　家事室/PBの上ビニールクロス貼り　トイレ/柾蒲張り、竿縁ラッカー黒塗り
壁 …………… 玄関・玄関ホール/PB厚12.5㎜＋9㎜の上サンド厚3㎜塗り　廊下・居間・食堂・寝室・個室・手洗い所/PB厚12.5㎜の上サンド厚3㎜塗り、構造用合板凸凹加工着色（グレーブルー）仕上げ　洗面脱衣室・家事室/PB12.5㎜＋9㎜の上ビニールクロス貼り　浴室/米ヒバ羽目板張り
床 …………… 玄関/割石乱張り　玄関ホール・廊下・台所・洗面脱衣室・手洗い所/三層フローリング張り　居間・食堂・寝室・個室/タイル600㎜角貼り　浴室/十和田石貼り

［設備］
空調 ………… 大型ビルトイン式エアコン、ガス給湯式床暖房

［主な設備機器］
台所 ………… システムキッチン/LA-ARCHITECTS
食洗機/Miele
洗面台 ……… TOTO
浴室 ………… 大和重工：鋳物ホーロー浴槽
手洗い所 …… 便器/LIXIL　手洗い器/アドヴァン
照明 ………… アルテック、クリント、ルイス・ポールセン
建築金物 …… HORI商店（渡辺一孝）
暖炉 ………… RAIS 700
セントラルクリーナー ……… バキュフェロ

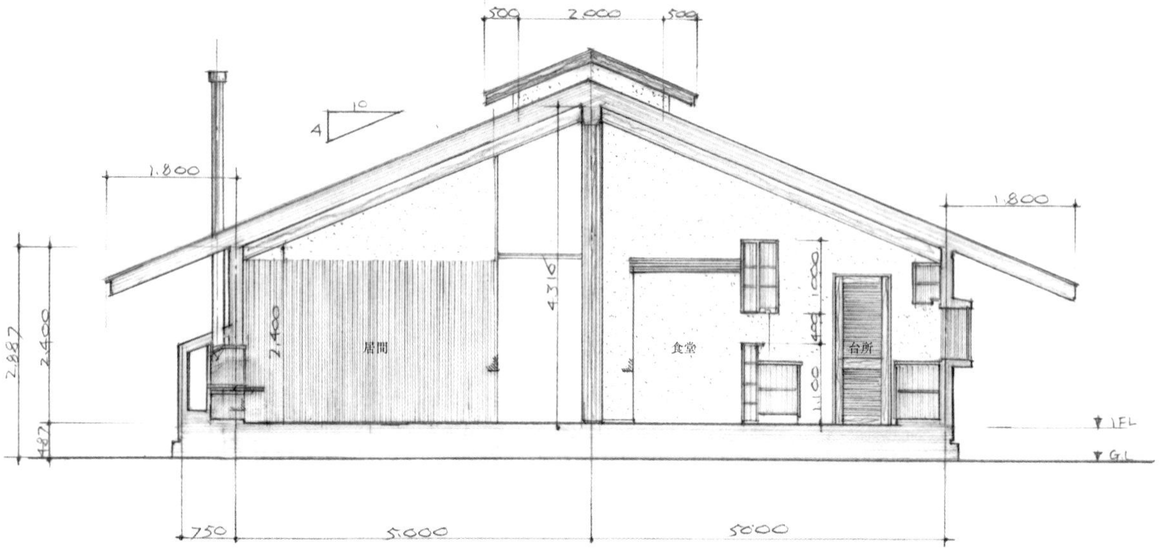


断面図　S=1/100

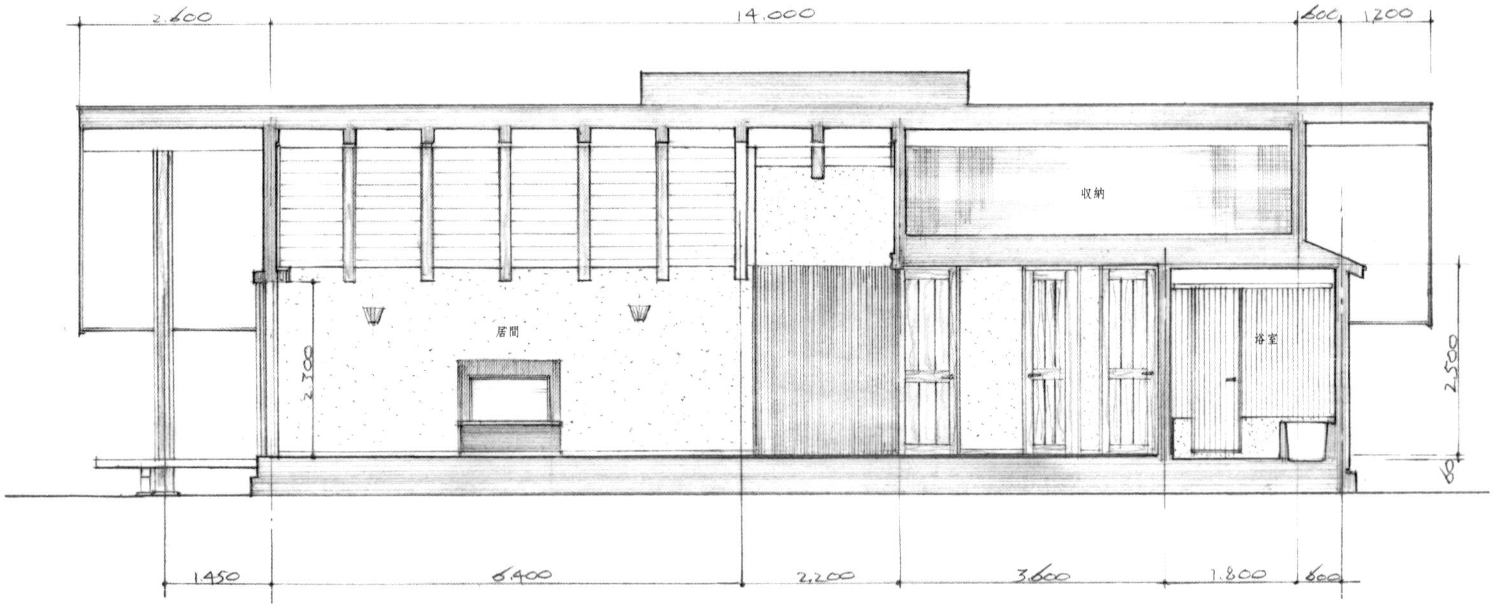


断面図　S=1/100

上　書斎スペース上部の落としがけの意匠。

右下　レクリントのスタンド照明。建主が北欧のアンティーク家具や器を扱う仕事をしていることから、北欧品が多くしつらえられている。

左下　アアルトの照明を壁から吊るため持ち出しのバーをつくった。

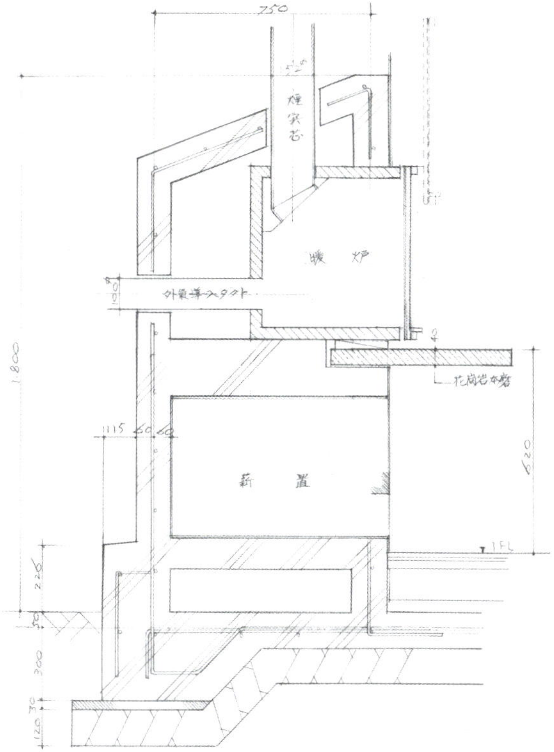


暖炉廻り断面詳細図　S=1/25

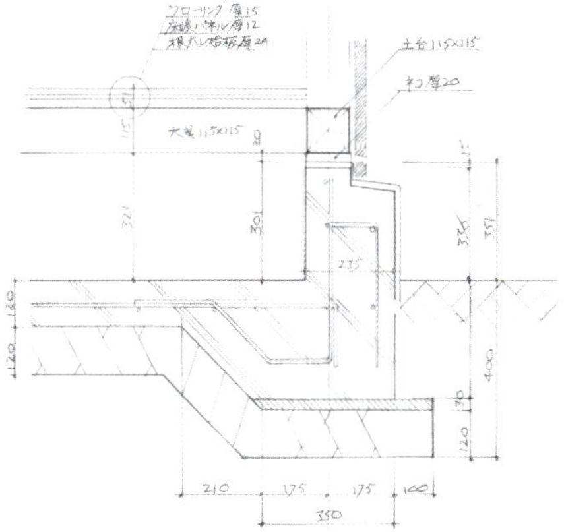


床・基礎廻り断面詳細図　S=1/25

居間・食堂・台所が一体となった空間。北斜面側に大きく張り出したテラスを設けた。

# 北斜面の家

## House on north slope

2017



| | |
|---|---|
| 所在地 | 福岡県福岡市 |
| 施工 | 直営 |
| 主体構造 | RC造 |
| 敷地面積 | 602.02㎡ |
| 建築面積 | 145.28㎡ |
| 延床面積 | 384.23㎡ |

——床は玄昌石貼り。ローズウッドのウォールシェルフは1950年代のデンマーク製で、ポール・カドヴィウスのデザイン。

右上　3階書斎。3方に視界が抜ける。

右下　道路からの外観。

中　階段から見上げる。

左　さまざまな要素が組み合わされた空間。

162頁　壁面はサンド左官で仕上げ、暖炉周りに意匠を施している。

163頁
右　吹抜けは高さ6.5m。ストライプ状の壁は針葉樹合板を30㎜幅と75㎜幅に短冊状に切ってランダムに並べ貼り合わせたもの。

左上　居間の吹抜け。南側の壁は上部に大きな窓をとった。天井は桐板張りで細かくラインを入れている。
階段前に取り付けた暖冷房のピーエスシステムが間仕切りの役目も果たす。

左下　台所から食堂、居間を見る。

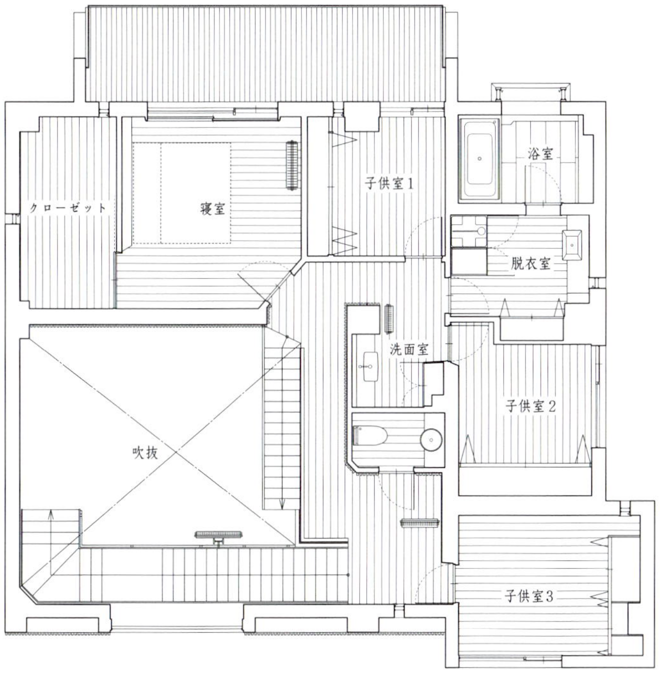


2階平面図　S=1/150

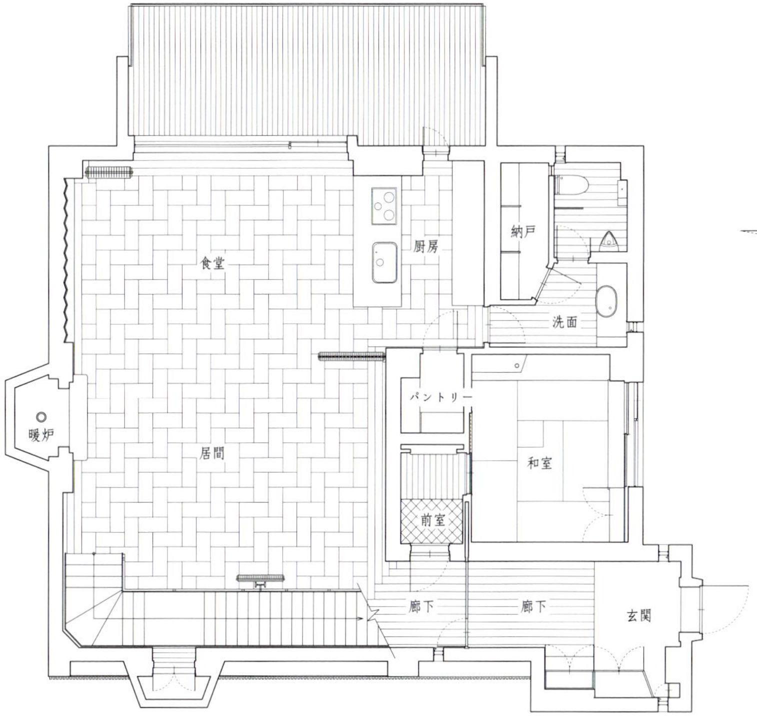


1階平面図　S=1/150

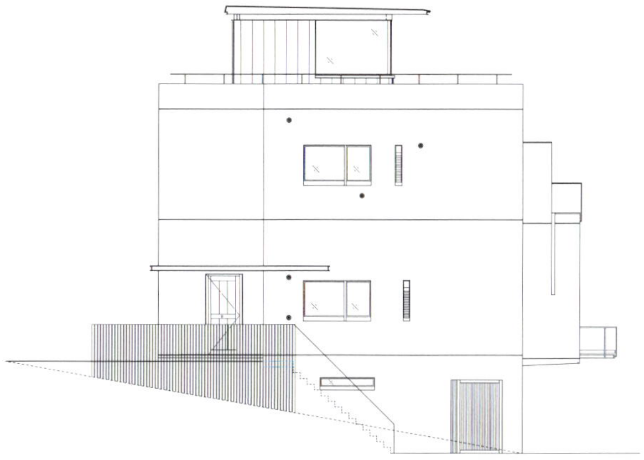

東側立面図　S=1/250

北側立面図　S=1/250

## 建築資料

建物名 ……… 北斜面の家
所在 ………… 福岡県福岡市
家族構成 …… 夫婦＋子供2人
-
設計 ………… 柿沼守利
構造設計 …… Atelier742（高嶋謙一郎）
-
施工 ………… 直営
大工棟梁/山内研治
左官/溝部工務店（溝部義春）
清水左建（清水建詞）
塗装/ナカタニ塗装（中谷弘毅）
造園/山口緑産（山口謙吾）
石工事/防長石材（河村幹夫）
冷暖房設備/PS工業（吉田将人）
床暖房/西部ガス（中村光彦）
給排水·空調/ミズホ技研（稗田正弘）
電気/岡本電気工事（岡本隆士）
内部鋼製階段·錺金物工事全般/
川口工業（山口雅則·原田健）
サッシ/大丸硝子（並里優一）
木製建具/高木工作所
（志方秀光、本多幸二）
造作家具/アイム（森雅徳）
西福岡製作所（中村雅明）
建具金物/堀商店（渡辺一孝）
家具搬入/ハミング·ジョー（里中省吾）
SIDDESTA（宮地努）
厨房/シンクファニチャー（宮城真一）
現場指導/鶴留元

設計期間 …… 2014年9月—2016年3月
施工期間 …… 2016年6月—2017年12月
構造規模 …… RC造地下1階地上2階建
敷地面積 …… 602.02㎡
建築面積 …… 145.28㎡
延床面積 …… 384.23㎡
（1階/126.27㎡　2階/100.84㎡
地階/55.30㎡　塔屋/14.56㎡
ガレージ/87.26㎡）
建蔽率 ……… 24.14%（50%）
容積率 ……… 41.88%（80%）
地域地区 …… 第一種低層住居専用

［主な外部仕上げ］
屋根 ………… アスファルト防水の上押さえコンクリート　塔屋:ガルバリウム鋼板竪ハゼ葺き
壁 …………… RC化粧板打放し、一部スギ縦格子70㎜×45㎜張り
開口部 ……… アルミサッシ
外構 ………… スロープ/割栗石敷き

［主な内部仕上げ］
天井 ………… 玄関、居間·食堂、寝室/桐板張り　和室/砂聚楽　浴室/ヒバ材格子
壁 …………… 玄関/サンド左官　居間·食堂/サンド左官、針葉樹リブ　寝室/砂漆喰　和室/砂聚楽　浴室/タイル角600㎜貼り
床 …………… 玄関/割栗石敷き　居間·食堂/玄昌石300㎜×600㎜、ボーダー:アメリカンブラックウォールナット　寝室/アメリカンブラックウォールナット　和室/畳　浴室/十和田石

［設備］
冷暖房 ……… ヒートポンプエアコン、除湿型放射冷暖房PS HR-C、温水式床暖房、暖炉（HWAM）
給排水 ……… 給水/上水道　排水/公共下水
給湯 ………… ガス給湯器

［主な設備機器］
照明 ………… 食卓上照明器具デザイン/柿沼守利

# 3

# 展示施設・店舗・寺院・旅館

1989–2019

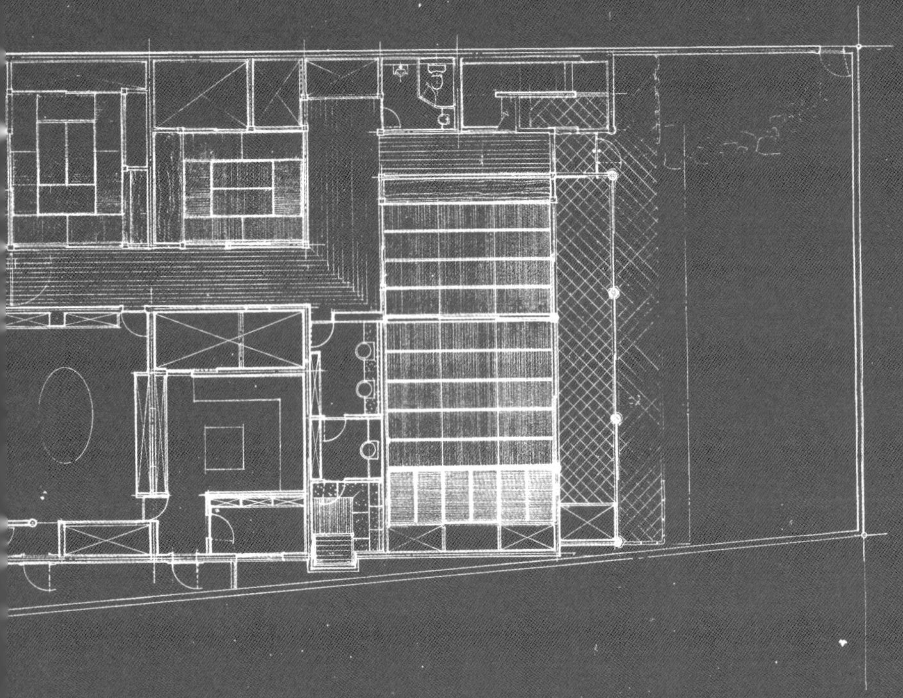

# Gallery / Shop

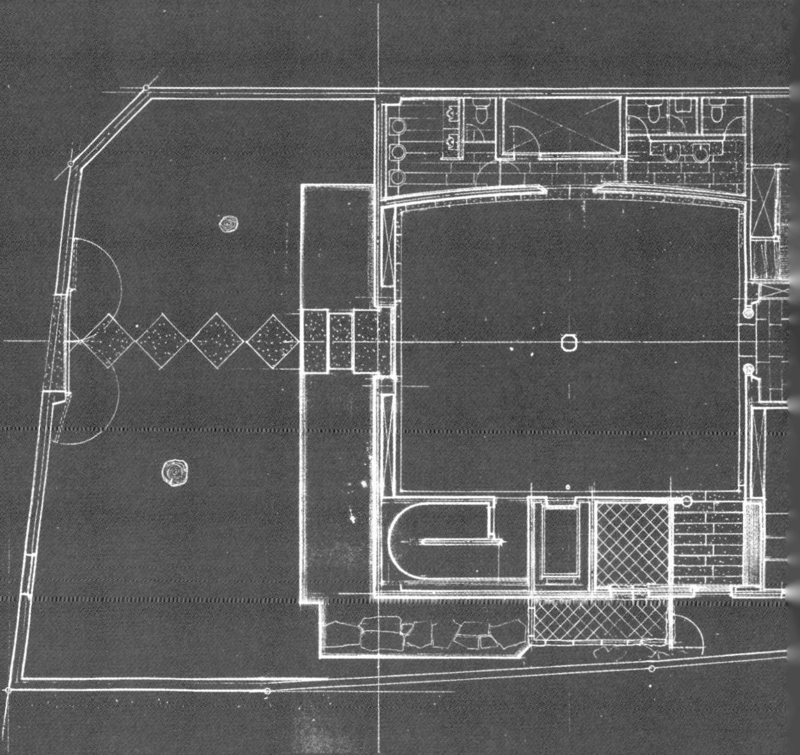

# Temple / Hotel

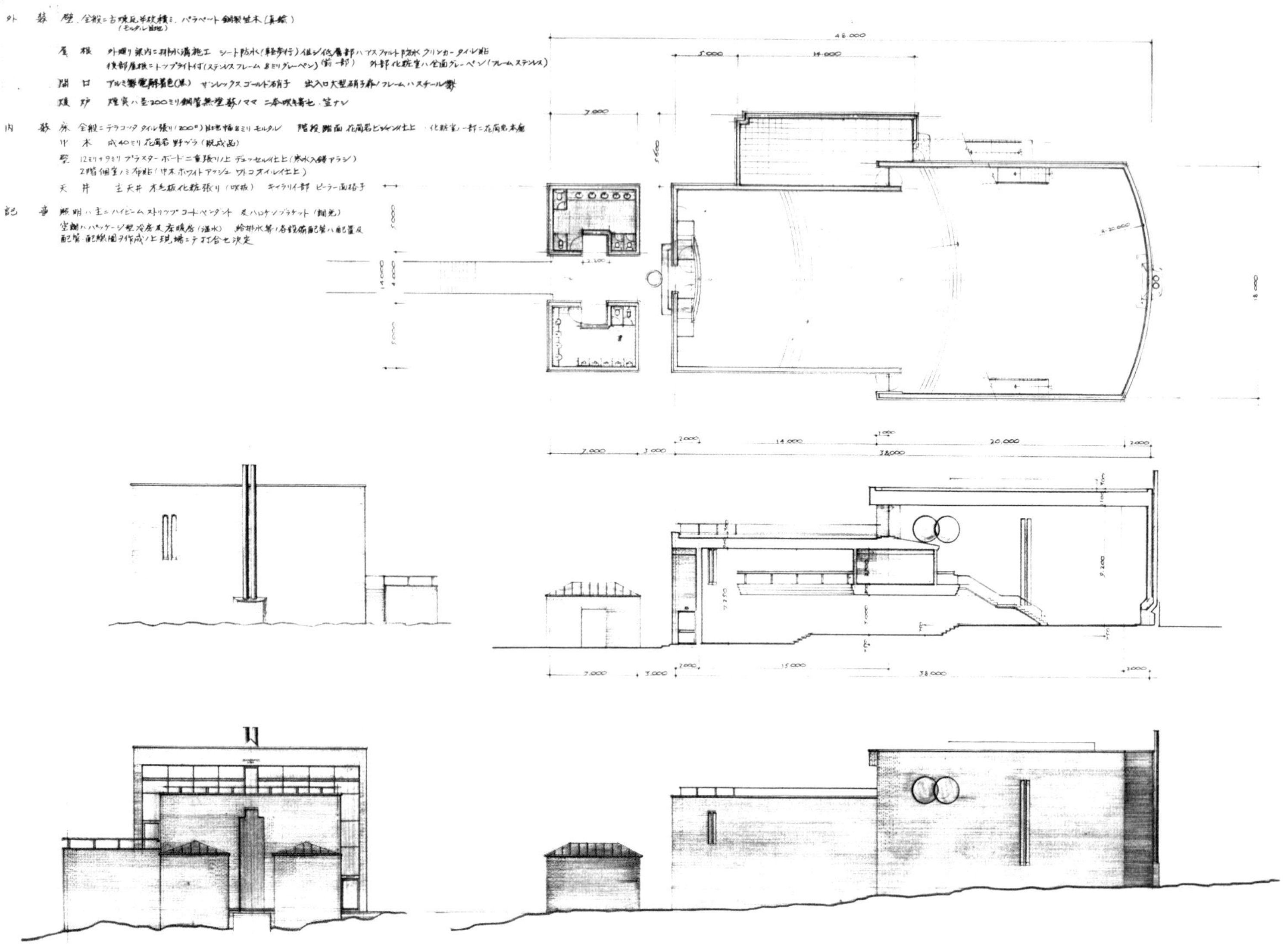


平面図・断面図・立面図 (原図を40%縮小)

# 忠次館

## チャイナ・オン・ザ・パーク



China on the Park
Chuji-kan

1989

| | |
|---|---|
| 所在地 | 佐賀県西松浦郡有田町 |
| 用途 | 展示施設兼店舗 |
| 施工 | 竹中工務店<br>川原工務店<br>新栄製作所 |
| 主体構造 | SRC 造 |
| 敷地面積 | 4,919㎡ |
| 建築面積 | 788㎡ |
| 延床面積 | 1,180㎡ |

――― 正面外観。積み上げられたレンガが重厚感を生み出している。レンガは韓国・ソウルのものを使用した。有田焼の深川製磁の展示販売施設として建てられ、敷地内に工場がある。

**右頁**

- **右**　外観夕景。二重円の窓に景色が映り込む。
- **左上**　入口を見上げる。
- **左下**　入口から工場のある東方向を見る。敷地内を流れていた湧水を使って、中心に水路を設けている。左右は化粧室。

**左頁**

敷地の西端の斜面地の中腹、階段を上がった先に忠次館がある。敷地の傾斜にあわせて、建物の高さが徐々に高くなっている。

**右頁** 展示スペース。暗く狭い入口を抜けると、天井高6.8mの巨大な吹抜け空間が現われる。床は段状になっていて徐々に床レベルが上がっている。

**左頁** 上段の展示スペースから階段を見る。階段は花崗岩で、他の部分はテラコッタ。壁はデュッセル仕上げで、開口部や飾り棚が設けられている。

**右頁** 上段の展示スペースから入口方向を見る。階段と上部の丸い開口部は左右対称に両端に設けられている。2階はカフェスペース。天井は木毛板で統一。建物中心にトップライトや3階奥からも光が差し込む。

**左頁**
**右** 展示スペースはピアノコンサートなどイベントにも対応する。
**左** 入口に近い展示スペース。

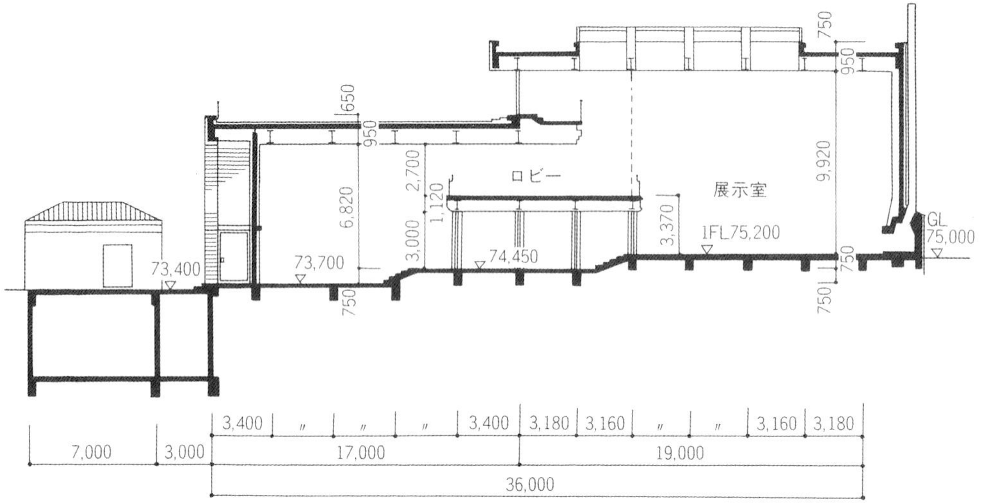


断面図　S=1/400

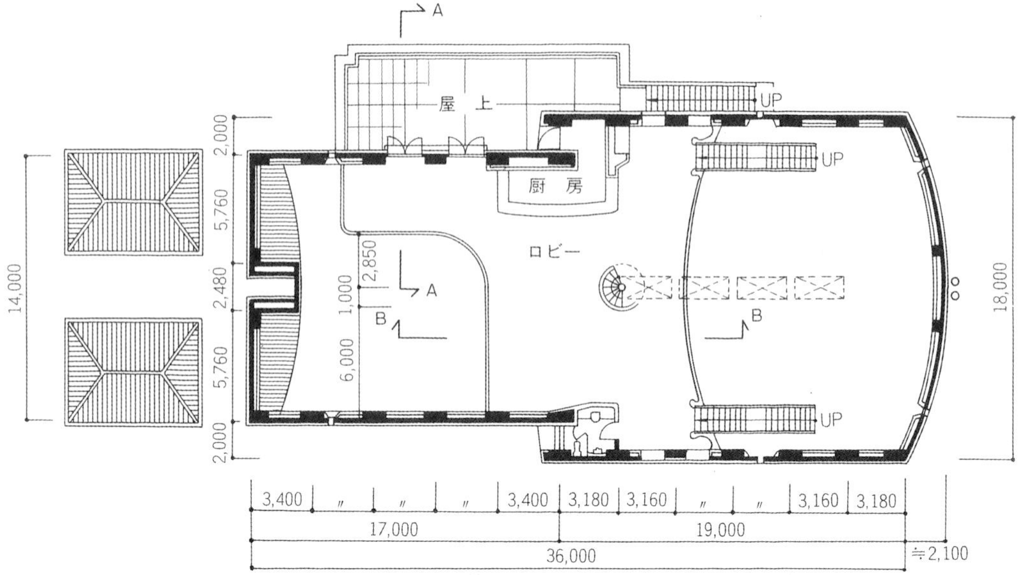


2階平面図　S=1/400

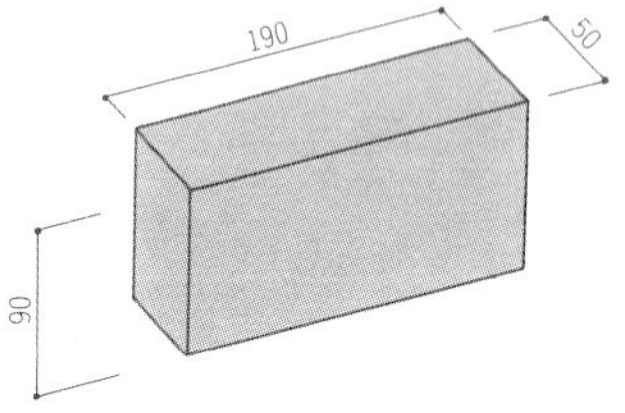


韓国産レンガ

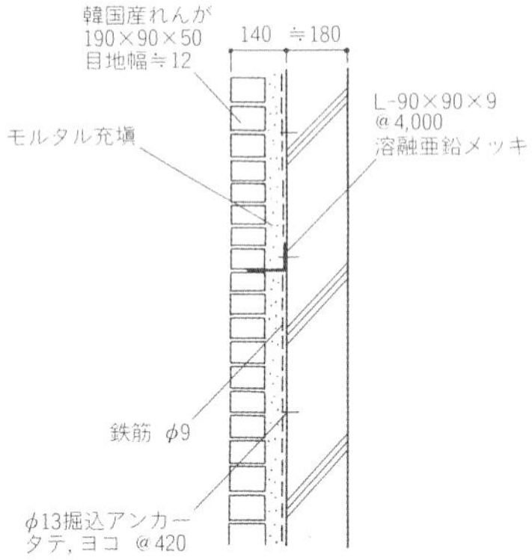


レンガ積外壁詳細図　S=1/30

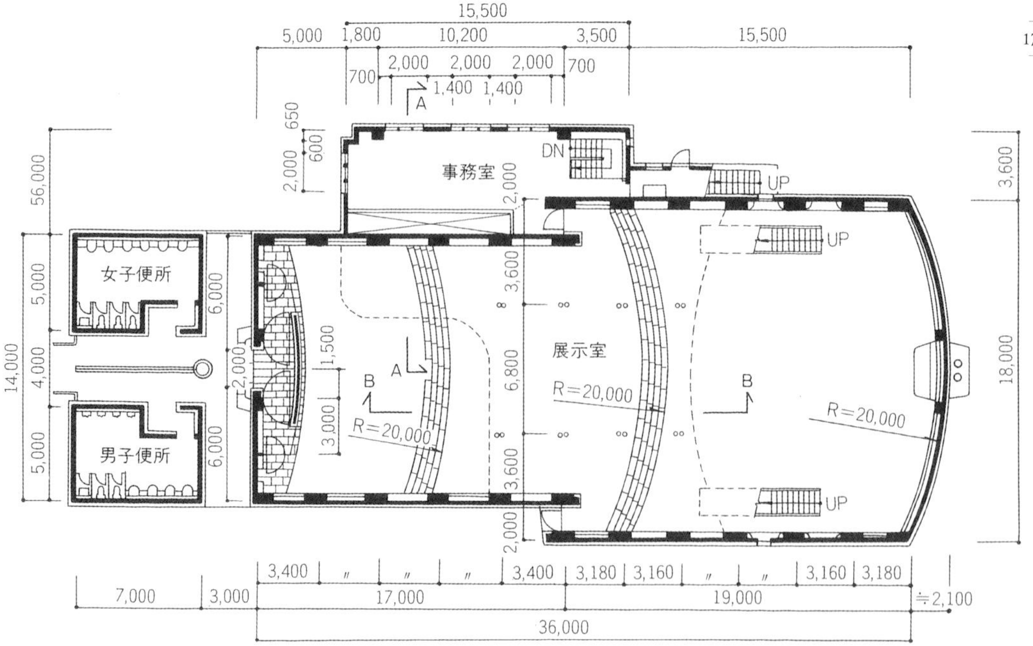


1階平面図　S=1/400

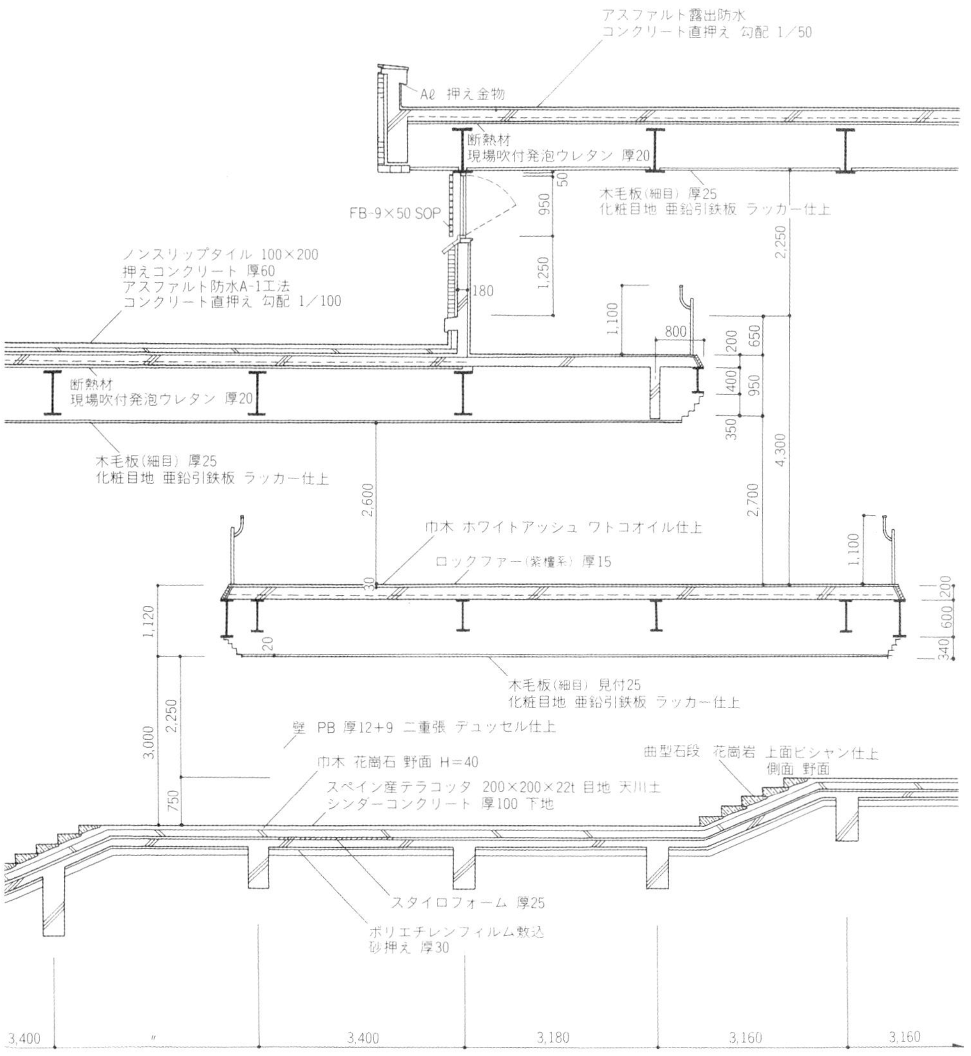
アスファルト露出防水
コンクリート直押え 勾配 1／50
Aℓ 押え金物
断熱材
現場吹付発泡ウレタン 厚20
木毛板(細目) 厚25
化粧目地 亜鉛引鉄板 ラッカー仕上
FB-9×50 SOP
ノンスリップタイル 100×200
押えコンクリート 厚60
アスファルト防水A-1工法
コンクリート直押え 勾配 1／100
断熱材
現場吹付発泡ウレタン 厚20
木毛板(細目) 厚25
化粧目地 亜鉛引鉄板 ラッカー仕上
巾木 ホワイトアッシュ ワトコオイル仕上
ロックファー(紫檀系) 厚15
木毛板(細目) 見付25
化粧目地 亜鉛引鉄板 ラッカー仕上
壁 PB 厚12+9 二重張 デュッセル仕上
曲型石段 花崗岩 上面ビシャン仕上
側面 野面
巾木 花崗石 野面 H＝40
スペイン産テラコッタ 200×200×22t 目地 天川土
シンダーコンクリート 厚100 下地
スタイロフォーム 厚25
ポリエチレンフィルム敷込
砂押え 厚30
3,400
3,400
3,180
3,160
3,160

矩計図（B–B詳細） S=1/120

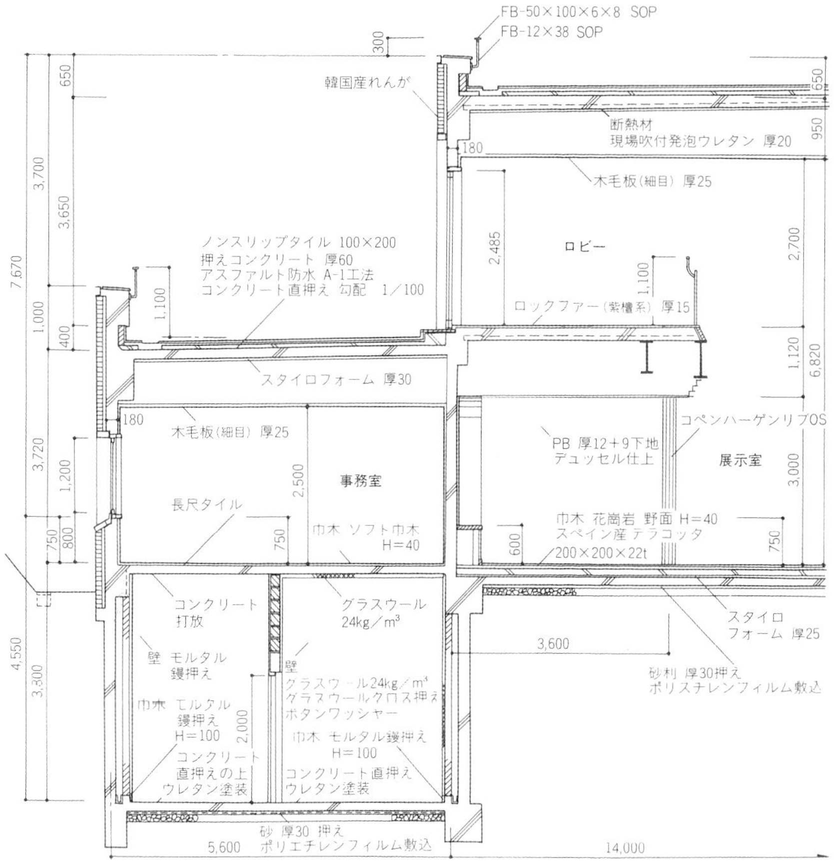
FB-50×100×6×8 SOP
FB-12×38 SOP
韓国産れんが
断熱材
現場吹付発泡ウレタン 厚20
木毛板(細目) 厚25
ロビー
ノンスリップタイル 100×200
押えコンクリート 厚60
アスファルト防水 A-1工法
コンクリート直押え 勾配 1／100
ロックファー(紫檀系) 厚15
スタイロフォーム 厚30
木毛板(細目) 厚25
事務室
PB 厚12+9下地
デュッセル仕上
コペンハーゲンリブOS
展示室
長尺タイル
巾木 ソフト巾木
H＝40
巾木 花崗岩 野面 H＝40
スペイン産テラコッタ
200×200×22t
コンクリート
打放
グラスウール
24kg／m³
スタイロ
フォーム 厚25
壁 モルタル
鏝押え
壁
グラスウール24kg／m³
グラスウールクロス押え
ボタンワッシャー
砂利 厚30押え
ポリスチレンフィルム敷込
巾木 モルタル
鏝押え
H＝100
巾木 モルタル鏝押え
H＝100
コンクリート
直押えの上
ウレタン塗装
コンクリート直押え
ウレタン塗装
砂 厚30 押え
ポリエチレンフィルム敷込
5,600
14,000

矩計図（A–A詳細） S=1/120

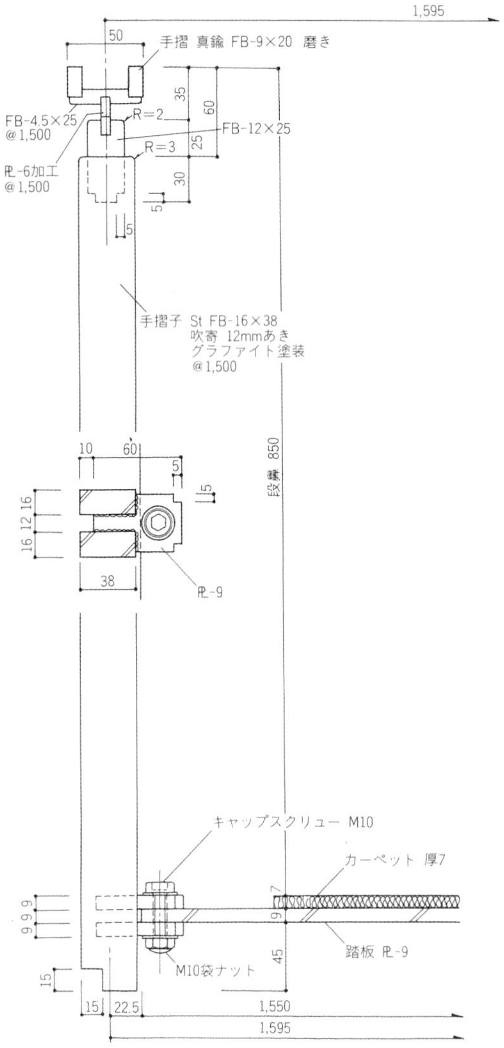


階段手摺詳細図 S=1/5

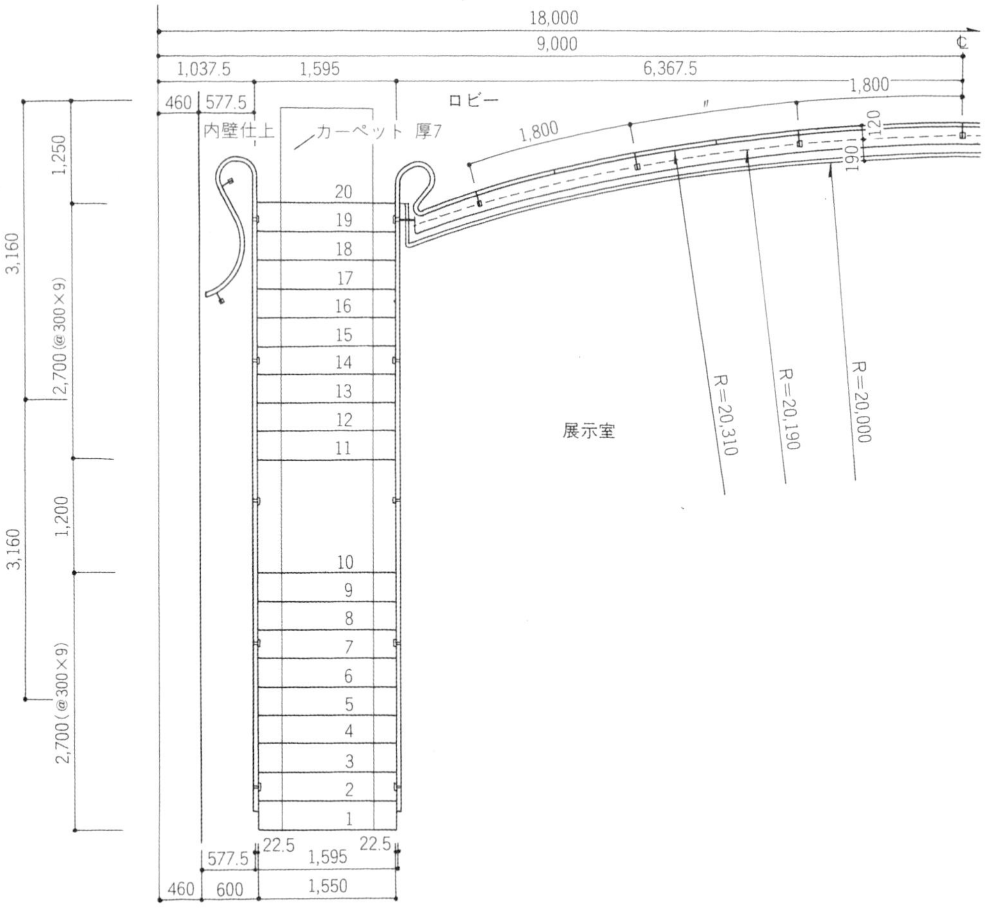


階段手摺平面図 S=1/80

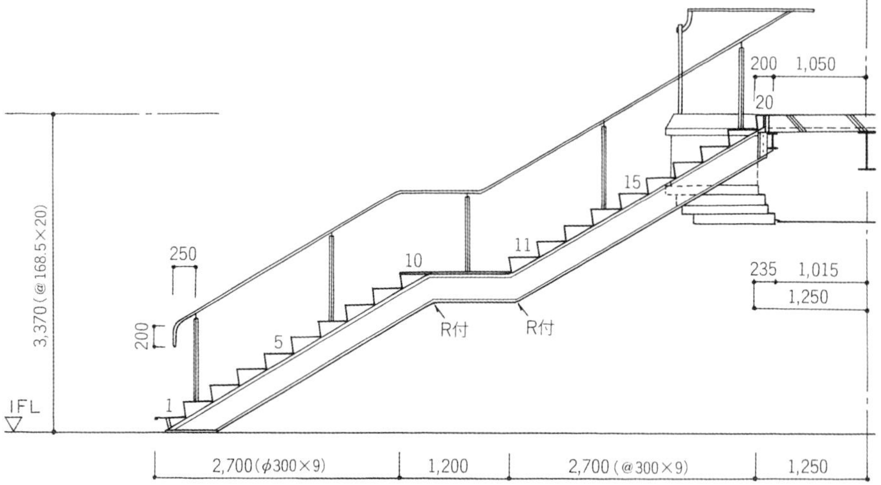


階段断面図 S=1/80

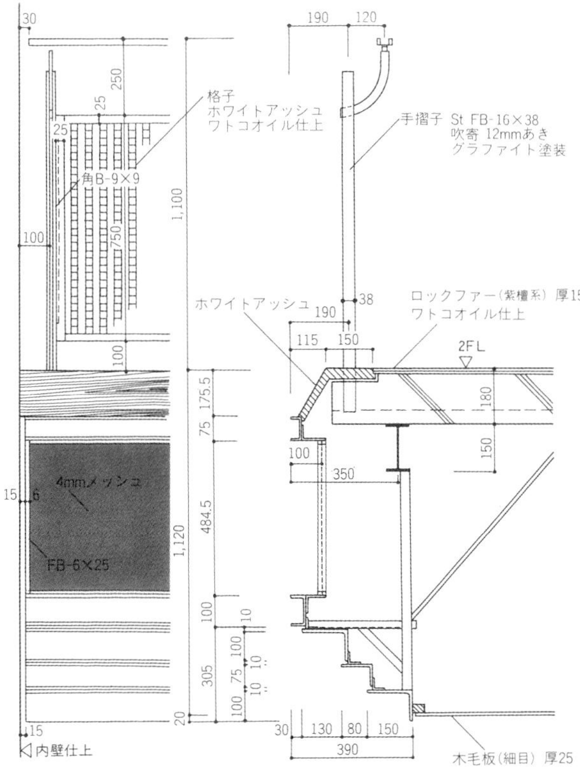


2階手摺詳細図　S=1/25

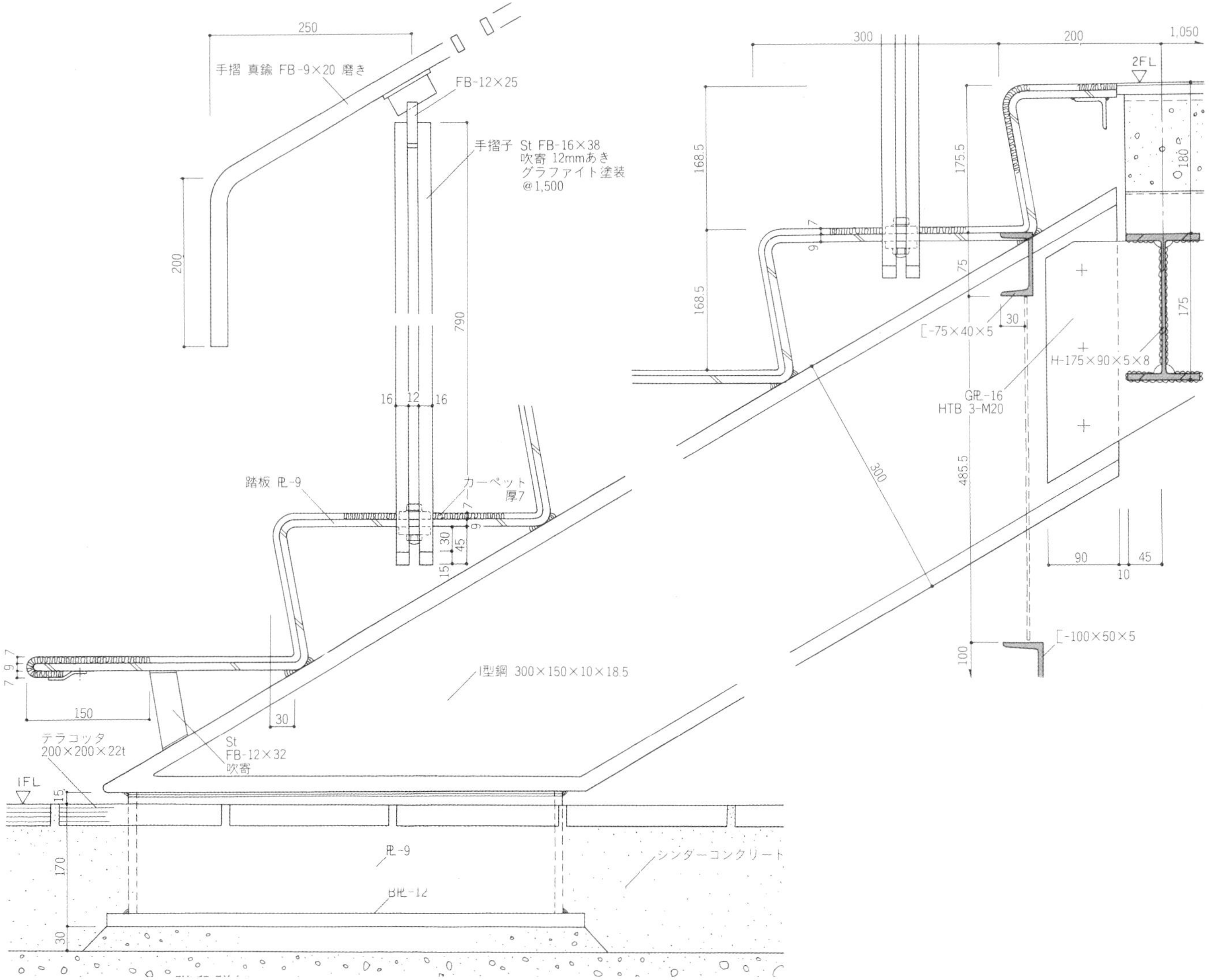


階段詳細図　S=1/8

## 鉄と木の展示台

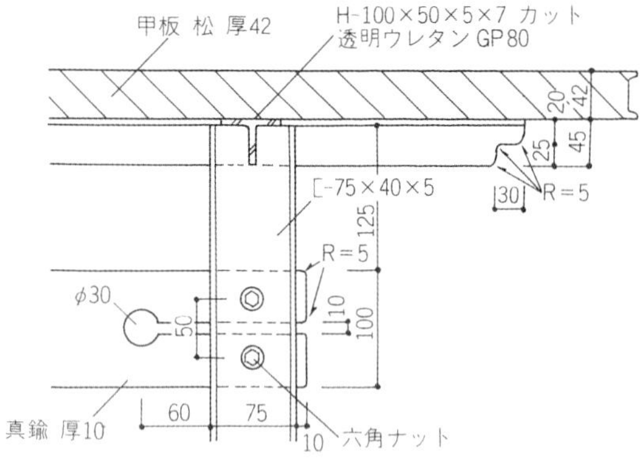


甲板・脚部取合断面詳細図　S=1/8

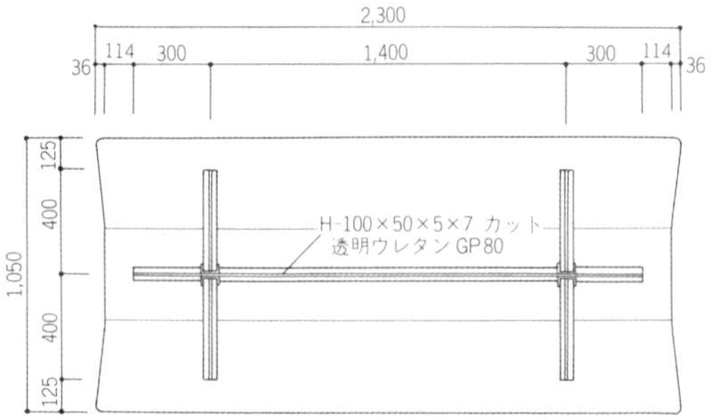


平面図　S=1/40

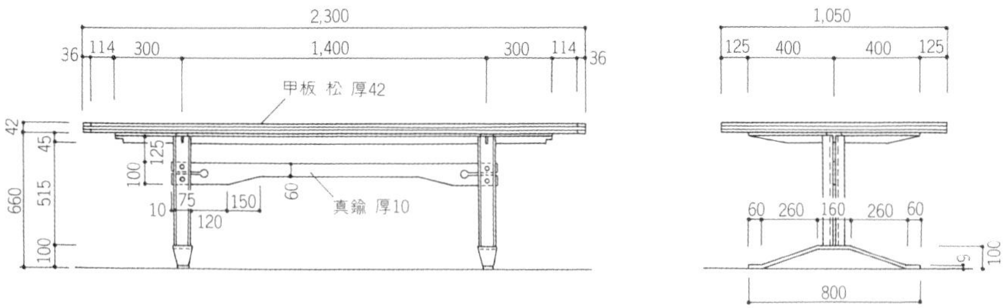


断面図　S=1/40

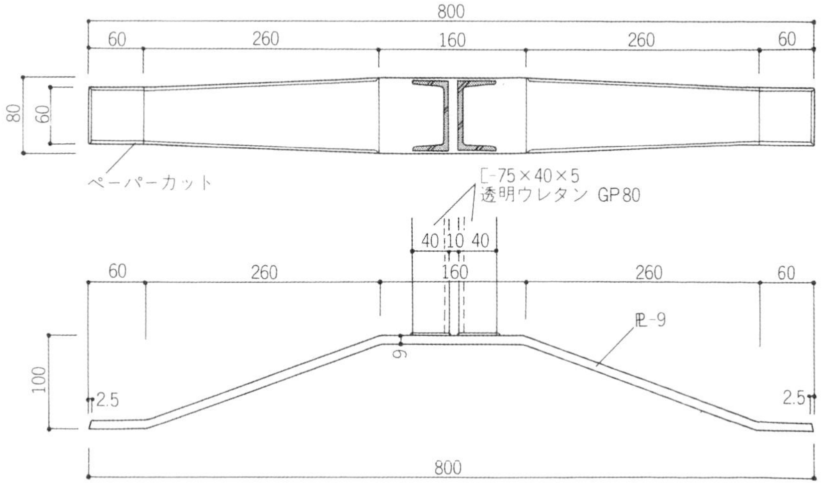


脚部詳細図　S=1/8

## 鉄と石の展示台

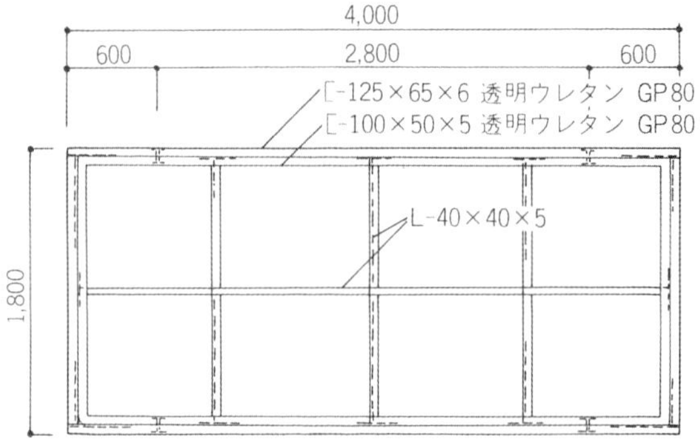


平面図　S=/60

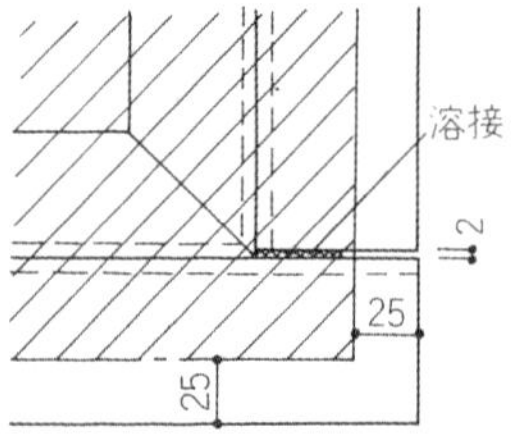


端部平面詳細図　S=1/6

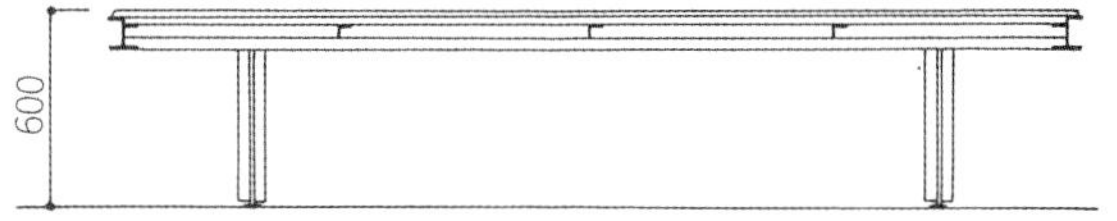

断面図　S=1/60

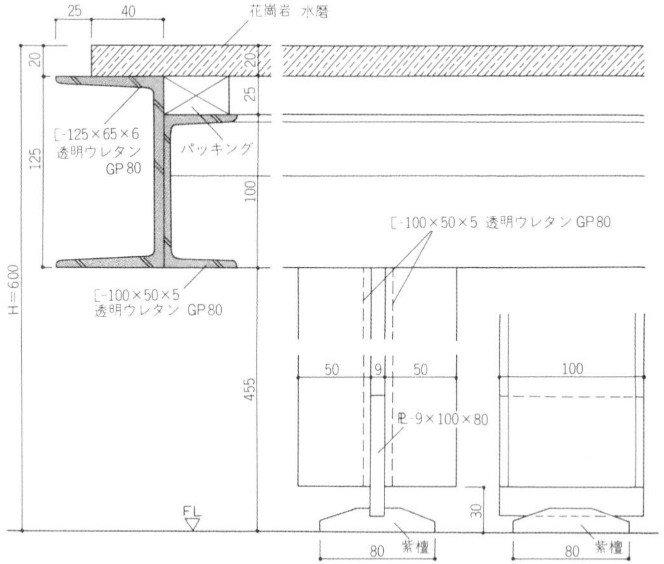


端部・脚部断面詳細図　S=1/5

レンガ壁の手前がカウンター。牛革を張っている。レンガ壁の裏に入口があり、左右2カ所から出入りできるようになっている。展示台はオリジナルデザイン。

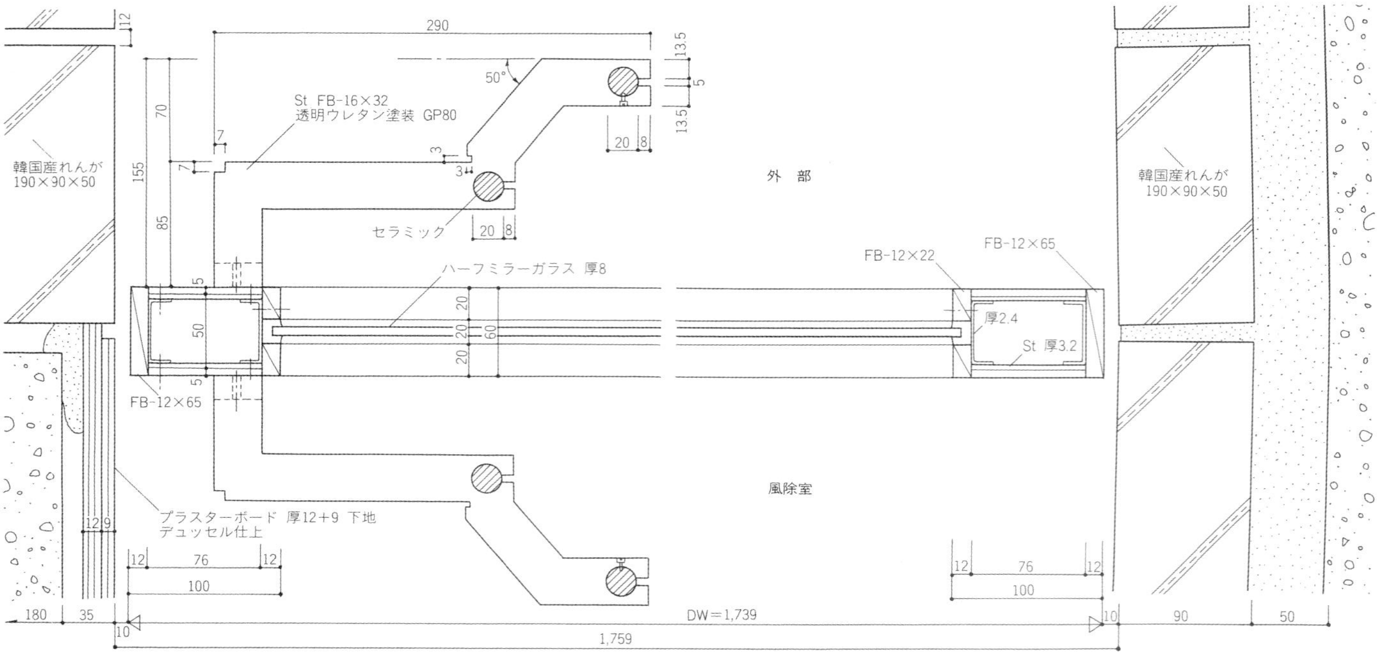


エントランス扉平面詳細図　S=1/5

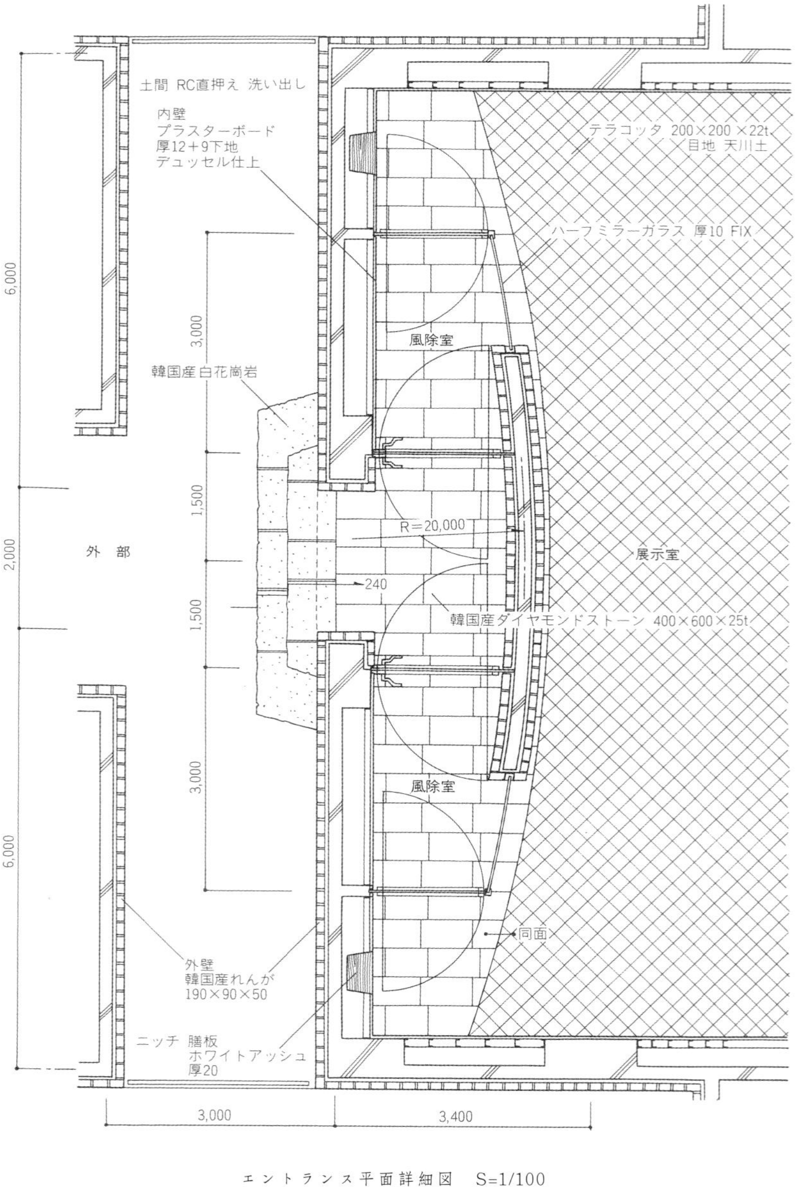


エントランス平面詳細図　S=1/100

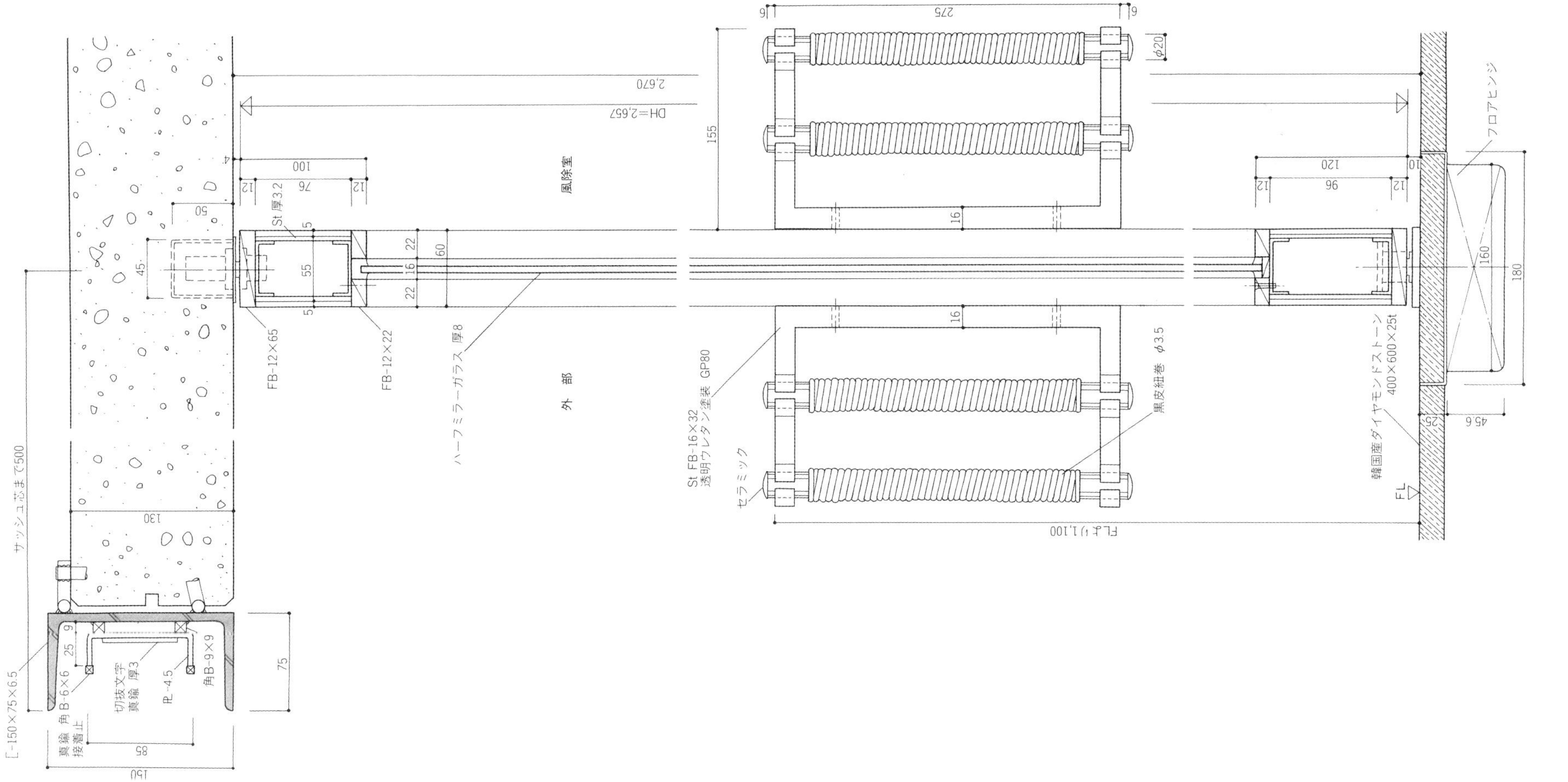


エントランス扉断面詳細図 S=1/5



## 建築資料

建物名 ………チャイナ・オン・ザ・パーク
忠次館
所在 …………佐賀県西松浦郡有田町
用途 …………展示施設兼店舗
-
設計 …………柿沼守利
-

施工 …………建築/竹中工務店
木工事/川原工務店
金属工事/新栄製作所
電気・空調/九電工
衛生/佐電工
施工期間 ……1989年1月―1989年8月
構造規模 ……SRC造地下1階地上2階建
敷地面積 ……4,919㎡

建築面積 ……788㎡
延床面積 ……1,180㎡

[主な外部仕上げ]
屋根 …………アスファルト露出防水コンクリート直押さえ
壁 ……………韓国産レンガ
90㎜×190㎜厚50㎜積み

建具 …………スチール、一部アルミサッシ

[主な内部仕上げ]
天井 …………木毛板厚25㎜貼り、目地:化粧目地亜鉛引鉄板ラッカー仕上げ
壁 ……………PB厚12㎜+9㎜二重張りの上デュッセル仕上げ、1階幅木:花崗岩、2階幅木:ホワイトアッシュワトコオイル仕上げ
床 ……………スペイン産テラコッタ200㎜×200㎜厚22㎜、目地:天川土　階段部分/花崗岩、上面:ビシャン仕上げ 側面:野面
柱 ……………コペンハーゲンリブOS塗装

# 銀座清月堂ビルディング

Ginza Seigetsudo Building

1992

| | |
|---|---|
| 所在地 | 東京都中央区 |
| 用途 | ギャラリー兼レストラン |
| 共同設計・施工 | 安藤建設 |
| 主体構造 | RC造 |
| 敷地面積 | 223.53㎡ |
| 建築面積 | 160.31㎡ |
| 延床面積 | 1,072.88㎡ |

陋巷、狭陋というロケーションから逃れることのできない現況は、この街の永い間の宿命でもあろう。依頼主は累代の家の業を継いだ。白井の下での修業時代、改築前の建物の工事において現場を担当したことがこのたびの縁となっている。当時このあづま通りは従前からの呉服店が並び、本通りから一筋入った特有の静けさをもつ落ち着いた界隈であった。現在はというと、猥雑感の塊の如く身勝手な建物がひしめきあい林立し、以前の面影などどこにも見あたらない。このような景観は、現在わが国の至るところに見られる顕著な現象といえよう。

竣工の数年前、エレベータをもたず、容積的にも不効率な旧建物の改築の相談を氏から受けた。前面道路の幅員の制約から、3・6m程前面を空け、両袖を竪繁ルーバーで囲い、ポーチ中央に曲面ブースを配置する構想はその当時に考えたものである。

花崗岩本石、無塗装鋼材、堅木面格子、ガラス、古煉瓦などの組合せはありきたりのものである。正面に位置する地階への階段ブースは、6m×1・6m、厚22㎜鋼板2枚で構成してあるが、造船技術を駆使してこれを易々と曲げてくれたのは、デザイン工房の中田浩である。カリン2寸1分厚のカウンター甲板や、大型3方枠、階段ささら桁などの堅木材造作のまとめは当時ですでに30年来の友人赤木弘和が受けもってくれた。

地下8mに位置するメインダイニングルームは、カリン5分板の床にスタッコ壁、約7m高天井の吹抜け壁面には、ピエロ・デルラ・フランチェスカによるアレッツォ・サン・フランチェスカ寺の壁画の一部をタピスリー（イタリー製布印刷）にして掛けさせてもらった。選定の理由はことさらにないが、以前から個人的に好きなフレスコ画のひとつであったからである。

躯体工事中はそれほどとも思わなかった各所のディテールは、現実の納まりとなって絡み合って来ると、技術的に困難な箇所が出現してきて現場担当者を悩ませたようだ。古寺康浩を中心とした若い3名のスタッフのバイタリティに加え、豊富な経験を有するそれぞれの職方の熱誠に支えられ、訓えられて、どうにか工事を完遂することができた。

顧みて、終始創作の自由を支え、その寛容さを維持してくれた建主の信頼に、はたしてどれほど応需し得たのかと考えるとき、いつもながらの心細さが私自身にせまってくる。

——外観。アール状の鋼板壁の裏に地階のレストランへの階段がある。
上部は曲面ガラスの庇で階段に光を通す。2階から上の外壁は花崗岩。一部に破れ目地を設けて変化を出している。

GINZA SEIGETSUDO BLDG.
Restaurant
LINTARO
Restaurant
LINTARO
SEIGETSUDO
GALLERY

右頁｜地下２階のレストラン客席。吹抜けに大きな絵画が飾られている。床はカリン材。

左頁｜見返し。上階の客席がガラス越しに見える。

**右上**　地下1階レストラン客席。座った時にちょうど視線の高さになるよう大きな絵画が飾られている。

**右下**　1階エントランスホール。

**左**　エントランスホールから通りを見通す。

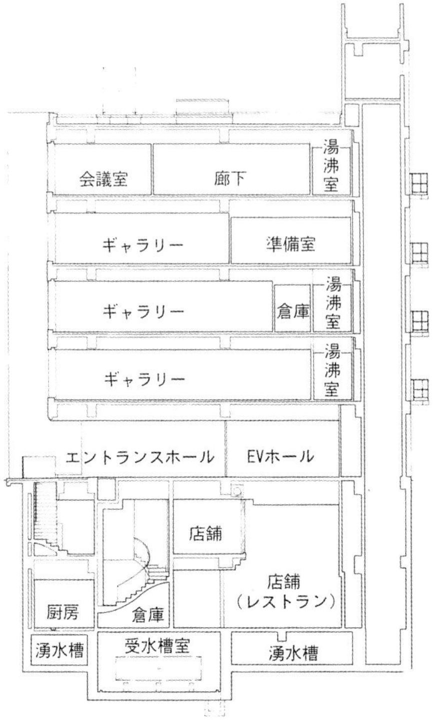

断面図 S=1/400

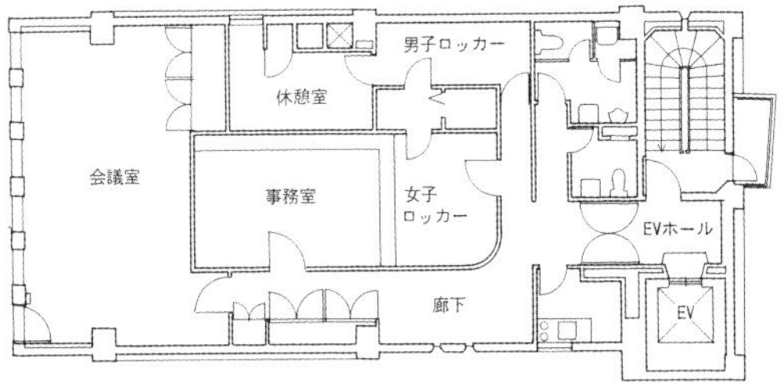

5階平面図 S=1/300

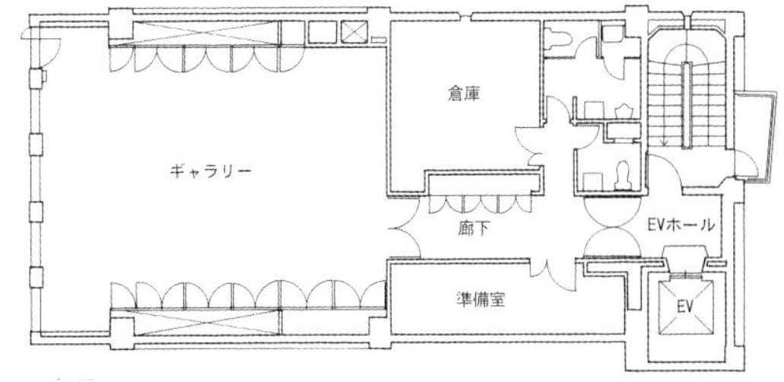

4階平面図 S=1/300

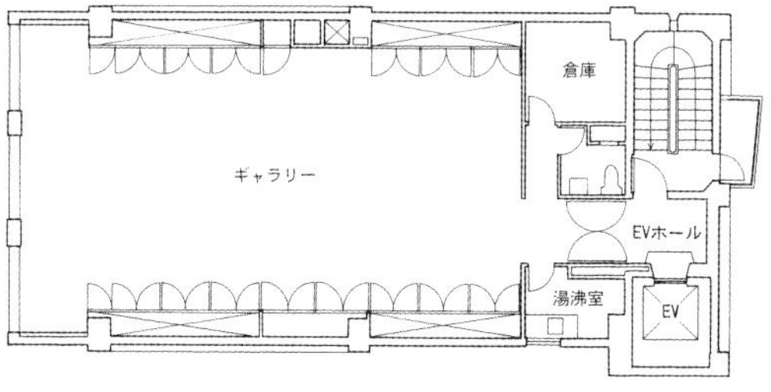

2階平面図 S=1/300

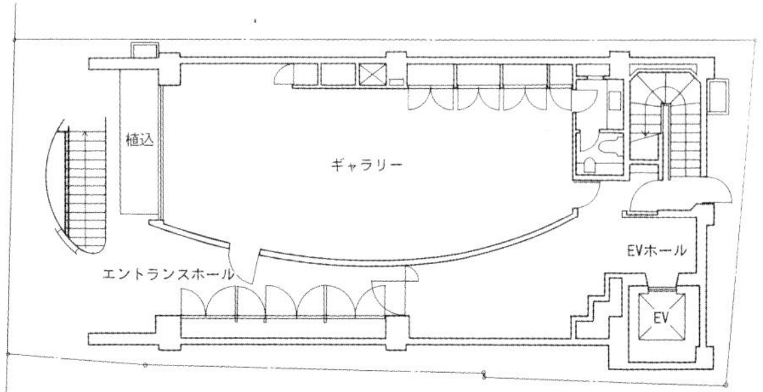

1階平面図 S=1/300

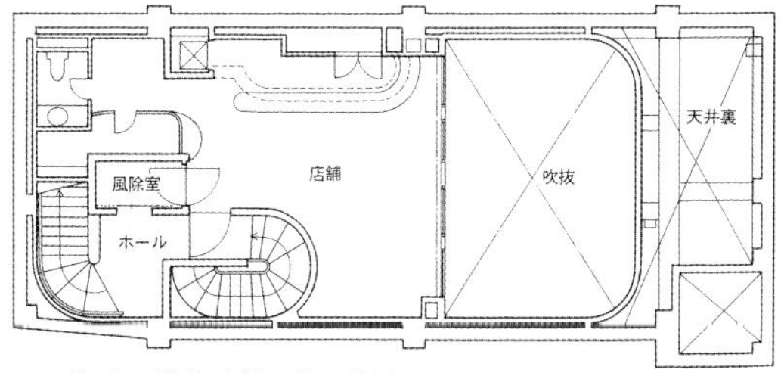

地下1階平面図 S=1/300

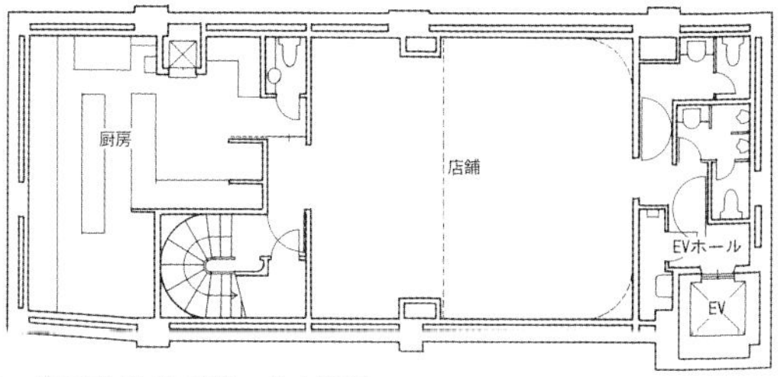

地下2階平面図 S=1/300

## 建築資料

建物名……… 銀座清月堂ビルディング
所在　　　 東京都中央区銀座
用途………… ギャラリー、レストラン
-
設計………… 柿沼守利
　　　　　 安藤建築設計部(担当/飯高秀一)
構造設計・設備……… 安藤建設(設備担当/川井潤一)
-
施工………… 安藤建設(担当/古寺康浩)
　　　　　 電気/豊国電気
　　　　　 空調・衛星/アサヒ冷熱
設計期間…… 1990年12月―1991年5月
工事期間…… 1991年6月―1992年11月
構造・規模… RC造地下2階地上6階建

敷地面積…… 223.53㎡
建築面積…… 160.31㎡
延床面積…… 1,072.88㎡
　(地下2階/169.71㎡　地下1階/94.36㎡　1階/143.29㎡　2階―5階(基準階)/各160.31㎡　6階/24.26㎡)
建蔽率……… 71.71%(100%)
容積率……… 479.97%(480%)
地域地区…… 商業地域、防火地域

[主な外部仕上げ]
屋根………… コンクリート直押え、断熱アスファルト防水(歩行用) 三層の上金ゴテ仕上げ
壁…………… 東、南、北面/コンクリート打放しの上撥水剤塗布　西面/ジンバブエ産花崗岩厚30mm水磨き・目地6～12mm　ポリファルサイド系コーキング
建具………… アルミ窓(黒色自然発色) ベネシアンブラインド内蔵型横軸回転窓
外構………… 犬走り東、南、北面/コンクリート直押え　犬走り西面(ポーチ)/天然スレート(インド産堆積岩)　緑石/ジンバブエ水磨き(アフリカ産) 両袖スクリーン/アルミ型押材(2種) 黒色自然発色仕上げ、竪繁ルーバー

[主な内部仕上げ]
天井………… 店舗/PB厚12mm GL+PB厚9mmマジックコート吹付け　ギャラリー/PB厚12mm +9mm岩綿吸音板(ソーラートン) 厚12mm、PB厚12mm+9mm寒水骨材入エマルジョン系塗り壁　会議室・事務室・控室/PB厚12mm+9mm・幅450mm、米国製壁紙　エントランス/180mm×75mmと75mm×40mm溝型鋼の上に浅野スレート小波板取り付け(無塗装)
壁…………… 店舗/PB厚12mm GL+PB厚9mmマジックコート吹付け　ギャラリー/PB厚12mm +9mm岩綿吸音板(ソーラートン)厚12mm、PB厚12mm+9mm寒水骨材入エマルジョン系塗り壁　会議室・事務室・控室/PB厚12mm+9mm・幅450mm、米国製壁紙　エントランス/ブロック、リシンモルタル掻き落とし
床…………… 店舗/ベニヤ厚15mm捨て貼りカリン無垢フローリング厚15mm (ワトコワックス仕上げ)　ギャラリー/ベニヤ厚15mm捨て貼りカリン無垢フローリング厚15mm (ワトコワックス仕上げ)、コンクリート、天然スレート(インド産堆積岩20t) 450mm角水星ワックス仕上げ　エントランス/コンクリート、天然スレート(インド産堆積岩)

[設備]
空調………… 個別空調方式

[主な設備機器]
備品………… 銀座松屋　フロアースタンド/ル・クリント社　店舗椅子/ポールケアホルム(輸入家具含む)

# 光圓寺

Kouen-ji
Temple

1994

| | |
|---|---|
| 所在地 | 福岡県福岡市 |
| 用途 | 寺院 |
| 施工 | 竹中工務店 |
| 主体構造 | RC造 |
| 敷地面積 | 1,041㎡ |
| 建築面積 | 623㎡ |
| 延床面積 | 2,040㎡ |

寺歴400年を超す真宗一江山光圓寺は、天正年間に現在の福岡市東区香椎に創建された。江戸時代の初期に現在の場所に移されたが、当時は現今の喧騒などとは程遠い閑静な地域であったことは容易に想像がつく。その後、戦災に遭い、各島城より移築した門を含めて全て消失。1964年に再建された伽藍は、納骨堂を別棟に持つ鉄筋コンクリート造2階建。ベンチが本堂に備えられた当時としては近代的なものであった。

門徒数700を超し、本堂を含め寺の諸施設が次第に手狭となり、本堂改築が計画されることとなったが、戦後寺領の減少に加え、区画整理などで敷地が分断され、本堂の計画地は異様に長細い地形となった。当初、庫裡を別の場所に分ける案を考えたが、寺の運営上の諸問題から現在の形となった。

宗教がわれわれの日常生活の中で如何なる状況に置かれているかという問題は、近年とみに論ぜられるところである。非日常的ともいえる祈りの空間を「簡浄素朴」という観念で捉え、静謐な空間の創出にこころを砕いた。

先ず、全館に清潔感を伴った仄暗さを求め、光の制御を第一とした。極力、通風をこころ掛け、正面に水盤を設け、水を渡るアプローチとした。後庭の竹林と紗莪の植込みは風を感じさせる意図によるものである。外部は屋上階を除きコンクリート内放し、杉板を鋸引きのまま型枠とした。4階居住部分には、特殊なアルミ型枠をスパンドレルの形式で用いた。職住混交という状況を考慮し、プライバシー確保のため中央部に浅池を持つ植込み庭を設け、それを三方から囲むかたちで2家族＋1名（衆徒）の、それぞれの住空間を配した。住職の居間には、暖炉を設け、共用の浴室からは、屋上庭園が眺められる。

木材の多用という寺側の強い要望を考慮して、床材を含め総ての造作に無垢材を使用した。材種はアサメラ（アフロモシア）を主に、クリ、チーク、レッドオーク、ホワイトアッシュなどで、仕上げはワトコオイル拭取りとした。

エレベーター枠、2トン近い硝子入り大型建具や門扉、廻り縁（吹出口藤兼代）、造作天井照明には、鉄板や鋼材の素地にフッ素樹脂を吹付け、本堂吹抜けの手摺子も同様に仕上げた。書院、客僧室、廊下を除き、壁面は総てをスサ混入の砂漆喰木鏝押えとしたのは、素鋼の持つ風合いとの調和を考えてのことである。

総本山の木造大空間には夥しい螢光灯が用いられていて、古建築との調和を欠き、外部正面には、巨大な掲示板が立つのであるが、この光圓寺では、螢光灯の使用を極力控え、掲示布教と称する照明付ケースも無い。この掲示板の廃止は前住職の意向でもあったが、この英断は実に爽快なものだったと今あらためて述懐する。

——1階ホール。円弧を描く吹抜けやガラス窓から自然光が入り込む。

**右頁** 南側からの外観。街中の喧騒を遮るようにRCの壁が立ち上がっている。外壁は3階まではRC打放し、最上階はアルミ型材をスパンドレルの形式で用いている。

**左頁**
**右** アプローチ。
**左** 本堂の入口廻りに池を配している。

右頁
右上　1階ホールから入口を見る。扉付近は花崗岩を貼り、他の部分はサイザルカーペットを敷いている。壁は砂漆喰。
右下　1階ホール。右手に見えるのは書院への通路。
左　二間続きの書院。写真で見えている西面に床の間、東面に仏壇が据えられている。

左頁
書院の北側に竹の庭が設けられている。

南無阿彌陀佛

**右頁**　2階本堂外陣から内陣を見る。両サイドからトップライトが差し込む。

**左頁**

**右上**　3階から2階本堂を見下ろす。

**右下**　2階本堂。

**左**　2階向拝より吹抜けを見る。3階までの高さのスリット状の開口部から2階、1階へと吹抜けから光が通る。

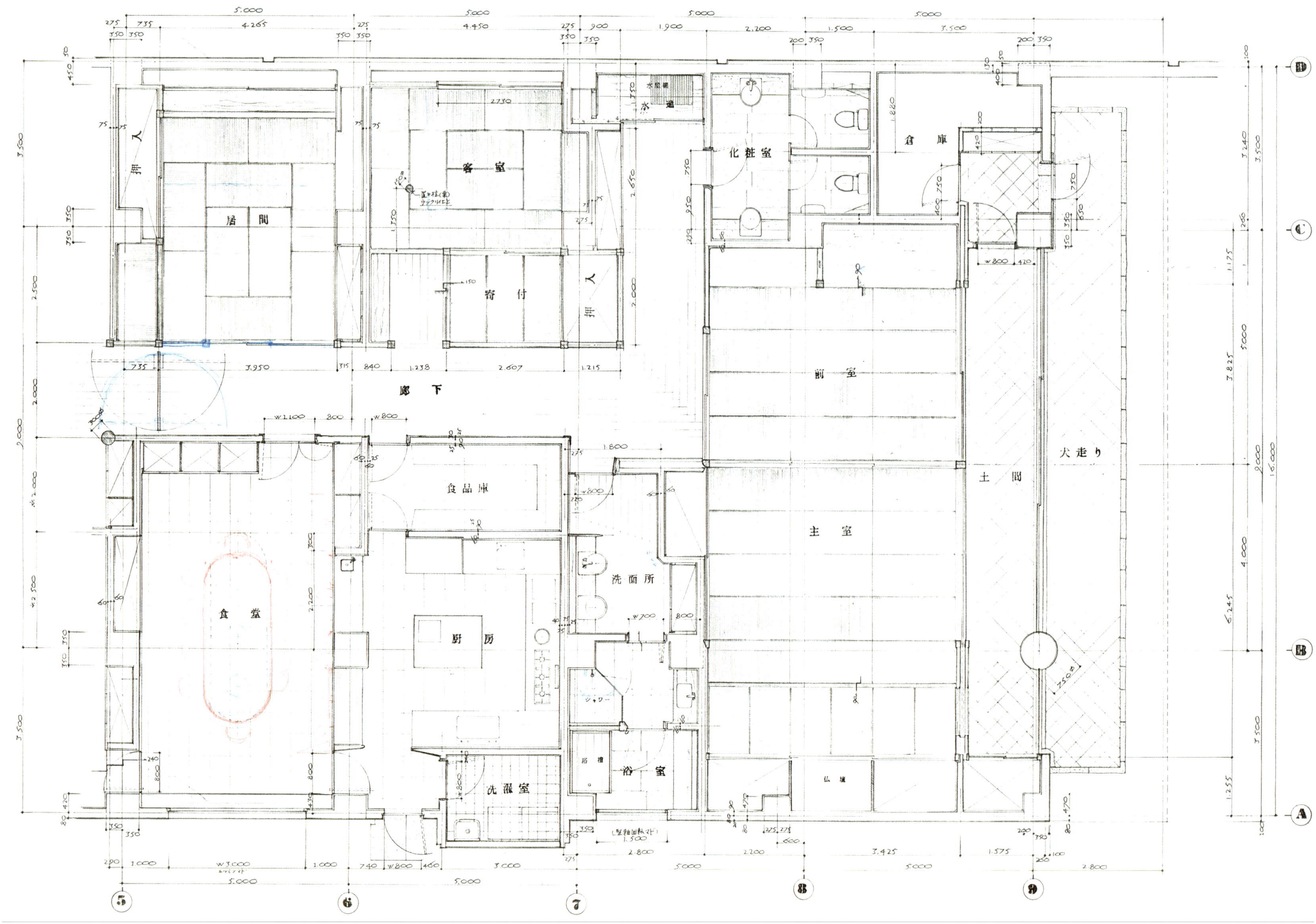
居間
押入
客室
寄付
押入
水遣
化粧室
倉庫
前室
廊下
食品庫
洗面所
主室
土間
犬走り
食堂
厨房
シャワー
浴槽
浴室
洗濯室
仏壇
5
6
7
8
9
A
B
C
D

1階平面図　S=1/100（原図を50%縮小）

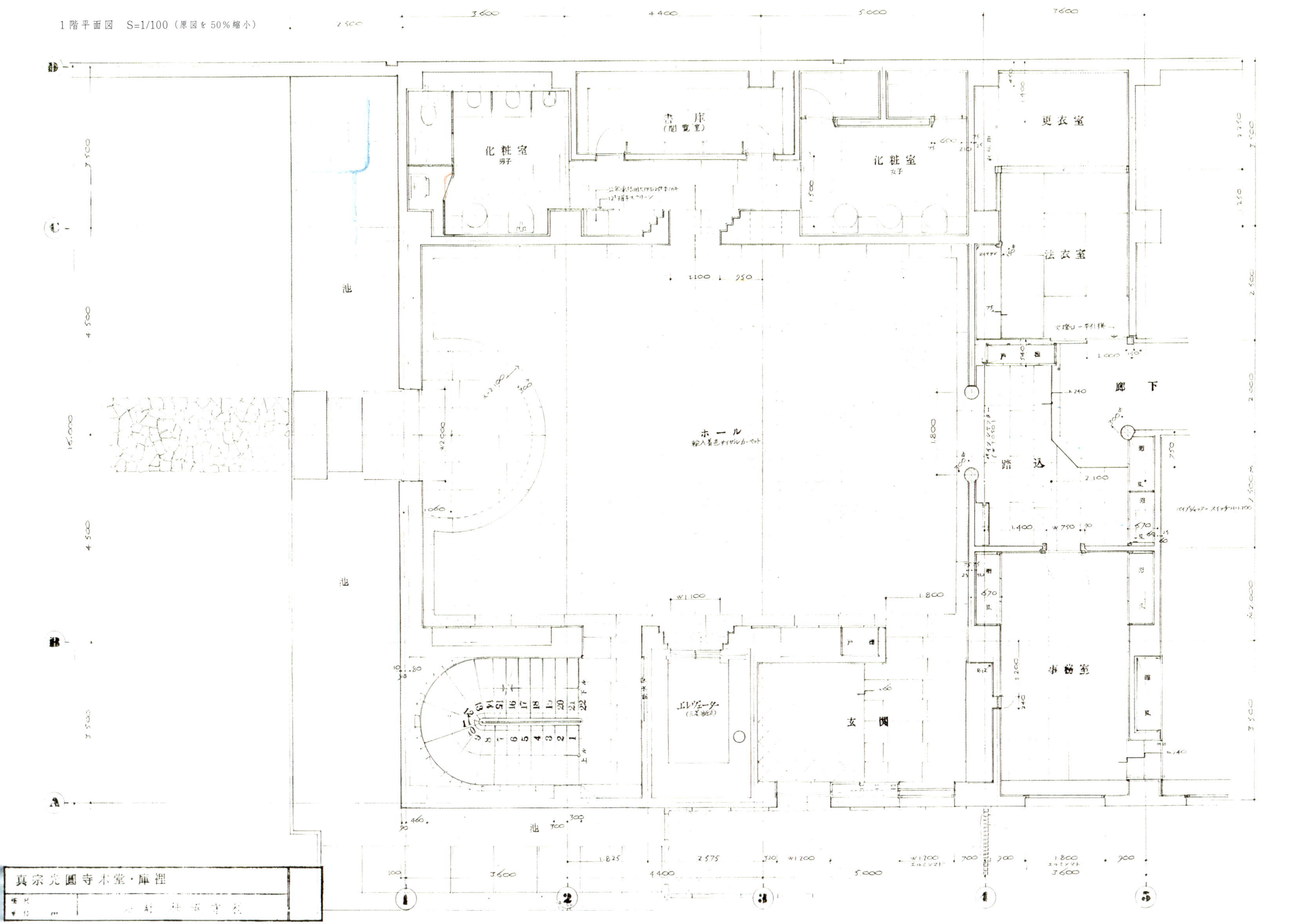

右　4階庭から居住部を見る。
庭を囲うように室が配置されている。

左　居住部の中央部分の居間。

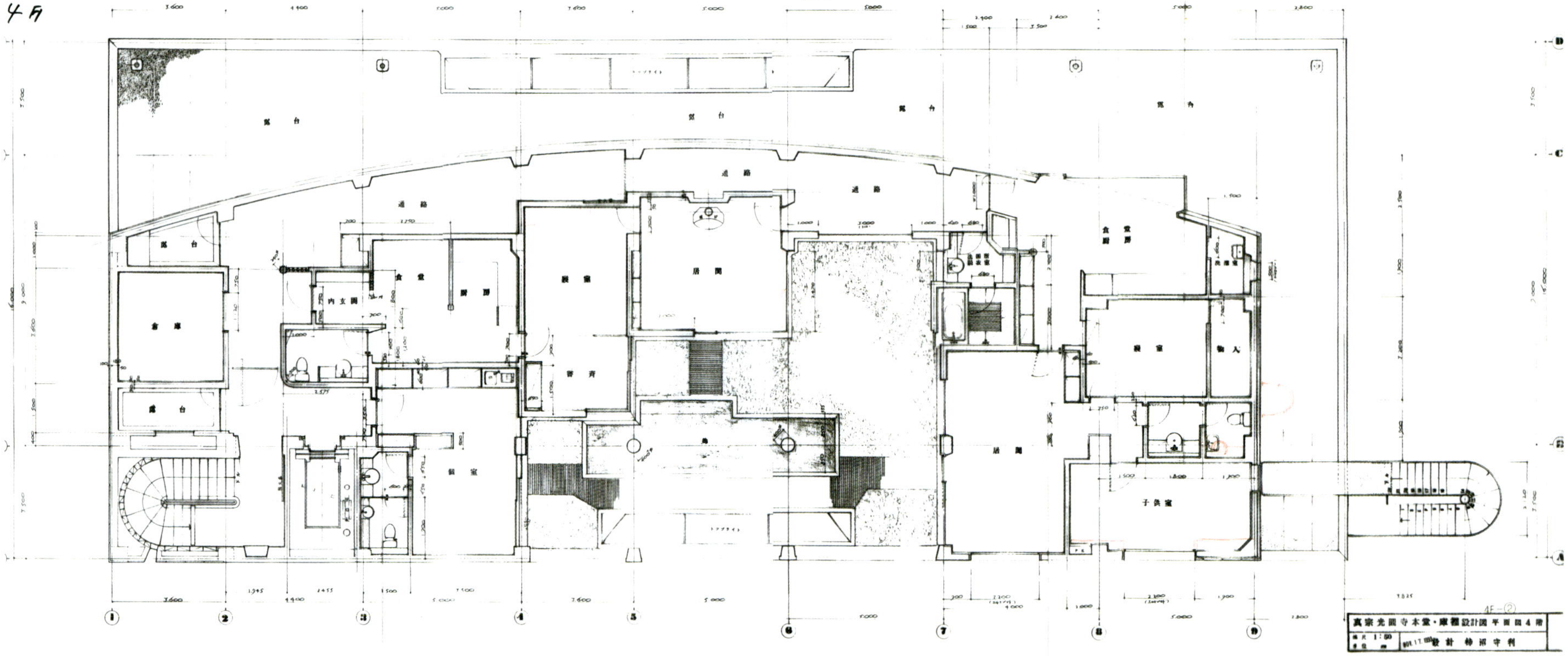


4階平面図　S=1/200（1/50原図を25％縮小）

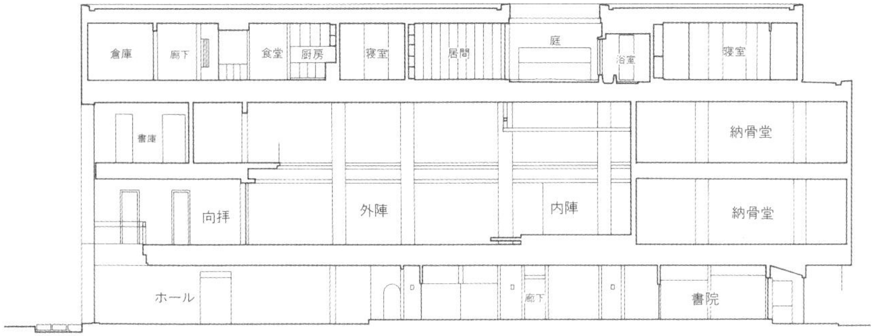


南北断面図　S=1/400

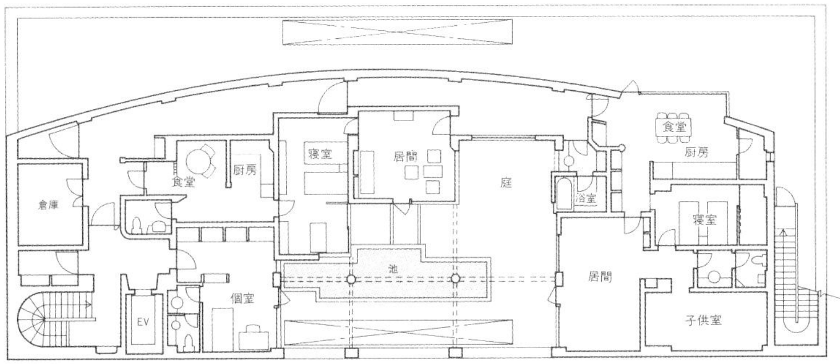


4階平面図　S=1/400

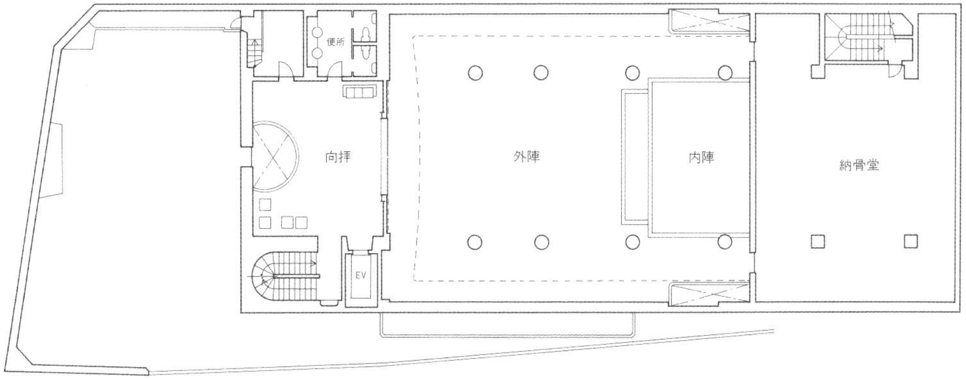


2階平面図　S=1/400



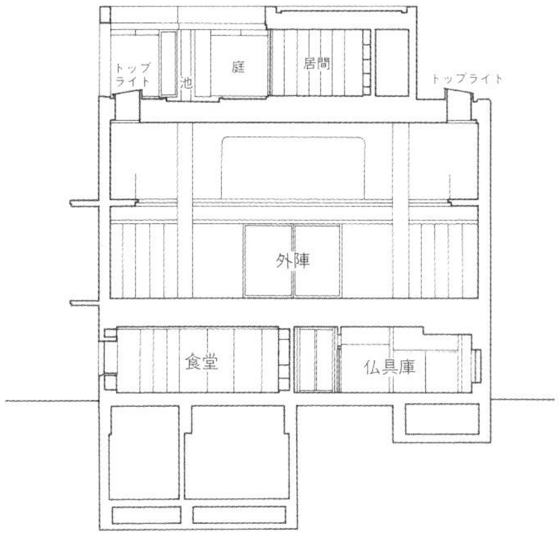


東西断面図　S=1/400

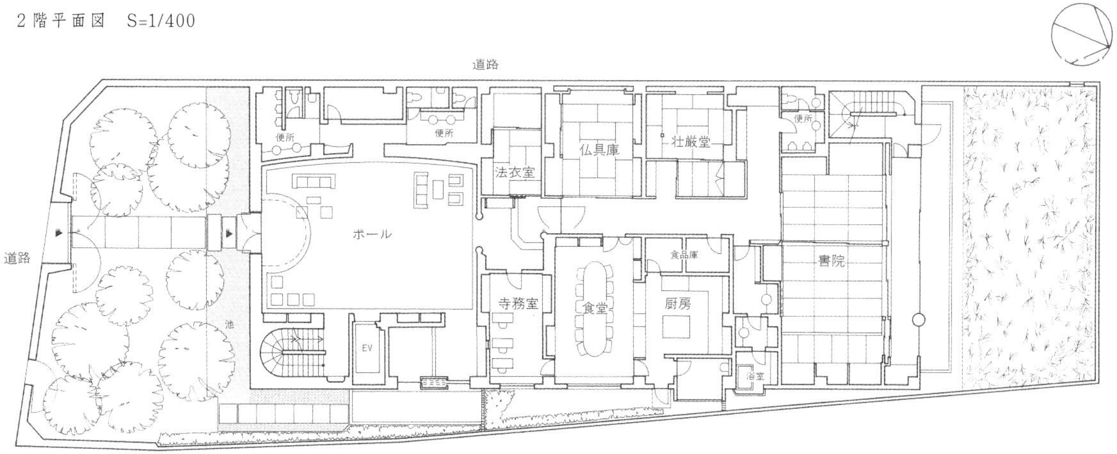


1階平面図　S=1/400

西面道路側外観。RC外壁は鋸引きのスギ板を型枠に使用し、板の方向を変えることで表情をつくっている。

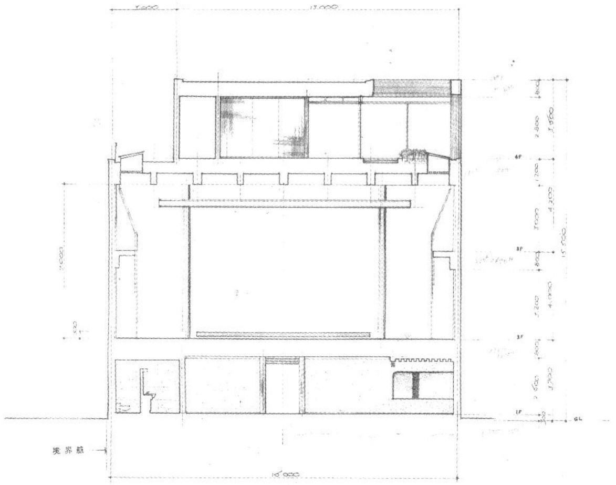

断面図（原図を28％縮小）

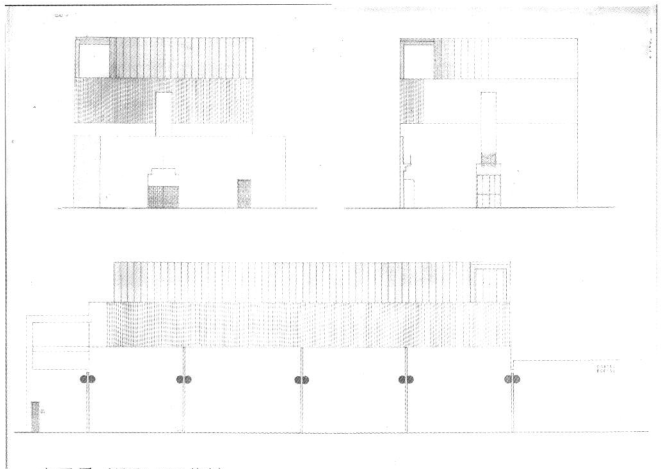

立面図（原図を15％縮小）

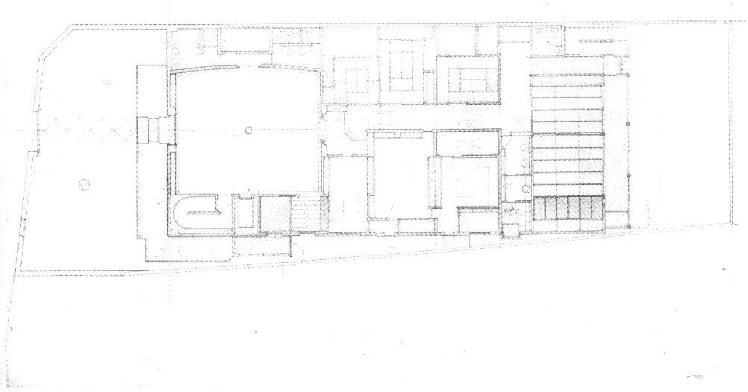

1階平面図（原図を15％縮小）

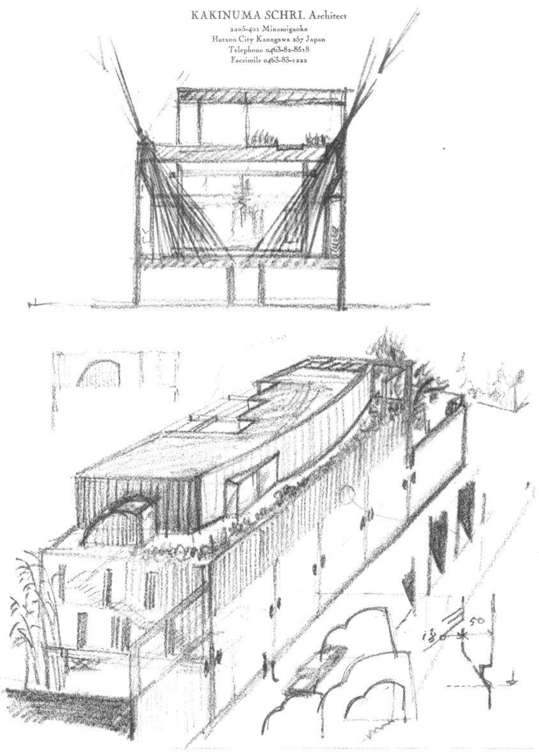


本堂のトップライトと外観の意匠を検討したスケッチ（原図を35％縮小）

## 建築資料

建物名……浄土真宗本願寺派光圓寺本堂・庫裡
所在……福岡県福岡市
用途……各種宗教行事、文化活動
-
設計……柿沼守利
構造設計……渡辺守秀
設備設計……古田雅敏
造園設計……高尾四郎
-
監理……柿沼守利（建築）、三好和博（設備）
施工……竹中工務店
電気/佐電工
空調・給排水衛星工事/高砂熱学工業
昇降機/菱電エレベータ施設
金属/新栄製作所
石工事/中村石材
造園/中村造園土木
工事期間……1993年4月―1994年9月
構造・規模…RC造地下1階地上4階建
基礎・地業…場所打コンクリート杭地業
敷地面積……1,041㎡
建築面積……623㎡
延床面積……2,040㎡
（地階(機械室)/177㎡　1階/557㎡　2階/573㎡　3階/380㎡　4階/353㎡）
建蔽率……90％
容積率……400％
地域地区……商業地域、準防火地域

［主な外部仕上げ］
屋根……アスファルト防水シンダーコンクリートの上洗出し
壁……1～3階部/杉板厚12㎜（＋コンパネ）鋸引きのままコンクリート打放し　4階部/特殊アルミスパンドレル自然発色（黒）
建具……スチールFB厚20㎜・RC建具見込み200㎜、エルミン窓
外構……前面・横に水盤、塀と一体化の鐘楼

［主な内部仕上げ］
天井……ホール・廊下・住居居間/ナチュラルクロス　書院/杉板、棹：アサメラ　本堂/スチール格子
壁……ホール・住居居間・本堂/砂漆喰　書院・廊下/聚楽土塗り
床……ホール/サイザルカーペット、花崗岩　書院/畳、地板：アサメラ厚40㎜　廊下/チークフローリング厚15㎜　本堂/大理石（フロアーヒーティング）　住居居間/ナラフローリング

［設備］
空調……パッケージユニット空調方式、空気熱源
給湯……局所給湯方式
電気……受電/3相3線6.6V　変圧器/3相3線150KVA1台、単相3線100KVA1台
給排水……給水/市水、加圧ポンプ方式
排水/直接放流
防災……消化/屋内消火栓設備　防火/自動火災報知器設備　排煙/自然排煙　避難/誘導灯設備
昇降機……人荷用ELV/13人乗・850kg積（油圧式、45m/分）1台
その他……セントラルクリーナ（バキュフェロー社製、東紳商会）
駐車場……8台（屋内・屋外、ただし飛地：門徒会館共）

［主な設備機器］
家具……デンマークからの輸入品
門扉・主入口扉……特注製作
（鋼材建具1600kgを2組）

# Phoenix

2001

| | |
|---|---|
| 所在地 | 福岡県福岡市 |
| 用途 | 店舗 |
| 施工 | 久留米岩田屋建装部 |
| 延床面積 | 93.2㎡ |

2001年に改修を行った福岡市内の会員制クラブである。ビル内にある店舗をスケルトンにしての全面改修となった。

旧知の創業者が1990年に佐賀県西有田町の深川製磁「チャイナ・オン・ザ・パーク忠次館」を見学した際、世代交代に伴う店の改修計画の相談を受けたことが端緒であった。諸事情により、店舗改修に先立って創業者および現経営者それぞれ住宅の改修を行い、その6年後に店舗に着手した。

この店の空間を構成している天井アーチの素材は、反響を防ぐ必要性から放送局によく使用されているコペンハーゲン・リブを用いた。この曲面天井に換気孔及び音響装置を組み込んで、間接照明とした。理由は経営者のたっての希望として、「女性スタッフが美しく見えるように」との一言からであった。元来このような「難題」を抱えての設計を最も不得手とする私には、空間構成をまとめるうえで戸惑うことが少なくなかった。

竣工から2年ほどを経て、通路部分と客席を何気なく隔たせたいという相談を受け、径3ミリのボールチェーンを蛇行した形に吊り下げてスクリーンとした。それ以外の箇所は竣工当時のままである。

「Phoenix」は創業60年以上の歴史をもつ。創業者が開業した当時はいわゆる高度成長期の只中であった。現在ではその時代背景も大きく変わってきている。

当然のことながら博多の街も刻一刻と変化を遂げつつある。このような陋巷に在りつつも、変わることのない空間を維持して貰えているのは、現経営者に慥《たし》かに受け継がれている「創業者精神」に拠るものである。

——一歩店の中に入ると仄暗い空間。
コペンハーゲン・リブによる曲線の天井と木壁によって大きく3つの空間に分けられている。

Phoenix

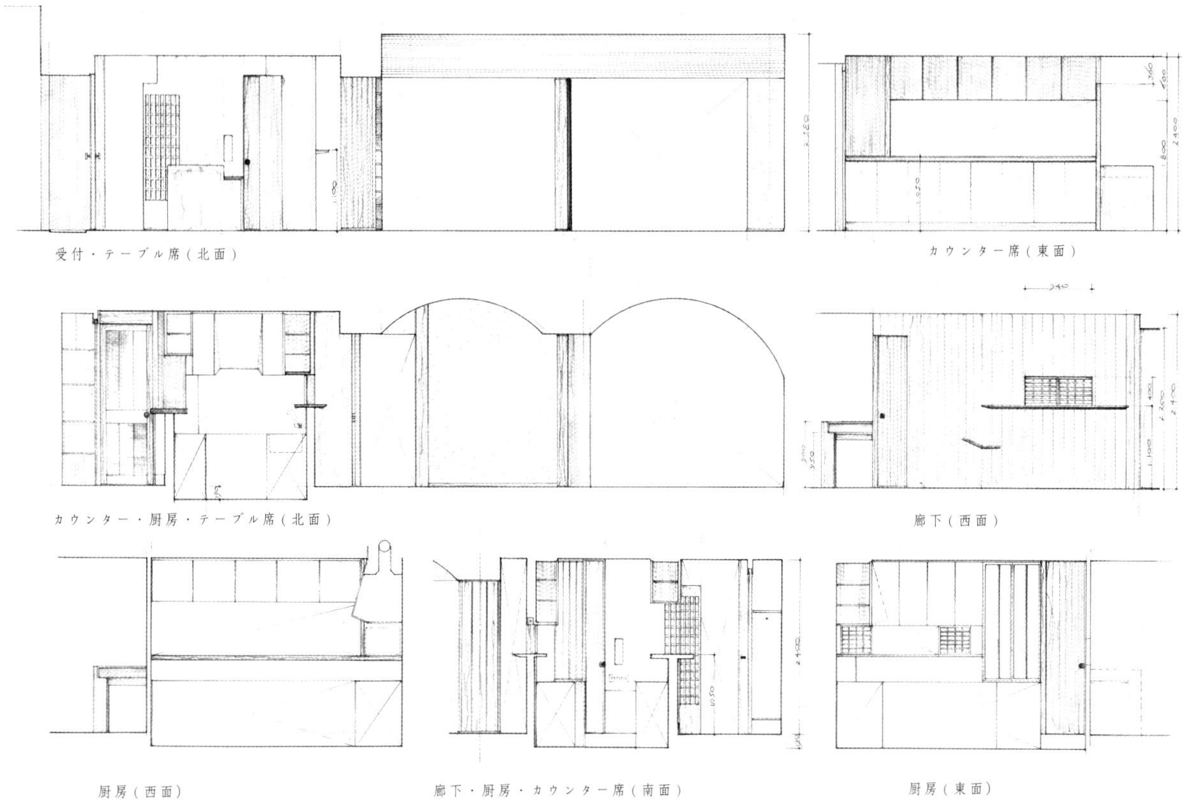


展開図　S=1/100

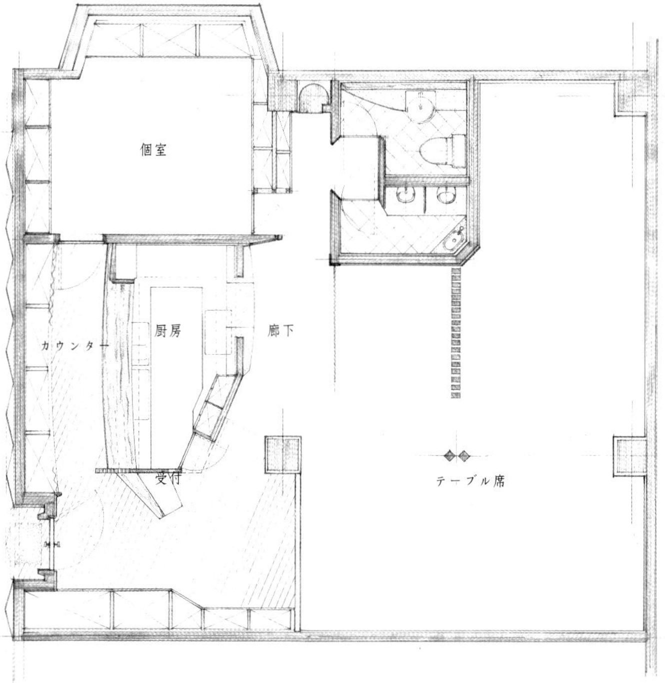


平面図　S=1/120

右頁

右　看板はH鋼とチーク材を組み合わせたもの。文字はパレススクリプトと呼ばれる書体を元にしている。

右下　廊下と席の間の壁面にはボールチェーンを波状に配置してH鋼の下から吊るし、視線を適度に抑える。

左　廊下の突き当たりに設けられた飾り棚。

## 建築資料

建物名……Phoenix
所在……福岡県福岡市
用途……会員制クラブ
-
設計……柿沼守利

施工……久留米岩田屋建装部（黒石清司）
現場指導/鶴留元
大工棟梁/松下信二
左官/清水左建（清水建詞）
建具/高木工作所（志方秀光、本多幸二）
塗装/丸尾塗装（丸尾秋男）
電気・給排水・空調/佐電工（福所勝利）

竣工……2001年2月
延床面積……93.2㎡

［主な内部仕上げ］
天井……コペンハーゲンリブ張りワトコオイル塗り仕上げ、一部PB下地の上ナチュラルクロス貼り
壁……モルタル下地の上デュッセル塗り仕上げ
床……9㎜厚サイザルカーペット敷き、一部チークフローリング貼り

［主な設備機器］
化粧室……TOTO
照明……イタリア製ブラケット（LORA）
建築金物……HORI商店（渡辺一孝）

# 洋々閣

Yoyokaku

1983-2003

| | |
|---|---|
| 所在地 | 佐賀県唐津市 |
| 用途 | 旅館 |
| 施工 | 川原工務店 |
| 主体構造 | 木造 |

東唐津にある旅館の改修工事である。11月初旬の「唐津くんち」の時期には街は多くの人で賑わう。

この旅館は明治26（1893）年の創業であるが、それ以前に建てられたものを旅館に転用しているため、建築そのものの歴史はさらに遡る。東唐津にはこの「洋々閣」と同時代の木造旅館がいくつもあったが、戦後次々とコンクリートに建て替えられ、古い木造建築は非常に少なくなってしまった。そのようななかで「洋々閣」は当時の面影を保つ建築として貴重な存在といえよう。

先代の従兄弟にあたり、ここで幼少期を過ごした福岡のデザイナーで、椅子コレクターの永井敬二さんから相談を受けたことが機縁で、1983年から改修工事に関わることとなった。

建物は創業以来、度々普請が加えられてきていて、改修に際して解体をしてみると想像以上に傷んだ箇所が多く、工事は大規模な修繕工事となった。

フロント裏にあった厨房を奥に移して、そこを男女それぞれの浴場として、玄関を含むフロント周辺も大幅に手を入れた。同時に客室「十坊」「烏帽子」の2部屋を全面改修し、第一次工事を終えた。

2年後に、渡り廊下奥の食堂及び上階の客室「壱州」「對州」の改修に取り掛かったが、この部分は規模も大きく、ほぼ建て替えに近いものとなった。その後数年を経て談話室及び上階の「玄海」などを改修し、工事は足かけ20年近くに及んだ。

洋々閣では従前から唐津焼の窯元「隆太窯」の花器・器類を用いており、初めの改修の際に、中里隆さんの器のギャラリーを設けた。

現在「洋々閣」はご子息が5代目を引き継いでいる。建物の随所に、時代の「垢」と共に、程よい暗さを伴った静けさ、廊下をあゆむ際の軋み音、窓外に聴く潮騒、松籟が、永きにわたって培われた宿のもてなしと共に、訪《おとな》う者のこころを和ませてくれている。

――「十坊の間」広縁。木製建具の三本の中桟に合わせて、軒裏の換気口のスリットも三本になっている。随所にさりげない意匠が施されている。

**右頁** **右**　当時の趣きが残る玄関。奥に見えるホールが改修部分で、時代の重なりが感じられる。
**左**　受付。カウンター側面にはラミンのコペンハーゲン・リブを張っている。甲板は黒革張り。

**左頁** 唐津焼の隆太窯の中里隆氏・太亀氏親子の作品を展示するギャラリー。洋々閣では隆太窯の器で料理を出す。洋々閣の 20 年にわたる改修のなかで初期につくられたのがこのギャラリー。左官で仕上げられたしっとりとした空間と器がよく合う。

右頁　右　明治26年創業の旅館・洋々閣。当時の佇まいを残す外観。
左上　改修を最小限におさえ、既存の意匠を残した客室の床の間。
左下　既存のままの「佐用姫の間」。

左頁　連なる屋並みが美しい。むくりの切妻屋根が改修後、奥に見える入母屋屋根は既存のまま。

**右頁** ロビーから西の庭を見る。庭の緑を美しく取り込む。元々は2部屋に分かれていたが、1部屋に改修した。

**左頁** 廊下。右手には創業当時のままの廊下が残されている。新旧がバランスよく織り交ぜられている。

右頁
右 「十房の間」。全面的に改修が行われた部屋のひとつ。広縁は和室より少し下げてある。
広縁から庭に出ることもできる。
左 広縁の床はイブシタイル貼り。天井は蒲柾貼り。

左頁
右 「烏帽子の間」。「十坊」とはまた趣の異なる、光を抑えたしっとりとした空間。壁は聚楽壁。
床の間の床柱は皮付きのアカマツ、天井は萩貼り仕上げ。
左 「対州の間」前室。

玄関を入ってすぐの階段。天井の化粧梁は米マツ、籐の網代貼り。

浴室。壁は上部はヒバ板張り、下部は花崗岩貼り。床は岩見石貼り。

廊下。左手に浴室がある。以前は厨房があった。手前部分の床はイブシタイル貼り。

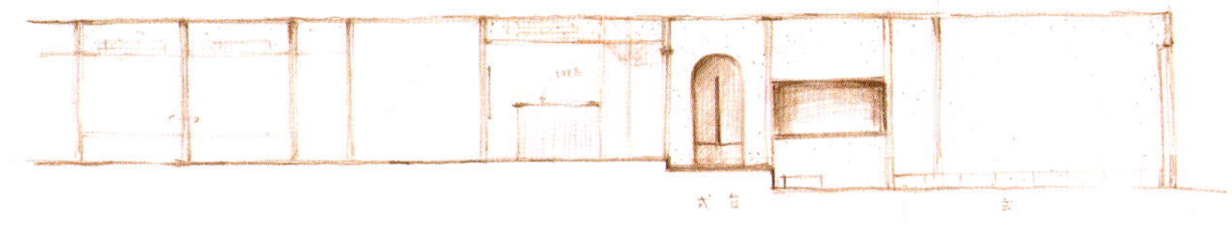

玄関・受付展開図スケッチ（原図を25％縮小）

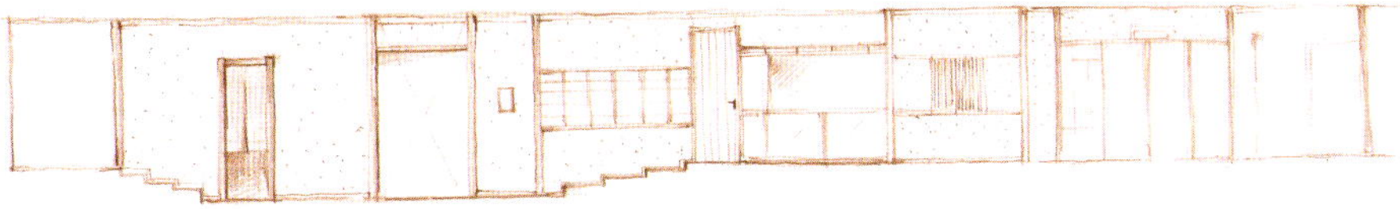

廊下展開図スケッチ（原図を25％縮小）

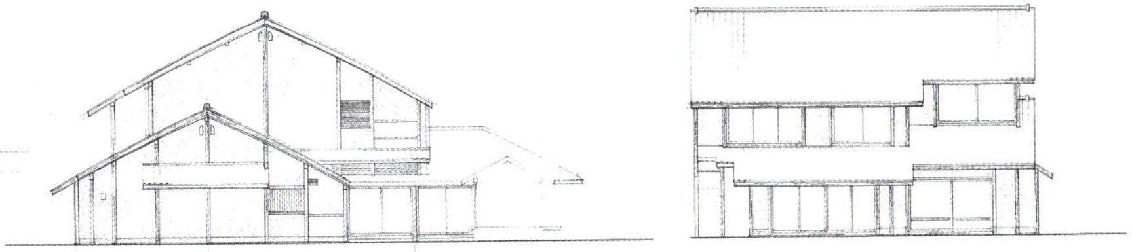

立面図（原図を25％縮小）

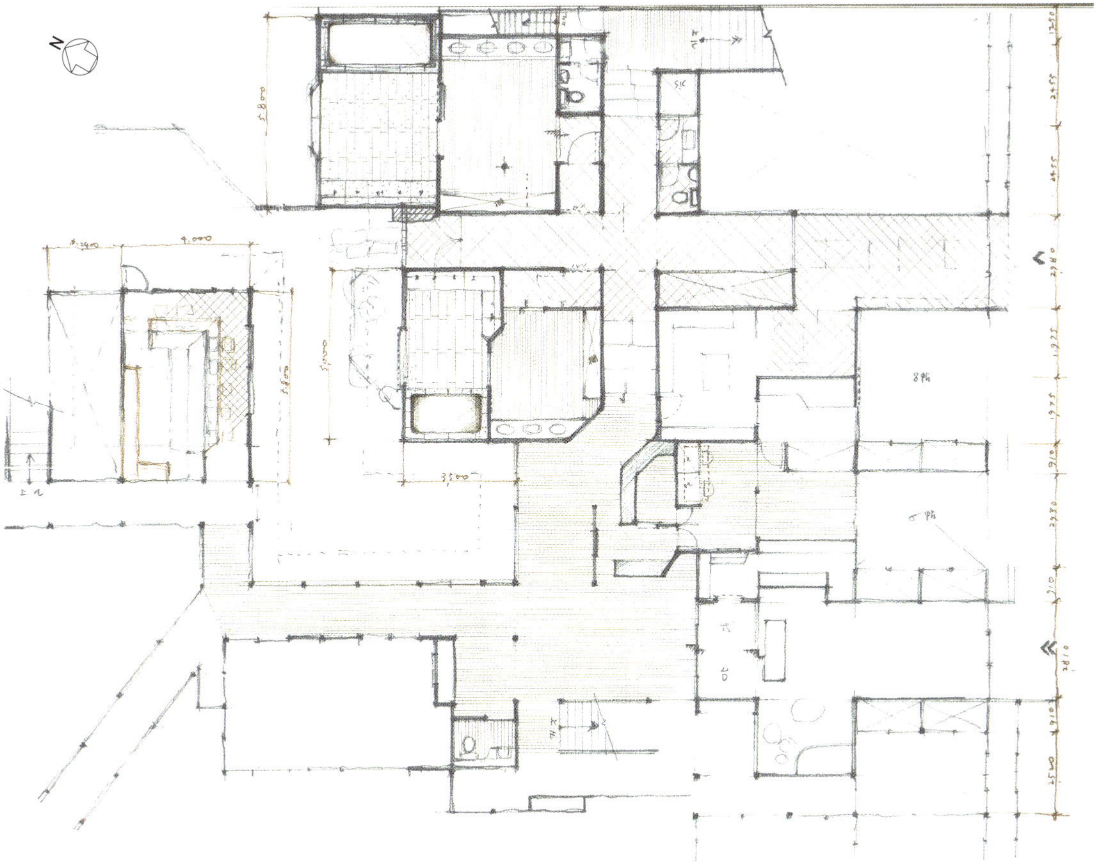

1階玄関・浴室・ギャラリー平面図スケッチ（原図を22％縮小）

## 建築資料

建物名……洋々閣
所在……佐賀県唐津市東唐津2-4-40
用途……旅館
-
改修設計……柿沼守利
-
施工……川原工務店
改修期間……1983年—2003年頃

構造規模……木造2階建、一部平屋建

［主な外部仕上げ］
屋根……一文字瓦葺き
壁……モルタル刷毛引き仕上げ
建具……木製建具

［主な内部仕上げ］
天井……玄関・ホール/化粧梁カシュー塗り仕上げ、スギ竿縁天井ワトコオイル塗り仕上げ　事務室/スギ練付合板目透かし張り　客室/スギ練付合板目透かし張り、蒲柾張り　廊下/スギ竿縁天井　浴室/ヒバ又はサワラ縁合板張り　脱衣室/フレキシブルボード下地ジョリパット吹付け
壁……玄関/既存一部補修　ホール・事務室・廊下・客室/京壁　浴室/ヒバ板張り、腰壁・浴槽：花崗岩　脱衣室/ジョリパット塗り、一部米松張り　手洗い所/ジョリパット塗り、一部ピーラー張りワトコオイル塗り
床……玄関/既存一部補修　ホール・事務室・廊下/ナラ又はフローカリンフローリング貼り、一部イブシタイル貼り　客室/畳敷き、フローリング、イブシタイルワックス仕上げ　浴室/岩見石貼り
造作……受付カウンター/側面：コペンハーゲンリブ張り、甲板：黒革

# 亀の井別荘

Kamenoi Besso

2015-2019

1921年に創業した「亀の井別荘」。右手に見えるのが本館、左手の茅葺きは客室棟。
本館は2015年—2019年の3度にわたる改修のうち、最初に改修が行われた。

| | |
|---|---|
| 所在地 | 大分県由布市湯布院町 |
| 用途 | 旅館 |
| 施工 | 1期・2期：山下建設 |
| | 3期：大匠建設 |
| 主体構造 | 木造 |
| 敷地面積 | 約30,000㎡ |

———洋館風の建物を改装した本館ロビー。改装が重ねられて仕上げが混在していた天井は木毛板と木材に統一し、家具なども一新。
左手の玄関戸は細い桟を使い外の景色を取り込んでいる。

右頁　2回目に改修された和室の客室棟の「離れ」16番館・17番館。2017年には茅葺き屋根が葺き替えられた。

左頁
左　17番館　居間。奥に濡れ縁がある。以前の改修によって変わっていた壁の仕上げを当初の本聚楽壁に戻した。
右上　17番館　屋根裏を使った寝室。
右下　17番館　庭を眺められる内風呂と露天風呂。床は十和田石貼り。浴室の備品もオリジナルデザイン。

右頁　2度目に改修が行われたレストラン「螢火園」。前室と食堂はホワイトアッシュとカリンを組み合わせたガラスのない格子の引き戸で仕切っている。

左頁　右上　明治時代に建てられた地元の農家を40年以上前に移築した「百番館」。2019年に全面改修が行われ、茅の葺替えにあわせて屋根を寄棟から入母屋に変更した。

右下　「百番館」居間。階段や建具など随所に独自の意匠が見られる。地元の寺から譲り受けた虹梁も使用している。

左　亀の井別荘の入口である茅葺きの門。

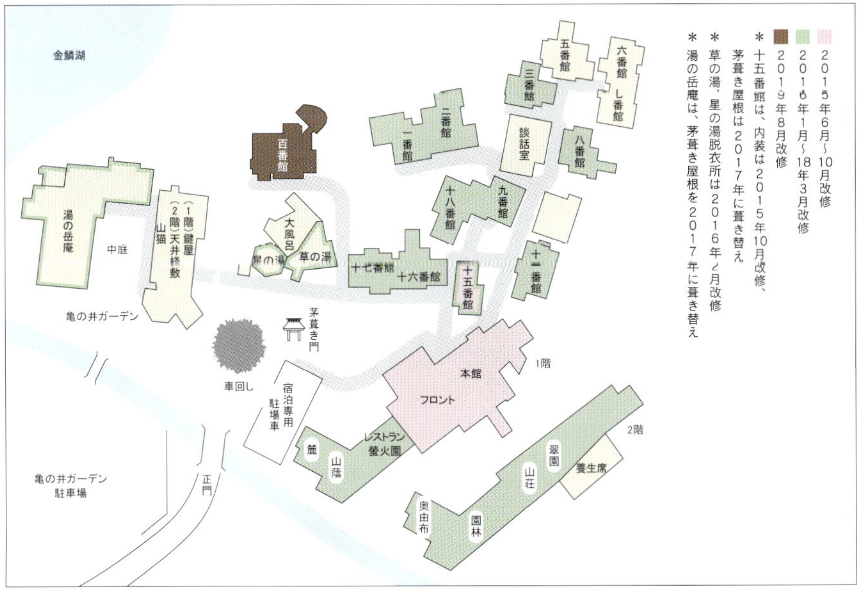

全体配置図

# 4

# プロダクト

# Product

# 厨子

Zushi

置く場所を選ばないシンプルで小さな天然木の厨子。

左頁

- 右上　厨子1（右頁の厨子を閉じた状態）　素材：チーク　幅約35.5cm、高さ約43cm、奥行き約22cm。
- 右下　厨子2　素材：ウォルナット。
- 左上　厨子3　素材：ブラックウォルナット。
- 左下　厨子3を開いた状態。

# 家具

Furniture

ウォルナット製のシンプルな文机。金物を使わずつくられている。幅約85cm、高さ約20cm、奥行き約36cm。上に置かれた文箱もオリジナルデザイン。



左頁

- **右上**　テーブルの図面。板を削り出し木口を薄くして、すっきりとしたデザインに仕上げている。
- **左上**　テーブル。ナラ無垢材。
- **右下**　ベンチのスケッチ。インドネシア製の古い家具が発想の元になった。
- **左下**　ベンチ。全体的に丸みがあり柔らかな印象があるが、テーブル同様に、小口を薄く見せるように仕上げている。写真のものはクロガキ製。

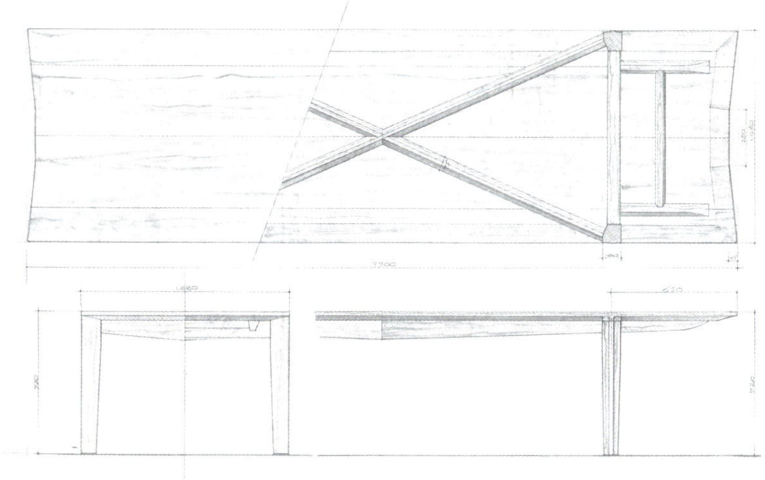
3700
1,080
720

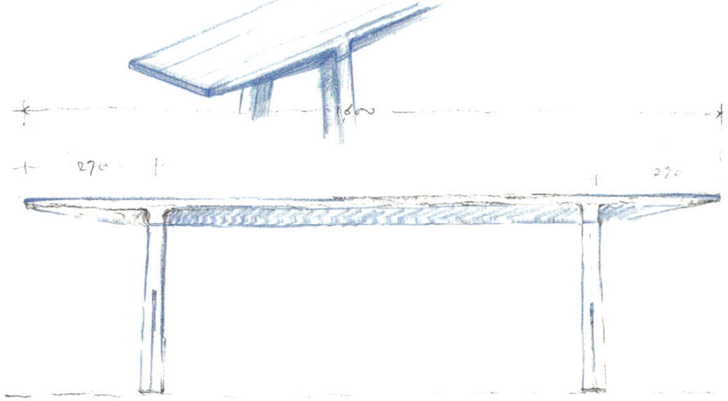
1,600
270

# 生活道具



## Home Goods

天然木のそれぞれの特性を生かした生活道具。ここに掲載していないもの以外にも、木製のトイレットペーパーホルダーやトレイ、ワインスタンドなどがある。

**右頁**

**上**　調味料ボトル用のラック。

**下**　茶托。手前がカエデ、奥がアカハゼ。

**左頁**

**右上**　コート・帽子かけ。壁に取り付けて使う。

**左上**　ステッキ。持ち手の部分は牛皮。

**右下**　ティッシュペーパーボックスカバー。

**中下**　ペーパーボックス。ゴミ箱としても利用できる。

**左下**　靴べらと靴べら置き。

# 5 対話と随筆

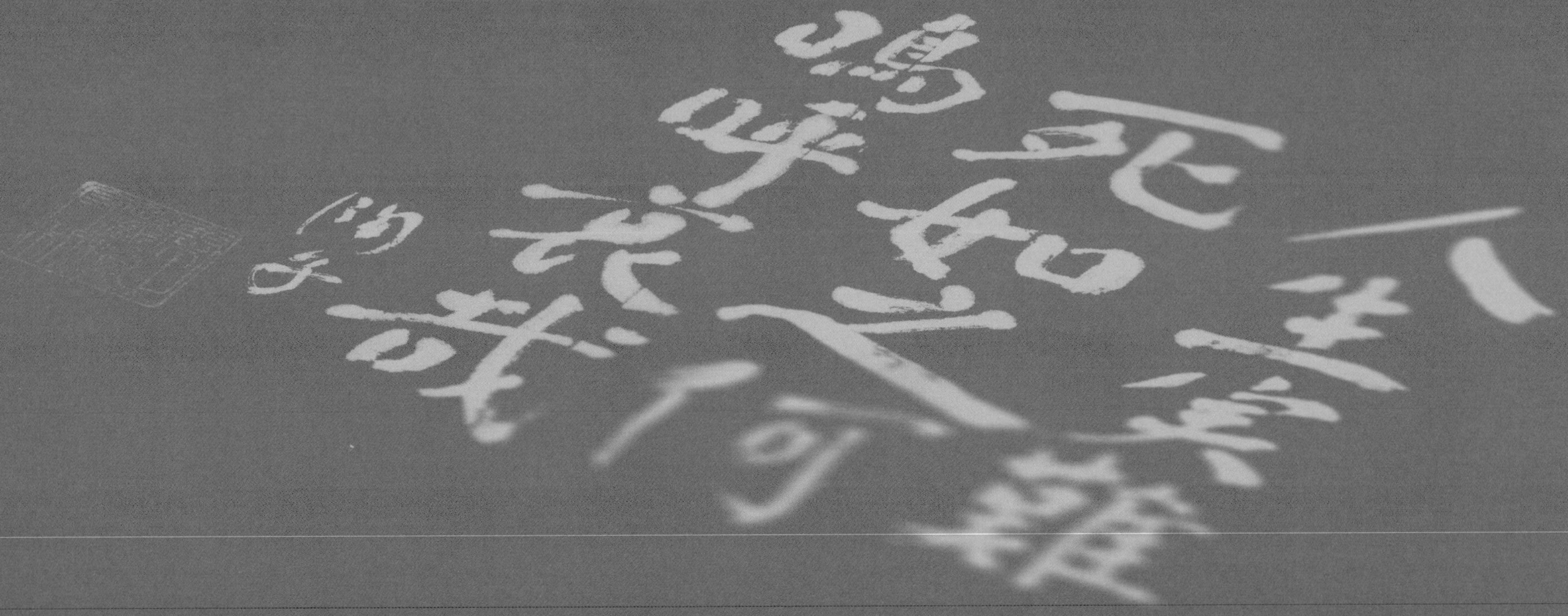

# Dialogue

# Essay

# 普遍的な美を求めて

## ―白井晟一の建築を再考する

柿沼守利×堀部安嗣

**編集部**　今回は、柿沼さんが白井晟一さんに師事されていたということと、堀部さんが白井さんの建築から影響を受けたということを伺って、お二人に対談をお願いしました。白井さんや同時代の建築家、あるいはもっと過去の建築についてのこと、お互いの建築を見て感じられたことなどを掘り下げていただけたらと思います。まずは、柿沼さんが白井さんの事務所に入られた経緯をお話しいただけますか。

**柿沼**　私はもともと建築の教育を受けていなくて、学校では工芸・工業デザインを専攻していました。卒業後はパッケージ関連の企業に勤めればいいくらいに思っていたのですが、あるとき偶然手にした男性向けの服飾雑誌のモデルの背景が、当時銀座にあった「親和銀行東京支店」（１９６３年竣工）でした。こんな建築をつくる人が日本にいるのかと驚きましたね。

白井晟一という人が設計したと知り、なんとかこの人のもとで働けないかなと思いまして。大学を出て就職したのが造作工事の会社でしたので、都内の現場に出るたびに銀座の親和銀行を覗いていました。何回目だったのか分かりません、偶然地下の貸付カウンターの前に白井が立っていました。驚きながらも声をかけました。「君はなんで僕を知っているのか」と言われましたが、わけを話すとその場でアトリエの電話番号を教えてくださったんです。すぐにアトリエに電話をかけたのですが、何度かけても毎度居留守で、お弟子さんのガードが非常に固いんです。「今は九州に行っておられます」とか、淡々と断られて。そういうことがずっと続きました。その頃白井が設計していた佐世保の「親和銀行本店」工事は足掛け10年を要するのですが、その第一期工事が始まっていて、私は休暇をとって九州に行きました。しかしそこでも会うことがかないませんでした。そこで、3年前に完成していた「親和銀行大波止支店」を見学して夜行列車で東京に帰ってきたのですが、そのまま駅から白井の自宅に電話を入れて奥さんに直訴して、ようやく面会がかないました。

その後、大村健策さんという長年アトリエに勤めていた方が独立されて白井も手伝いが必要になったのか、少しずつ出入りを許されるようになりました。白井が自邸（「虚白庵」、１９７０年竣工）を建てていた時期でしたので、その現場を見たり造作図を描いたりという仕事をしていました。でも当時は無給でした。それが1年半くらい続いて、やっと正式に働いていいということになって。それが１９６７年のことです。それでも半年くらいは無給でしたが（笑）。

**堀部**　最初の白井さんの印象はどうだったんですか。

**柿沼**　憧れの人でしたから、大袈裟に言いますと神様というか、特異な存在でした。恋愛みたいなもので、悪いところなんぞは目にはいりませんでしたね。

**堀部**　最初はですよね（笑）。

**柿沼**　でもそういう印象はずっと何年も続いていましたね。怒られてもそれは当然だろうと。本当に人生観が変わるほどの環境というか、ともかく休みもなくて、元旦もアトリエに通いました。不思議なもので、それが苦痛だとか不自由だとか全く感じなかったのです。

白井は夜型の人間ですので、夕刊がくる頃に起きて来て、朝刊を読んでから休むというリズムで、夜中に打ち合わせをしたり図面を見てもらったりしていました。

**堀部**　白井さんは本当にフリーアーキテクトと呼ぶにふさわしい方だと思っているんですけど、仕事や収入は安定していたんでしょうか。

**柿沼**　私がアトリエに入れていただいたのは晩年の頃で、銀行の仕事も続いておりましたから生活は安定していたと思います。奥さんの話ですが、暮らしが安定したのは50歳を過ぎてからだそうです。これは白井も書いていますが、秋田の仕事で出張するときに、あの頃は青写真というのがあって、図面を青写真屋に行ってプリントした帰りに、時計を質に入れて、それで汽車の切符を買っていたそうです。設計料の代わりに下駄や米のときもあって、随分お金に窮したという話も聞きましたね。戦後の復興の途中だったということもあるのでしょうが。田舎の役人には白井に設計を委託すること自体反対する人もいたようです。後々成功談というのか、白井独特の建築を評価するような風潮がありましたが、本人自体はいろいろあったんだろうと思います。

**堀部**　海外の建築家で話題にした人はいましたか？

**柿沼**　リチャード・ノイトラや、ミース・ファン・デル・ローエ、そしてカルロ・スカルパの話はよくしていました。イタリアへ行くたびにスカルパの建物を見てきていましたね。それから、ミラノのモニュメンターレという市営墓地をよく訪ねていました。左右に分かれた広大な墓地で、人が入れるくらいのお墓から小さなものまであるのですが、そういうのをよくスケッチしてきて、それをモチーフにすることもありました。建築の話ばかりでは決してありませんでしたが、アトリエでの白井は多弁でいろんなことを話してくれましたね。でも批判的なことの方がはるかに多かったですが（笑）。

**堀部**　おつきあいのあった建築家はどなたですか。

**柿沼**　晩年に交流があったのは前川國男さんです。菊竹清訓さんや鬼頭梓さん、武蔵工業大学（現・東京都市大学）の笹原貞彦さんともおつきあいがありました。でも、交流は極端に少ないほうだったと思います。前川さんとは、以前はほとんど親交はなかったのですが、箱根の結局実現しなかったコンペがあって、ふたりともその審査員だったことがきっかけで会議の後で食事をしたり、京都・祇園の一力へ出掛けてお花見をしたり、かなり親しかったように思います。

**堀部**　白井さんが亡くなったとき、『風声』（宮内嘉久編集事務所編）で前川さんが白井さんについてのエッセイを書かれていますよね。

**柿沼**　ええ、「一陣の風の如くに去って行った」と。青山葬儀所での告別式でいちばん最初に来られたのも前川さんでした。作風は異なりますが、どこかで相通づるものがあったのだろうと思います。

## 白井の作風の変化

**堀部**　白井さんの作風は晩年ずい分変わっていったような印象があります。

**柿沼**　私がアトリエに入れてもらった頃には、すでに私の考える白井の作風は壊滅していたといいましょうか。極端に言うと、1963年の「親和銀行大波止支店」以降の作風は、遊ぶというのは良い言い方ではないですけれども、もっと自由になったというか、私が思い描くような白井のクリエーションとはだいぶ違ってきていますね。

**堀部**　ちょっと糸が切れたようなところがありますね。

**柿沼**　予算が厳しい時代に比べればはるかに恵まれていただろうと思うんですが、それと反比例するようなものをクリエートしていたような気がしますね。

当時私も白井に「こうした方がいいのではないですか」などと口にしたことはありましたが、「お前が言うようなものはつくる側は面白くない」と返されまして。私も担当していながら、もっと均整のとれたというのか、厳しい、これぞ白井というようなものを目にしてそれを理想としてきた私には、やっぱり後の方になると、どうも……。今言われたように糸が切れたのか、書の方に移行されたのか、想像の域を出ませんけれども。

**堀部**　僕も白井さんの作品は、初期、中期が大好きで。禁欲さと寛容さを感じます。後期はちょっと理解しにくいところがあります。禁欲的な美しさが失われ、欲望がふくらんでいった感じがします。

**柿沼**　一方で、社会における周知度でいうと1970年代以降の方が白井の作風として知られているように感じますね。

**堀部**　白井さんのシンボリック的な面がフューチャーされているところがありますよね。実は、白井展（『白井晟一　精神と空間』2010年〜11年）のシンポジウムで、後期はさっぱり分かりませんと言ったんです。そしたら結構白い目で見られてしまって（笑）。

**柿沼**　でも白い目で見るということ自体が、白井をどう捉えるかというときに非常に価値観の乖離があると思うんですね。その偶像が全く間違った捉え方がされて、ポピュラリティーとしてそれが白井だと言われると、それは非常に……。本人がどう思っていたかは分かりませんが、私は白井たらしめたのは中期までだと思っています。

## 白井初期の建築

**堀部**　僕が白井さんの素晴らしさを日の当たりにしたのは、「試作小住宅」（1953年）でした。大学を卒業してすぐだったと思いますが、夜に散歩していて偶然見つけて、こんなに美しい清らかな住宅があるんだと思ってハッとして。そのときには誰が設計したのか分からなかったんですが、インターネットもない時代にひたすら調べて。そしたら、ああ、これは白井晟一なんだと。後で住まい手の方に手紙を書いて、中も見せてもらいました。

**編集部**　それまでは白井さんの建築はご存知だったんですか。

**堀部**　もちろん知っていましたが、後期、作品性が強調されている時代だったので、「松濤美術館」や「芹沢美術館」の印象があって。でも「試作小住宅」を見て白井さんに対する印象がガラッと変わりましたね。それで作品集（『白井晟一の建築』中央公論社、1974年）を古本屋で買って、毎日のように見ていました。当時はまだバブル経済の余波があった時代でした。

**柿沼**　卒業されてすぐというと、今から30年くらい前ですか。白井が亡くなったのが1983年ですから……。

**堀部**　僕は白井さんが亡くなった後、あの建物に出会って、本を買いました。バブル経済の余波があって理解し難い建築があふれている現実の中で、この本がひとつの清涼剤でした。当時白井晟一はポストモダンの走りというようなことを言われていましたけど、そうではないだろうと。かと言ってモダンからも遠い。ちなみにモダンという言葉は、モデル（模型）とモード（流行）からきているそうですね。模型のようであり流行である。そう考えると白井さんの、とくに初期の作品はモダンからほど遠いところにあるなと思って。模型では決して言い表せません。

この本を眺めて、こういうちゃんとした世界があるんだ、建築ってすごいなと思いました。事務所を立ち上げたばかりの頃で、処女作は「試作小住宅」の影響を強く受けました。

**柿沼** ローコストの垂木構造の原点みたいな家ですね。それから当時アメリカから出ていた『ハウス＆ガーデン』なんかを非常に参考にしていますね。

**堀部** バナキュラーな家ですよね。だから生活への真摯さがすごく伝わる。白井さんの建築は、戦後お金がなく物資も乏しい頃に、真摯に建築や人の営みに向き合っていたからこそとてもいい住宅ができたのだと思います。

実は、「増田夫妻のアトリエ」（1959年）も3日くらい探し回って見つけました（笑）。

**柿沼** 住所とか全く出ていないでしょう？　すごいですねえ。この家は大きな吹抜けがあって、ちょっと不思議なかたちの煙突があって。私が言うのもあれですが、もう本当に完璧というか。私のイメージはこういう時代の白井なんです。

**堀部** 厳しくて優しいんですよね。

**柿沼** ええ。そうした一連の垂木構造の集大成が、「呉羽の舎」（1965年）ですね。

**堀部** 「呉羽の舎」も富山まで行って見せてもらいました。絶対に見せてくれないという噂だったんですけど（笑）。あそこは場所がいいですね。門屋がまた良いなあと。

**柿沼** 栗の柿葺《こけら》きですね。

**堀部** 屋根伏も綺麗で、かなり影響されました。

**柿沼** アゲウラも上手というか。私が上手と言ってはおかしいですけど。ここは所員の大村さんが関わることなく、白井がほとんど現場に張り付いていたようですよ。

**堀部** 「呉羽」は凝っていますよね。ちょっと趣味的というのか、お金をかけてつくっているなという感じがします。

**柿沼** そうですね。当時所員だった大村さんも言っておられましたが、『木造の詳細』として一冊の本にもなっていますが、ああいうのは決して王道、正道じゃないと。「呉羽」は世に広めるような家ではなくて、白井しかつくれないというのか、特殊な位置付けでしょうね。シンプルなものに見えても全く違うんですよ。

## ――白井晟一と吉村順三

**堀部** 僕は吉村順三さんのお弟子さんだった益子義弘さんのところで修業して、吉村さんのお弟子さんとの付き合いも多くありました。一方でどこか白井さんに引かれるところがあって。吉村さんにはない魅力が白井さんにはあるというのか、自分の琴線に触れる感覚が白井さんにはありました。

**柿沼** 逆に私は吉村さんの建築が大好きですね。白井のところにいながら、吉村先生の本がいっぱいありますよ。白井とは何か違うんだけど引かれますね。ベニヤだとか、バタくさいという表現は失礼かもしれないですが、吉村さんのちょっとアメリカンなところというのか、欧米のスパイスを感じます。

**堀部** 吉村さんは非常に合理的ですよね。プラグマティックなところがあります。現実がこうなんだからこうだ、みたいなところがあって。

**柿沼** そうですね。日本には当時いろんな建築家がたくさんいましたが、吉村さんは別格だなと思いました。白井と遠いから吉村さんと余計に近いような、そんな感じがあります。白井は当時、佐世保の現場に来ますと、吉村さんの設計された嬉野の「大正屋」に必ず部屋を取っていました。

「試作小住宅」1953年

戦後の物資の不十分な時代につくられた住宅。材料は建主の郷里から送られたスギ材を構造材に用いて、ラワン材を建具・造作材に用いている。白井は設計のメモにこう記したという。
「かつての民家にはこういう形式が多かった。白い漆喰壁とくすんだ木部との階調は、新旧を超えて素朴な故郷の感覚であると思われる。この《システム》は構造的にも、意匠的にも充分近代建築のはげしい陶冶（とうや）の対象となり得ると考えられる。」『現代建築家全集9 白井晟一』1970年、三一書房より引用

上写真／外観。
下写真／和室から玄関方向を見る。

**堀部**　そうだったんですか。なんだか面白いですね。

**柿沼**　益子さんは、長く吉村さんのところにいらしたのですか。

**堀部**　益子先生は、吉村さんの事務所に勤めていた経験はありません。吉村さんが藝大の先生だったときの助手という関係でした。吉村さんからの影響はとても大きかったと聞いています。それから益子先生は、アアルトや北欧建築もお好きですね。

**柿沼**　私もアアルトはすごく好きですね。フィンランドは1970年代から、イマトラの教会ですとか、何度も見に行きました。雑誌に載っていない町のこじんまりしたレストランに何度か行きましたね。

## 白井の眼差しと建築のルーツ

**堀部**　僕、白井さんのハードカバーの全作品の図面集(『白井晟一全集』同朋社、1988年)も買ったんですよ。

**柿沼**　ええ！　あの高価な本を(笑)。

**堀部**　その図面集も本当に穴が空くほど見たんですが、それと一緒に刊行された『白井晟一の眼』という本を本当によく見ました。白井さんが影響を受けた建築や風景が写真に収められていて、その本で富貴寺《ふきじ》(245頁)やミースの建築を知りました。あの本が僕は本当に好きで、白井晟一がこういうものを見ていたんだと分かって、自分も各地を訪ねました。富貴寺は素晴らしいですね。素朴で優美で。

**柿沼**　全くその通りですね。六郷満山隆盛期の建立で、もともとあの辺りには200を超える僧房があったそうですね。

**堀部**　白井さんは韓国への興味もありましたよね。たとえば宗廟《チョンミョ》には、白井さんの建築を見るような気がします。

**柿沼**　ええ。朝日新聞の夕刊に連載したコラムにも宗廟のことを書いていたと思います。私はソウルへ行ったらあそこには必ず立ち寄るようにしています。

**堀部**　白井さんは韓国にはよく行かれていたのでしょうか。

**柿沼**　そうですね。建築に使う素材を探しに行くこともありました。「懐霄館」は最終的に諫早石を使いましたが、初めは韓国の磚《せん》という煉瓦を使いたいというイメージがありまして、それを探しに韓国に行きました。その折に国立博物館に勤める女性の高官の方に非公開の美術品展示場へ案内されたそうですが、韓国の美術には特別興味をもっていたようです。その後すぐに韓国2000年展という展覧会が都内で開催されたのですが、それを見に行くように言われて2度ほど見に行きました。

**堀部**　日本建築とは似て非なる韓国の、ああいう素朴で優美な建築は白井さんにすごく共通するようなところがありますよね。日本建築の神経質で繊細過ぎる感覚は、韓国にはないですよね。

**柿沼**　ないですね。天平時代の頃、大工たちも向こうからきているんですよね。それでもあそこまで日本風に置き換えるというのもまたすごいことだとも思います。

**堀部**　そうですね。白井さんの場合、天平のあたりをずっと引っ張っていったような感じがしますね。野太くて。

**柿沼**　石元泰博さんが大修理のあとの桂離宮を撮った時に、白井が礼賛の文章を寄せていますが、白井自身はブルーノ・タウトが言うところの日本美みたいなものに対しては批判的でした。外国人から指摘されることの違和感ということだけではなくて、日本美として言及されているものの弱々しさというのか。奈良の方が圧倒的に白井らしいと思います。

**堀部**　日本建築の美というと、数寄屋や桂離宮が挙がりますよね。でも僕も京都よりも奈良の方が圧倒的に好きですね。

**柿沼**　同感ですね。元興寺旧境内にある十輪院が奈良では一番好きです。

**堀部**　あれは素晴らしいですね。あの建物にも白井さんの

「増田夫妻のアトリエ」1959年
正方形のプランで、大きな吹抜け空間がアトリエ、2階は夫婦の寝室として和室がある。試作小住宅に対して軒の出が浅く、8寸角の柱によって骨太な空間がつくられている。

上写真／外観。
下写真／2階寝室の窓を見る。アトリエ天井はガマゴザが貼られている。

ルーツを見るような気がします。

**柿沼**　慈光院も見るように言われましたね。それから、法華堂（三月堂）も素晴らしいですね。天平時代に創建して、鎌倉時代に増築しているんです。かなり足しているんですが、その足し方が絶妙でね。

**堀部**　法華堂はあまり注目していませんでした。

**柿沼**　まるで当時からあったかのように増築しているんですよ。増築というのは本当に難しいと思うんです。でも、あの頃は建築家もいないし、棟梁の力量ですからね。白井も文章に残していたように思います。

**堀部**　白井さんには、いわゆる日本の美の通俗的な評価とは別の眼差しがありますよね。

## 寸法感覚を継承する

**編集部**　今回お二人には、いずれも福岡にある、堀部さんの設計された「ｆｃａ」（２０１８年）、柿沼さんの「光圓寺」（１９９４年）と「香住ヶ丘の舎」（１９９４年）を見ていただいたということで感想を伺いたいと思います。本題に入る前に、柿沼さんが九州でのお仕事が多いのは、やはり白井さんの事務所時代の仕事が関係しているのでしょうか？

**柿沼**　ええ。「懐霄館」の現場で3年近く佐世保におりましたので、銀行の方に住宅を依頼されたり、だんだん九州の人との繋がりができてということかなと思います。

**編集部**　柿沼さんは堀部さんの作品を見られていかがでしたか。

**柿沼**　非常に印象的でしたね。住宅展示場という場に出向くことは稀にしかありませんが、40数棟ある中で外観から総てが際立っていました。鉄骨螺旋階段を中心にコンパクトにまとまっていました。通常の堀部作品と一味違った簡潔さが印象的で、その坪単価に驚きました。

**堀部**　僕は柿沼さんの作品を二つ見せていただきました。僕には扱えないような素材をいろいろと使っておられますし、あまりにも見事なので、あえて今回は素材のことは置いておいて、別の側面から柿沼建築を話したいと思います。

僕は、建築の質というのは、プロポーション、寸法だと思うんです。絵で言えば構図のようなものというか。もちろんマチエールも大事なんですが、構図のとりかた、寸法のとりかたという視点で、建築を裸にして見てみると、こういう言い方は失礼かもしれませんが、柿沼建築には、寸法感覚など、自分と似ているなと思うところが多々ありました。

**柿沼**　これまでそういう指摘をされたことがないので新鮮でありがたいのですが、自分では意識していることは本当に少ないんですよね。それこそ堀部さんの「ｆｃａ」は、計算し尽くされているような感じを受けましたが。ただ何気なく、私もこの年齢ですから、あとを托する人が誰かと言われた時に、堀部さんしか浮かんでこなかったんですけども、それは今堀部さんがおっしゃったようなことの違和感がないからかもしれませんね。

**堀部**　僕が白井さんからいちばん影響を受けたのは、寸法やプロポーション感覚かもしれません。だから白井さんの薫陶を受けた柿沼さんの感覚が自分とも似ているということにつながるのかなと。それから民家ですね。日本の美しい民家のもっている寸法感覚、プロポーションを白井さんが随分研究されたというのか、体に染みついていたような印象を受けます。

**柿沼**　プロポーションという言葉はあまり口にされませんでしたけども、そういう感覚は染みついていたんだ

上写真 /「宗廟」ソウル・1395年、1608年再建
朝鮮王朝と大韓帝国皇室の歴代の国王・王妃・功臣の位牌を祀る祭祀場。186,787㎡の境内には宗廟正殿をはじめ、別廟である永寧殿と典祀庁、斎室、香大庁および功臣堂、七祀堂などがある。毎年5月の第一日曜日に宗廟祭礼が行われている。

下写真/「十輪院本堂」奈良市・鎌倉時代前期
元正天皇（715 ～ 724）の勅願寺として創建したとされる。本堂は鎌倉時代前期に石仏龕を拝むための礼堂としてつくられた。棟、軒、床が低く住宅のような佇まいである。低い軒廻りは垂木を用いず厚板で支えている。

ろうと思います。言ってしまえば、白井の出立ちからすべてに対してそういうことを言えるような気がしますね。

**堀部**　言葉は使わなくても、もう「すでに身体の中にあるもの」と言いましょうか。書をされていたこともそういうことにつながるのではないかと思うのですが。

**柿沼**　白井に限らず後世に残る書家に共通して言えることですが、そういう寸法やプロポーションということを念頭に置いて、例えば王羲之《おうぎし》（303～420年）の書を見ますと、その350年近く後に顔真卿《がんしんけい》（709～785年）が出てくるんですけども、王羲之の影響を受けていて、それをデフォルメしながらもよーく見ると相手の書を崩すというのか、生き生きとしている書だなと感じます。非のうちどころがなく全部整っていると、どこか可愛げがないような感じがありますね。俳句で言うと芭蕉と蕪村の違いでしょうか。何かそこに普遍性をもちながらも息づくというのか、常に死に至らないというのか、そういうものを顔真卿には感じます。デフォルメという言葉自体が正しいかどうか分からないんですが、なんとも絶妙だなと思います。

白井は顔真卿や米芾《べいふつ》、空海、橘逸勢《たちばなのはやなり》などから影響を受けていますが、後期は白井自身の作風をひたすら追い求めていたようなところも感じるんですね。ですから私は、建築と同じように書も、個性は後の方があるんですけども、中期から前の方が美しさを感じます。

**堀部**　そういう1000年以上前のものが残っているというのもすごいことですよね。

**柿沼**　本当に。ついこの間書いたような感じで残っているわけですよね。でもそういう過去のことや人に対していい加減に書かれてしまうこともあって、それがまかり通っちゃうわけですからね。

**堀部**　今、世論（よろん）と世論（せろん）を混同して使っていますが、もともと「よろん」と「せろん」は違っていて、「よろん」は英語に訳すと「Public opinion」。公的な意見という意味だそうです。「せろん」というのは英語で訳すと「popular sentiment」で、大衆的気分という意味らしいんです。大衆的気分というのは、根の無い話でふわふわしているわけですね。今の政治も建築のつくられ方も、大衆の気分というものをかたちにしようとしていて、本当の公的な意見、根のある意見というものに軸足をおかず、大衆の気分を利用してつくっているところがありますよね。時代を生き抜くものは、大衆の気分みたいなところからある程度距離をおかなければいけないと思うんです。また、気分で歴史をつくってはいけません。

**柿沼**　その二つは確かに大きな違いですね。いわゆるポピュラリティーなんていうものは、気分をうまく利用して形に置き換えているというのか……。いつの時代でもそういうものはついて回っていたのだろうと思いますが、携わる人間の質というのか、いまの政治家を見ても、本当に尊敬できる、任せられるという人なんて誰ひとりとしていないように思えるわけですよね。

## 品格ある美を生み出す寸法

**堀部**　寸法の話に戻ると、柿沼さんのぱっと見は特徴的である素材の使い方であるとかディテールみたいなものを取っ払って、寸法だけで見ていった時に、どういう寸法が軸になってその寸法を選んでいるのかという

上写真／「fca」2018年
福岡市内の住宅展示場内に竣工したモデルハウス。堀部氏が設計を行い、福岡の斉藤工務店が施工、販売を行う。コストをおさえながら、「function」＝機能、「comfot」＝快適、「ambience」＝雰囲気、の3つがバランスよく備わっている住宅として設計された。螺旋階段の筒を核に、面の動線と浦の動線を分けながら回遊できる機能的なプランとなっている。断熱、気密性能を高めて、上下階1台ずつのエアコンのみで室内が均質な温度に保たれ、快適性を実現している。外壁は杉板張りで、温かみと素朴さを有する佇まい。

下写真／「香住ヶ丘の舎」1994年
レストランを営む女性のための住まいで、福岡市内の斜面地に建つ。斜面地を利用し、半地下がつくられている。広間には海と、庭の楠が見えるピクチャーウィンドウがある。住まい手は北欧の家具を長年にわたり集めており、父から受け継いだという器や花器を大切に使ってきた。半地下の部屋にも北欧コレクションの数々が置かれており、住まい手の「もの」と「建築」が一体となった空間がつくられている。

と、人が美しく見える、自然が美しく見える。そんなことをとても重視していたように思います。おそらくそんな寸法を無意識のうちに使われているんじゃないかなと思うんです。

白井さんの初期の頃の住宅も、素材的には非常に貧しいものを使っているのに美しく感じるのは、寸法が関係していると思うんですね。あそこへいくと人の存在や営為や所作がとても美しく感じます。つまり品格を感じるのです。

**柿沼**　今言われた品格というのは最後の決め手ですね。あらゆることで、それが薄まるか欠けているかが現代かなと思います。

**堀部**　品格は気分じゃないですよね。

**柿沼**　中からにじみ出てこないといけないものでしょうね。寸法ということで言えば、京都に知り合いの骨董屋の親父がいるんですけども、その人が骨董品は陶器でもなんでも、「決め手はやっぱり寸法と違いまっか」と言うのです。プロポーションやフォルムの原点となる寸法やバランスはどこか狂うと、おかしな状況になるというか崩れてくるんじゃないでしょうか。理想はそれ自体が体に染み込んでいないといけない、それが結局は普遍性につながっていくんだろうと思うんですね。

**堀部**　拝見した「光圓寺」と小さな木造の住宅「香住ヶ丘の舎」は規模も敷地の環境もプログラムも全然違うのですが、やはり寸法に対する追求の深度をすごく感じました。とくにお寺の、空間に入った瞬間のあのスケール感はなかなか味わったことがありませんでした。あのスケールというのかプロポーションがあるから、何か自然と襟をただしたくなる感じがありますね。ああいう場所は本当に貴重だなと思います。書院の座敷からの庭の眺めと光も印象的でしたね。自然との関係とか、人間の営為というのは尊いものだということを、光と空間が教えてくれるような感じがしました。

**柿沼**　なんだか決まりが悪いですね。その時にはそれなりにやったつもりなんですけども、20年振りに訪ねると、自分の建築ではないような……。

**堀部**　結構執着がないんですね(笑)。住宅のほうは、半地階の部屋がとくに素敵でした。上は当然素晴らしいんですけども、自分のなかでは予定調和的素晴らしさという感じがしました。下の階が柿沼建築のベースをつくっているような気がしました。あの住まい手の方のリベラルな空間というんでしょうか。住まい手の方が集められた北欧の家具がたくさん置いてあって、自由であり寛容な空間というのか……。柿沼さんがつくった寸法あってこそだと思うんですが、それがその住まい手の営為によって生き生きとしていて、設計者と住まい手の幸福な化学反応が伝わりました。柿沼さんの本意ではないかもしれませんけども。

**柿沼**　不本意ということはないんですけども、最初は物置だったところを、住み手がいろいろと手を加えたところですから、そういう感想をいただくのは意外ですね。

## ――素人の建築家

**堀部**　白井さんは、出来てみて自分の思いとは違うというようなことはあったんでしょうか。

**柿沼**　クライアントによっては思ってもみない使われ方をして、二度と足を向けないということもあったようです。「親和銀行本店」は足かけ10年に及びますから信頼関係もあって、机が少しでも曲がっていると頭取が来て、庶務課の人に糸を張らせて直させるんですよ。しかも机の上に電話機以外のものを置いていたら頭取が全部捨てちゃったりして(笑)。気持ちがいいくらいでしたね。

**堀部**　僕の場合は、理想と現実が離れてしまうのがすごく嫌で、自分の理想を多少曲げても、住まいの方の環境の現実に合わせていっているような気がします。ですから、白井さんの薫陶を受けて、自分の理想、軸足を絶対変えないというやり方を続けられてきていて、自分の信念の美意識で突っ走る。柿沼さんはそういうことをやってこられているラストアーキテクトという感じがするんですけれども。

**柿沼**　いやあ、どうでしょうか……。ただ、便利大工にはなるなということは叩き込まれましたね。実際そんなにうまくはいきませんが。

でも、この3年半、「亀の井別荘」の改修の仕事をしてきて、意外と面白いのが、クライアントは建築については素人なんですけども、使い勝手の要望ということではなくて、こんなことはどうか、あんなことはどうかと提案されるんですね。今までですと本当に自分の殻の中で処理していることがほとんどだったんですけれども、いざやってみるとよっぽどその方が柔軟性を感じるというのか。白井の薫陶を受けて、亡き後は自分でと言っても、いかに固定観念に縛られてきてしまったかということに初めて気がつかされたというのはありますね。だから自分でやれることなんてたかがしれていて、いろんなことを自由に意見交換できるような土壌が成立していないところで仕事をしてきてしまったという反省もありました。白井自身は、突き詰めていうと〝素人の建築家〟という感じがするんですよ。しかしそこには何か発想の自由が潜んでいるような気がして仕方ないんですよね。

**堀部**　ド素人と、一周回ったド玄人は本当に隣合わせですよね。ド素人とド玄人は紙一重です。僕はそれは柿沼さんにも感じます。

**柿沼**　そういうことを自覚したのが、ようやく70歳を超えてからですからね。本当にここ2、3年のことですよ。

**堀部**　先日、松隈洋さんのルイス・カーンの初期の頃から晩年までについてのレクチャーを聞く機会がありました。もともとカーンが大好きだったのですが、久しぶりにそのレクチャーでカーンにもう一度向き合ったら、ちょっとがっかりしたことがあって。自分自身の考え方が変わったからなのか時代や環境が変わったからなのかちょっと整理はついていないんですが、カーンは理想と現実の間を埋められなかった人だなと感じてしまったんですね。カルトっぽいといいますか。初期の頃はカーンの理想と熱狂が強すぎる感じがします。

**柿沼**　一方で晩年の「キンベル美術館」は別格ですよね。

**堀部**　まさにそうなんです。そう考えると「キンベル」に至ったカーンはすごいなと。あれだけカルト的なことをやってきて（笑）、あそこまでリベラルで冷静で、透明感のある建築を晩年生み出したのはすごいですね。

**柿沼**　「キンベル」は品格がありますね。かつて米国在住の友人と一緒に訪ねたときに、彼は、これは現代の正倉院だと言っていました。

## 普遍的な美を求める姿勢

**堀部**　先ほど「よろん」と「せろん」の話をしましたが、それに共通することで、「一般」と一括りにしても二つあるそうです。一つは「大衆」。もう一つは「庶民」。その二つはぜんぜん違う。庶民というのは伝統や慣習、良識、歴史に基づいて暮らしをしている。つまり根がある人たちです。一方で大衆というのは、さっきの気分に左右されているだけで根がない。その時その時に都合よく気分で動いている。その二つがあるということをちゃんと区別しなければいけなくて、建築は、庶民のためになければいけないと僕は思ったんですが、やっぱり白井さんも、初期の頃は庶民のための建築だなと感じます。

**柿沼**　川添登さんはそれを民衆と言っておられましたね。

**堀部**　そうでしたね。「民《たみ》」から生まれてくる、そしてそれに対する眼差しで生まれてくる建築というのはやっぱりいいですね。真剣味があって、根があって。そして普遍性があるなと思います。

**柿沼**　真剣さが普遍性をよぶのではないでしょうかね。今はいつまでも残ってほしい建築に出会うことが少ないですね。建築家だろうが素人だろうが、ちゃんと残る普遍性のあるものだったら大いにいいことだと思うんですけども。それは建築だけではなくて、看板であろうが車であろうが鉄道車両であろうが街並みであろうが、目に入るあらゆる創造物において言えるように思います。

**堀部**　僕は、白井さんのところに初期に見られたような良心というのか、造形に対する厳しさみたいなところや美を追求する姿勢を評価するような人が少なかったのかなと思うんです。とくに現代になってからはそういう気がして。等身大の白井さんの魅力が評価されていないし伝わっていないように思うんです。美を求める気持ちにそんなに種類はないと思うんですが、白井さんは晩年に向かうにつれ、何か美への種類をたくさんつくっていってしまったような気がします。

**柿沼**　そうですねえ。何か歪曲したというのか、ひずみは否めませんね。言い訳みたいですけども、生前になぜいろんなことを聞いておかなかったのかと思いますね。存命中はついつい目の前の仕事のことに終始してしまっていましたから。でも虫の知らせと言いますか、亡くなったのが1983年の11月22日なんですけれども、その2、3カ月前でしょうか、やたらに自分の生い立ちを話されて。「雲伴居」の工事のための京都の仮住まいのマンションで、白井がときどき料理をつくってくれましてね。白井は料理するのが好きだったんですよ。そのときに両親や先祖の話をしたのですが、思い返せばそれが虫の知らせだったのかなと。

**堀部**　自分も経験がありますが、身近な人が亡くなるというのは、死者との新しい出会いが始まると思った方がいいんじゃないかと思うようになったんです。生前というのは言葉のやりとりで関係がつくられていますけど、亡くなった人とは言葉を超えた関係になりますよね。そういう関係が新しい出会いだと思います。人生はリレーですね。そういう風に考えると、人の死をもう少し身近に捉えられるというか。

**柿沼**　白井を失った時はわけが分からなかったんですけれど、だんだん時を追っていきますと、体に染み込んでくるような感覚がありますね。

**堀部**　虚無感とか喪失感を超えて、そのあとの新しい関係がつくれているとも言えますよね。白井さんの死が、新たな出会いでもあるように捉えられます。

**柿沼**　失ってみて否応無しにその大きさに気づかされます。

**堀部**　再帰的に感じることができるのは人間の素晴らしい特性だと思います。建築というのはひと一人の寿命を超えた存在ですよね。本来はそうあるべきだし、あの世とこの世の間にあるというか、境目に存在しているというか。僕はそういう建築のあり方を見つめたいと思っているんです。人、自然、伝統、歴史を再帰的に考え続け、そして品格ある形を残したい。建築っていうのは概念ではつくれないですよね。言葉を超えなきゃいけないですよね。どうしようもない実体ですからね。

**柿沼**　もう、堀部さんに託しましょう。最後はやっぱり普遍性に基づいた品格だと思いますね。そこから滲み出る。

かきぬま・しゅり
ほりべ・やすし
文責＝編集部

（於：銀座清月堂新宿店、2018年12月11日）

# 籬楓隻語《りふうせきご》

## 一　樗《おうち》の花のころ

国東《くにさき》半島、大分県豊後高田市の山あいに在る富貴寺は私の尤《もっと》も好む建築の一つである。奈良時代、半島一帯には修験者による山岳信仰に端を発する多くの寺院軍が建てられ、「六郷満山」と呼ばれて殷賑《いんしん》を極めたと伝えられる。然しいま、往時を偲ぶ縁《よすが》はない。唯一、富貴寺が想像の糸口を与えてくれる。

小高い山懐に抱かれ、榧《かや》、銀杏などの大樹の背後に端然と佇むこの阿弥陀堂は、訪うたびに私のこころを捉えて離すことがない。殊に五月中旬には、御堂に至る道すがら、樗の薄紫の花が盛りで仄かなる香を漂わせてくれる。

どむみりとあふちや雨の花曇　芭蕉

楼門をくぐって石段を上りつめると、えも謂われぬ美しい姿の堂が現れる。それは妙妙たるプロポーションで、方形の甍屋根（行基葺き*）が、桔木に拠って深々とした軒の張り出しとともにこの堂を特徴づけている。間口三間、奥行き四間、それぞれの面の開口部は正面に三間、背面は中央に一間、側面には前寄り各二間に大振りの端喰戸が設けられ、他は全て板壁である。

内部に目を転じれば壁及び長押、その上の小壁、内陣の来迎壁、そして円柱には悉《ことごと》く繪画が荘厳されていることに気づく。永き時の経過から往時の色彩は胡粉とともに剥落し、雨露に曝されて木理を顕にしている。というよりも時代の垢に埋もれかけているようにさえ見えるそれらは却って風情を感じさせ、風化による板の凹凸が美しき繪画としての輪郭を際立たせている。堂の壁の一隅は護摩《ごま》を焚いた跡であろうか、壁の一部が油煙にくすんでいる。

音声菩薩*群を描いたと思しき薄墨の慥《たし》かさからは時を超えて建立に携わった繪師たちの品格を感じる。番匠*もまた然り、舟肘木や方柱の大面取り、二軒繁棰*の断面などに見られる端正なディテールに当時の技術の高さが窺われる。

閑けさに包まれた御堂の周りには、この地方特有の多くの石仏、石塔の類が分厚い苔に覆われて点在する。見るからに朝鮮の影響を色濃く受けたそれら石像群は、この御堂とよき調和を醸し出している。

時を忘れてこの御堂の前に立ち尽くすなか、創建当初の姿をいまにとどめるこの藤原建築は、「滅びゆくものの美しさ」などとは異なり、普遍性のある現代の崇高なる芸術品に憶えてくる。嘗て番匠も仏師も繪師も里人も挙《こぞ》って此の御堂に詣でたであろうときから千年の風雪に耐え、戦国の世には近郊宇佐市にある龍岩寺奥院礼堂*と共に宗麟*の業火をも免れた幸運は将に奇跡と謂えよう。

見飽きることのない御堂を振り返りつつ、視界から排除したかったものが思い起こされて、私は忸怩《じくじ》たる想いに至った。あろうことか内陣前面に並べられた土産紛いの守り札、楼門前の何とも不釣り合いな拝観受付小屋、プラスティック製花鉢、そして参道脇の自動販売機などを即刻取り除き、○○巡りなどと称する安易な観光名所の経路から除外して貰いたい。

籬楓隻語【りふうせきご】

籬はまがきの意味で、竹や紫などで粗く編んだ垣根のこと。山楓を好み、楓の枝で編んだ垣根を思い描いて「籬楓居」として自らの落款にも使っている。隻語とはちょっとした短い言葉のこと。

富貴寺阿弥陀堂（大堂）。桁行三間、梁間四間の小さな堂である。撮影は筆者。



行基葺き【ぎょうきぶき】

本瓦葺きの一つ。末広がりになった丸瓦を下から上へと重ねながら葺き上げていく。行基は奈良時代の僧の名。富貴寺は戦後の修理により、本来のこの葺き方に改められた。

音声菩薩【おんじょうぼさつ】

楽器を奏でる菩薩。

番匠【ばんしょう】

大工の前身の名称。中世木造建築に携わった建築職人。

二軒繁榧【ふたのきしげたるき】

榧は垂木のこと。二軒は上下二段、繁は間隔が狭いこと。

龍岩寺奥院礼堂【りゅうがんじおくいんらいどう】

大分県宇佐市に建つ鎌倉時代の木造建築。岩の崖に張り付くような懸造で建てられている。

大友宗麟【おおともそうりん】

戦国～安土桃山時代の武将。一時は大きな勢力を誇った。

# 籬楓隻語《りふうせきご》

## 二　文字雑感

現代と雖《いえど》も所謂筆文字を見る機会は尠《すく》なくない。新興の住宅地抔を歩くと、各家の表札に何とも奇妙な筆書きの字体が多いことに気づく。現代の趨勢と言えばそれまでだが、世辞にも美的とは言えない。

また、気になるのはバスの行き先表示など、交通機関や公共の場をはじめ、随所に見られる丸ゴシックの氾濫である。プラスティック板などにドリルで文字を掘り削る作業から端を発したと思われるこの書体は実に多く使われている。欧米では以前から公的書体としてヘルベチカが標準とされていることを思えば何とも幼稚に見えてならない。

活版印刷の泰斗《たいと》、高岡重蔵*氏は九十四歳の現在も仕事場に通われる。氏が一九七〇年代に刷られた習作集が一昨年（二〇一三年）上梓されている。その前口上はこうある。

「僕は作家じゃあない。ごく当たり前のレタープリンターだ。僕の師匠のアマチュアプリンター、井上嘉瑞《よしみつ》の思想がそれだったわけよ、急ぎじゃ困る、銭のことは言うな、っていう、そういうことを徹底して仕込まれた。そのかわり、タイポグラフィー至上主義だった。文字というものは読むためにある。記録するためにある。だから読みよくなければならない。これがタイポグラフィーの原則だと教わった。それが実現されているかどうか、これから皆さんの目で確かめてみてほしい。」

この言葉からは、永年に亘り活版印刷一筋に仕事を続けてこられた自負と矜持が窺われる。

近年は再び活版印刷が見直される傾向にあるという話を聞くが、ごく限られた範囲でのことであろう。身近なものでは名刺にその例を見るが、活字が紙面に押される微妙な圧力からなる風合いは活版ならではである。英国やイタリアでもこの傾向が報じられる時、それぞれ携わる人の拘りを具に見て取ることができる。

活字を離れて唐の時代に遡れば、顔真卿*、欧陽詢*、虞世南*など個性ある書家の名が並ぶ。

『書』に正統や異端があるとは思わないが、『字』を超えて『書』はない。悠久な歴史の中で彫琢され、その骨格・肉付けを完成してきた過程を信頼する私たちは、絵画と判別不可能なカリグラフや恣意なる創作墨象と言うような新語の感覚を持って『書』にたいすることはない。」と白井晟一は述べている。顔真卿は固より空海、橘逸勢*そして米芾*などを好んだ師は日に五〇〇枚の習書を自らに課していた。

師の謦咳《けいがい》に接した十六年間、在宅の際は真夜中を習書に当てておられた。一九七三年から五年にかけての懐霄館の現場では、宿に書の道具を持ち込み、施工会社や施主側の要人らの求めに応じて盛んに表札を書いておられた。

こうして顔魯公を彷彿とさせる師特有の書に慣れ親しんできた私は、「書」というものはデッサンにごく近いものと捉えている。その文字の持つ「フォルム」が墨跡とともに一つの建築のようにも見えて、唐の時代のものでさえ、今も新鮮なすがたのままで息づいている。

新聞紙上や展観で書道組織や墨跡作家などという人々の作品を見るにつけ、何とも釈然としない不自然な印象をもつのである。繰り返しとなるが、「字」をはなれて「書」はないと述べた師の言葉が再び茲《ここ》に蘇る。

**高岡重蔵【たかおかじゅうぞう】**
一九二一（大正十）年東京神田に生まれる。戦前のアマチュアプリンター井上嘉瑞に弟子入り。のちに井上が立ち上げた嘉瑞工房を引き継ぐ。欧文タイポグラフィに関する著作を多数残し、教育者でもあった。二〇一七年九十六歳で没。

**顔真卿【がんしんけい】**
中国唐代の政治家、書家。

**欧陽詢【おうようじゅん】**
唐代の儒家、書家。

**虞世南【ぐせいなん】**
中国唐代の政治家、書家。

**橘逸勢【たちばなのはやなり】**
平安時代初期の書家、貴族。

**米芾【べいふつ】**
中国北宋の書家、画家。

白井晟一の「真空」。筆者が本人より譲られたもの。撮影は筆者。

## 三　カイ先生



私の敬愛するカイ・フランク*先生は『フィンランド・デザイン界の良心』と言われて久しい。

氏の作品はひと目でそれと判るほど個性的で美しい。器のもつフォルムが氏特有のものであるからに他ならない。軽快でシンプルな線の流れは品を備え、かつあたたかみがあり「かたち」としての普遍性をもつ。一九四八年に誕生したキルタ・シリーズは現在もティーマとして販売されていて、ロングセラーを続ける。

三十年前の十二月、ヘルシンキ工芸大学で氏の薫陶を受けた友人、林《りん》王《の》健治さんに伴われて、先生のご自宅を訪う機会を得た。閑静な住宅街に立つ木造二階建の家は、下見板がライトグレーに塗られていた。上階にはお姉さんが住み、先生は独り一階に住んでおられた。テーブルには先生の手になるカナッペが並び、白いチューリップの隣に置かれた鉢の青いリンゴが忘れられない。隣室の製図板にはT定規と勾配定規に、描きかけの図面が見えた。かなりの年数が経ったその家は、手入れの行き届いた清潔な空間で、程よい照明が静かな落ち着きを醸し出していた。暫く仕事場で氏の趣味である日本の蛸壺や古地図を話題に歓談した。

氏は、戦後十年ほどを経た頃の日本を訪れていた。京都をはじめとする名所へ案内しようとする役人たちに対し、田舎の庶民がどんなふうに生きているかを見たいと言って予定を変更した。合掌村の田畑で働いていた農婦たちのもんぺや手ぬぐい、瀬戸内海の漁村で見た蛸壺などに非常に感銘を受けたという。ふだんの庭仕事の折りにも、帽子代わりや汗をふいたりするのに手ぬぐいを愛用していた。「単純で多機能」であることは、氏のモットーでもあった。友人には、「茶室に帰れ、無を求めなさい」と教えたそうだ。

蛸壺に関しては後日談がある。日本から訪れる客にあらかじめ、何かほしいものはないかと聞かれた氏は、「古い蛸壺」と答えたという。客は氏の望み通り、貝などがびっしりついたままの蛸壺を手荷物で持参した。潮のにおいがする、麻縄がかけられた蛸壺を目にした氏はたいそう喜び、大声で「うれしい、これがほしかったんだ、この形、スペインとは違うだろう？」と友人に話しかけたそうだ。

肩書きを気にせず、崇拝されるのを嫌い、学生からも「カイさん」「カイおじさん」と呼ばれていた。生涯、ヌータヤルヴィのガラス製造者たちと同じフランネルシャツとコールテンのズボンを愛用し、「自分は上から押しつける役ではなく、彼らと一緒に作業して品をつくるのだ」と言っていた。

邸を辞して電停へ向かう道すがら、家々の窓には、控えめで感じの良いクリスマスの飾りが、行き交う人々の目を楽しませていた。

その後も幾度となく北欧を訪れた。先日の旅では、ヘルシンキから刃物工場の跡地に多くのアトリエが点在するフィスカルスへ向かう列車が印象に残った。シートの材質や色調が室内空間と相俟って心地よく、車両中央部にはガラスで囲われたコートハンガーやスーツケース置き場があった。

日本ではどうだろう。各地の新幹線など、内外観とも美しいかたちとは程遠い形相をなしていて、殊に鴨嘴《かものはし》然とした先頭車両は何ともグロテスクである。地方の特殊列車なども集客という話題以外のものはなく、人口に膾炙《かいしゃ》したものほどデザインの本質から乖離していると謂える。このようなものが氾濫すれば、子どもたちへの教育上も好ましくないことは申すまでもない。

カイ・フランク

一九一一年、ヴィボルグ（現ロシア領）生まれ。アラビア社とヌータヤルヴィ社（現イッタラグループ）に芸術部長および作家として長らく勤め、同時に工芸専門学校（後のヘルシンキ工芸大学）の総合芸術教授長となる。「フィンランドのデザインの自覚」を唱え、機能性と調和があるシンプルな日用品を追求した。日本への再訪を計画していた一九八九年、避暑で出かけたギリシャで逝去。生涯、独身であった。

筆者がふだん愛用しているカイ・フランクデザインの器。
上二つの磁器はアラビア社のプロトタイプ。
ガラス器はヌータヤルヴィ社のもの。撮影は筆者。

馬上少年過
世平白髪多
残躯天所恕
不樂如何之

—

寛永六（一六二九）年二月、伊達政宗が退隠に際して群臣に示した述懐である。馬を駆った若き日は遠く、太平の世、自分の髪の毛もすっかり白くなった、天も許してくれるだろうから余生を楽しもう、といった意味であろう。

政宗は数々の寺社を造営しているが、そのひとつ、宮城県松島海岸に面する「松島青龍山瑞巌円福禅寺（瑞巌寺）」は、一六〇九年の本堂（国宝）の建立以来、初めての大規模解体修理が数年前より行われ、この四月（二〇一六年）から公開される。用材を紀州熊野の山中から伐り出し、筏に組んで海上を運ぶという、心血を注いだ事業であったと伝えられる。

瑞巌寺より五年ほど前、政宗は大崎八幡宮（宮城県仙台市）にも着手し、三年後には遷座祭が行われている。この本殿前に「長床」と呼ばれる建物がある。割拝殿*という形式のそれは、華麗なる国宝の本殿とは対照的な趣の、白木の簡素なつくりである。

籬楓隻語《りふうせきご》

## 四　長床

長床として夙《つと》に知られているのは、福島県喜多方市郊外にある新宮熊野神社の拝殿である。四十数年前、郡山に住む友人の案内で喜多方へ赴き、初めてこの長床を訪った際の衝撃を今も判然と思い出すことができる。私は無人に近い堂内で二時間余を過ごした。長大な建物の規模と整然と並ぶ野太い四十四本の列柱がこの長床の特徴である。一尺五寸の円柱は一〇尺等間隔で五列に並び、各柱の上には、平三斗*の組物、中備*には間斗束*が配されている。廂に化粧棰が用いられ、身舎*の天井は格天井で、大きな上長押と下長押が見られる。創建当時は建具が備えられていたと思われるが、いつの時代かに取り払われて今はない。そのために四方が吹き抜けて隈なく見渡され、一切の装飾を排した空間は、簡素ななかにも新鮮で荘厳な趣であった。

「長床」とは本来、長い板敷きの床の一部に畳が敷かれた空間を指すという。嘗ては参拝者らの宿泊などにも用いられたとされる。新宮熊野神社の造営は、前述の瑞巌寺などの建立に遡ること約五百年、一〇八五年に始まったと伝えられている。神社全盛の折には三百余宇の衆徒、百余人の神職を常在させて、東北における熊野の威勢を全国に知らしめたといわれる。このころの造営として知られるものは大分県国東半島・富貴寺大堂（一一四七年ごろ）、岩手県平泉・中尊寺金色堂（一一六〇年ごろ）、福島県いわき市・白水阿弥陀堂（一一二四年ごろ）があるが、何れも昨今の建築とは比ぶべくもない普遍性を有している。

慶長一六（一六一一）年の地震によって、本殿以外の建物は長床を含めてすべて倒壊したが、蒲生忠郷《がもうただ さと》が三年後に古材を用いてひと回り小さく再建している。このことによって国宝の指定から除外されたと聞くが、事実とするならば滑稽極まりない。

この度、久々に再訪した。隣接する宝物館の不釣り合いな新建築、そして無闇に置かれたライトアップの機材など、ここには相応しくないと感じたが、建物そのものは当初の印象と少しも変わることはなかった。時節柄、正面の銀杏が黄葉の時期を迎え、穏やかな秋日和の晝《ひる》下がり、心地よい風が吹き渡る床に腰を下ろしていると、いつしか創建当時の堂内にいる錯覚に捉われた。

福島県喜多方市にある新宮熊野神社長床。撮影は筆者。

割拝殿【わりはいでん】
中央に通路を設け、通り抜けられるようになった拝殿。

平三斗【ひらみつど】
組物の形式のひとつ。三個の巻斗が並ぶ。

中備【なかぞなえ】
横架材や軒桁を支える、意匠を兼ねた構造材。

間斗束【けんとづか】
軒桁を支える斗栱と斗栱との間にある束で、上に斗が載る。

身舎【もや】
建物の中心部分。

〽冬の夜に風が吹く　知らせの半鐘がじゃんと鳴りゃ
これさ女房草鞋《わらじ》出せ　刺子襦袢に火事頭巾

―

と続く大津絵*「江戸の四季・冬の夜」は、火消しの亭主を現場に送り出す身重の女房の、夫を思う心を謳った俗曲である。彼の小泉信三*が殊に好んだもので、年に一度小泉の席に呼ばれて謡う志ん生によれば（この大津絵節を謡うのは年に一度かぎりであったそうだ）、小泉は初めからハンカチを持って臨み、必ず同じ箇所で涕涙《ているい》したという。私はここに「志ん生落語」の原点が見えるように思う。

五代目古今亭志ん生、本名美濃部孝蔵。明治二十三年神田に生まれる。世に出るまでに芸名を十六回変えている。文楽、可楽、金馬、三木助など、昭和の名人が織りなす落語の全盛期にあって、どこまでも我が道を歩んだ。

いい加減さが災いして師匠をしくじったことは一度や二度ではない。高座での居眠りも然り。しかし長く続いた極貧生活は、噺家として大成する上で大いに益があった。藝に関する不断の努力は際立ったもので、晩年病に斃《たお》れた際にも、台本《ほん》を決して離すことがなかった。

嘗ては都内に二百軒を超える数の寄席があったといわれる。五、六十人が入れる程度の規模のものが多く、録音に都電や車の音が聞こえるものも少なくない。そして聴衆の笑い声に子供の多いことに驚く。

わたしは「あくび指南」「付き馬」「天狗裁き」「稽古屋」「芝浜」「らくだ」「妾馬《めかうま》」「宮戸川」「唐茄子屋政談」などが好きで繰り返し聴くが、今の噺家を聴くことは先づない。それは同じ噺を聞けばとても比較のできるものではないからである。今人気があると言われる人ほどその「差」が明らかである。

―

なんとか、そこをやりくって、押しつけちゃおうってことばかり考えてる。だから落語を上手くやろう、上手くきかせようって気は、あんまりないんです。出たとこ勝負なんです。

（中略）極端ないい方すれば、お客さん喜ばせることも、そうだけど、あたしは自分の好きで落語やってるってことのほうが多いですね。

客なんか一人でも、いや一人もいなくても、あたしははなしますね。好きなんだもの。（志ん生談）**

―

噺家はどこまでも噺の中の人物になりきること。それは着ている紋付が消えて見えることを指す。とにかく噺に客を引っ張り込まなければならない。噺を活躍させなければならない。即ち噺に生命を吹き込むのである。

志ん生の真骨頂は「即興」にある。身体に染み込んで血肉化した噺を吐露することは和紙の上の筆の遊びと似ていて、その一瞬が全てである。当代一といわれた桂文楽に比ぶべくもなく、所謂人間を語り尽くす。くすぐりなどもその場その場の状況に合わせて語るので、瞬時の言葉が実に生き生きとする。誰が言ったのか定かでないが、サゲを先に喋ってしまって後から始末をつけたなど、天衣無縫、豪放磊落《ごうほうらいらく》を地で行った志ん生ならではである。

　笑いのなかにも「あわれ」の情念がながれる志ん生の一生を振り返ると、当時もいまも「人気」などという通俗に基づく現象はどこまでも当てにならないものである。白井晟一は「横綱と将棋指しは二代続かず」と言っていたが、志ん生の藝もまた、そのことを実証している。

大津絵【おおつえ】

江戸時代、滋賀県の大津でみやげものとして庶民に人気があった絵。ここでは、それを題材にして三味線を伴奏に歌われた、短い俗曲を指す（大津絵節ともいわれる）。幕末から明治にかけて流行し、その後も落語の余芸や宴席の座興として歌われた。志ん生はこういった俗曲も得意としていた。

小泉信三【こいずみしんぞう】

一八八八（明治二十一）年～一九七一（昭和四十六）年。落語家。戦後の名人のひとりと言われ、志ん生とは対照的に完璧主義で知られ、ひとつの出し物を何度話しても二十秒と違わなかったという。晩年は新作落語に傾倒したが、その点も志ん生とは異なっている。

＊＊出典：
「こうなりゃ九十まで生きる」
『KAWADE夢ムック 文藝別冊［総集編］古今亭志ん生」（河出書房新社、二〇〇六年）より。初出は『文藝春秋』一九七一年一月号。

「江戸の華」より「近火破眠之図」広重　江戸後期
近所に火事がおこり、あわてふためく庶民を描いている。
大津絵節に謡われたのは、こんな時代だっただろうか。　国立国会図書館蔵。

# 籬楓隻語《りふうせきご》

## 最終回

# 白井晟一記念美術館

開通まもない新幹線の長崎駅に降り立ち、市電に沿って出島方面へ暫く歩くと、五島町の停留所に至る。

その東側に旧親和銀行大波止支店の建物が端然と佇む姿が目に入る。久方振りに我が師、白井晟一*に会いに訪れた私は、記念美術館に生まれ変わったこの建物を、ある種の感慨を持って眺めた。思えばこの建物を初めて訪ったのは一九六六年の晩秋、小雪まじりの寒い黄昏どきであった。時の支店長、前田三郎氏に案内されて、館内を巡る中にたちまち白井晟一の建築空間に魅せられたことが、ついこの間のことのように思い浮かぶ。

漁業に携わる顧客の多いこの港町で、銀行の営業室に絨毯を用いたのはこの支店が全国で初めてと書かれてあったのは何の雑誌であっただろう。営業室の顧客用椅子はそのすべてがポール・ケアホルムのもので、一・二階の応接室にはアルネ・ヤコブセンのスワンチェアとソファーが置かれていた。

一九六三年の竣工当時には、我が国にはまだブロンズペーン硝子が普及しておらず、正面に位置するアーチ型の窓硝子をベルギーから輸入している。

緩やかに湾曲した花崗岩の外壁は其のまま浅池に没している。僅かに漣《さざなみ》のたつその水面を左手に眺めながら入口の大扉を押し開けると、銀行の営業室とは思えない静謐な空間につつまれる。

この記念美術館の実現が、親和銀行の全面的な協力に拠ったことは申すまでもない。館内開館に際して、竣工当時の姿に忠実に戻す作業が行われたことも特筆に値する。館内をひととおり巡って、一階奥に位置する一段高くなった元応接室の椅子に身を沈め、関連の書籍や絵はがき、幾冊かの装幀本などに目を通し、先達の手になる一幅の絵と見紛う鉛筆の精細な設計図面を眺めたのち、いま一度、二階の書が展示された部屋に戻る。

師の用いていた文房四宝が書と共に並んでいるその何れもが懐かしく、師の墨跡と書道具類に囲まれていると、いつしかアトリエ在籍中のさまざまな出来ごとが蘇る。わたしは無意識のうちに師の俤《おもかげ》を追っていた。その仕草から咳払い、「富士」という日々愛飲されていた煙草の香りまで仄かに漂ってくるかのような錯覚に捉われる。同時に「時の流れ」の疾《と》さを改めて憶う。

―

ただ過ぎに過ぐるもの　帆を上げたる舟。人の齢。春、夏、秋、冬。

清少納言

―

学業を終えようとする半年ほど前に、白井晟一という建築家を偶然に、それも男性用衣服誌上で識《し》り、就職を前に進路を考え直す端緒となったその出会いは、私の人生のすべてを変えることとなる。入所を希って門戸を叩き続けて二年余、ようやく出入りを許されて、謦咳に接すること十六年、錦秋の嵐山において突然、師の遠逝に遭う。爾《じ》来《らい》、四十年余の歳月が流れ去っている。

白井晟一はこの大波止支店を五十七歳で設計している。わが齢を思うと既に二十年もの馬齢を重ねてしまった。師亡きあとのわが歩みを顧みれば、洵《まこと》に慚入《はじい》るばかりである。菲才《ひさい》を嘆じて済むことでないことを承知しながらも、楽郊《らっこう》に帰して、師の鉗鎚《けんつい》を受けることを思った途端に、夢から覚めた。

白井晟一

一九〇五年京都生まれ。京都高等工芸学校卒業後渡独、ハイデルベルグ及びフンボルト大学で学ぶ。第二次大戦後、中央公論社主・嶋中雄作邸、別荘などの作品を皮切りに建築家として活動。秋の宮村役場、松井田町役場、浅草善照寺に対して高村光太郎賞、親和銀行本店に対して建築年鑑賞、建築学会賞、毎日芸術賞。一九八〇年に芸術院賞を受賞。他に呉羽の舎、虚白庵（自邸）、原爆堂計画などがある。親和銀行は、北村頭取から本店の設計を依頼され一九六三年に竣工した。その前に、いずれも一九六三年に大波止支店と東京支店が竣工した。一九八三年没。書、装幀なども手がけた。

親和銀行大波止支店、営業室内観。1963年竣工当時。梁天井から下がるコード・ペンダントと左手前のマーベロン製カウンターは白井晟一のデザイン。ラウンジチェアとベンチはポール・ケアホルムのデザイン。内壁には珪藻土を主材とした特殊な仕上げを施しているが、この建物以外には一切用いていない。鉄筋コンクリート造で当初は2階建だったが、後に増築。たびたび改修もなされ、現在も使われている。
写真：© 村井修

# あとがき

一九六六の早春、敬慕する師の門戸を叩き、
どうにか出入りを許されたのは二年のちのことでした。
その後謦咳に接すること十六年。
錦秋の嵐山にて突如師の急逝に遭い、
爾来覚束ない足取りが續きます。
それから四十年程の間、どうにか糊口を凌いでまいりました。
気づけば師の三十三回忌から、既に十年、
五年前には師の行年に至っておりました。
こうして拙作の羅列をみるにつけ、
永きに亘って師の薫陶を受ける縁《よすが》にめぐまれながらも
仕事は萬分の壱にも満たず、何一つ体得できていなかったと、
自省の念にかられる次第でございます。
改めて、常に創作の自由を支えて戴きました依頼主、
技術と熱誠で答えてくれた職人衆、
加えて全ての現場に於いて指導を賜りました鶴留元氏に
感謝申し上げる次第です。

人生実難
死如之何
嗚呼哀哉

陶子

———南が丘自邸

1……用途
2……竣工年
3……構造体
4……所在地(現在の状態)
5……掲載
*……本作品集にて掲載

***井上邸**

1 住宅
2 2003年3月
3 木造＋RC造
4 福岡県糸島郡
5『コンフォルト』
2005年6月号
『住宅特集』2006年8月号
『住宅建築』2019年4月号

**秦野本町の舎**

1 住宅
2 2004年8月
3 木造2階建

***Layton House**

1 住宅
2 2004年
3 木造＋RC造
4 アメリカユタ州
5『住宅建築』2019年4月号

**博多　老人居(椎木)**

1 住宅
2 2005年5月
3 RC+木造平屋建
4 福岡県福岡市

**鶯の家**

1 住宅
2 2005年11月
3 木造2階建
4 神奈川県秦野市
5『コンフォルト』
2006年6月号

**糸島K別荘**

1 住宅
2 2005年
3 木造2階建
4 福岡県糸島市

***糸島・月見草の家**

1 住宅
2 2007年10月
3 木造平屋建
4 福岡県糸島市
5『コンフォルト』
2008年4月号

***山櫻の家**

1 住宅
2 2008年8月
3 RC造3階建
4 福岡県
5『コンフォルト』
2009年10月号

**Bar Ugle**

1 店舗
2 2009年
3 内装
4 福岡県福岡市
(店舗利用可)
5『商店建築』
2009年11月号、商店建築社
『コンフォルト』
2014年12月号

**銀座清月堂新宿店**

1 店舗
2 2010年
3 内装
4 東京都新宿区

**高崎の家**

1 住宅
2 2011年4月
3 RC造平屋建

**茶山柳川町**
**(柳川町122計画茶山O邸)**

1 住宅
2 2011年
3 木造平屋建

**川棚H邸**

1 住宅
2 2011年
3 木造平家建

**ZIDC**

1 事務所
2 2012年
3 木造2階建
4 福岡県

**自由が丘M邸**

1 住宅
2 2012年6月
3 木造3階建

***樋井川の宅**

1 住宅
2 2013年3月
3 木造2階建
4 福岡県福岡市
5『コンフォルト』
2014年2月号

***亀の井別荘**

1 旅館
2 2015年6月-2019年8月
3 木造改修
4 大分県湯布院町
(宿泊可)
5『コンフォルト』
2016年4月号、
2018年4月号、
2020年4月号

***北斜面の家**

1 住宅
2 2017年12月
3 RC造地下1階地上2階建
4 福岡県福岡市
5『コンフォルト』
2018年8月号

***浦の浜の舎**

1 住宅
2 2017年
3 木造平屋建
4 福岡県糸島市
5『住宅建築』2019年4月号

**筑前深江の家**

1 住宅
2 2017年
3 福岡県糸島市

**江津邸**

1 住宅
2 年不明

**けやき歯科医院**

1 歯科
2 年不明
3 RC造2階建

**片瀬計画　S邸**

1 住宅
2 年不明
3 木造平屋建

**厨子、家具、生活道具**

5『コンフォルト』
2008年4月号、
2018年2月号

**アート作品**

5『コンフォルト』
2014年2月号

## テキスト

**座談会　石山修武、柿沼守利、中川武 司会:横山正**
**「I/技術から素材へ」特集＝白井晟一**

『建築文化』1985年2月号、彰国社

**対談 松隈洋　「濃密なる純粋　建築家・白井晟一」**

『コンフォルト』2011年8月号

***対談　堀部安嗣**
**「普遍的な美を求めて―白井晟一の建築を再考する」**

『住宅建築』2019年4月号

**講演会レポート**
**「白井晟一から柿沼守利へ―普遍的な建築を目指して」**

『住宅建築』2019年12月号

***籬楓隻語 <第一回>樗の花のころ**

『コンフォルト』2015年8月号

***籬楓隻語 <第二回> 文字雑感**

『コンフォルト』2015年10月号

***籬楓隻語 <第三回> カイ先生**

『コンフォルト』2015年12月号

***籬楓隻語 <第四回> 長床**

『コンフォルト』2016年2月号

***籬楓隻語 <第五回> 五代目 志ん生**

『コンフォルト』2016年4月号

***籬楓隻語 <最終回> 白井晟一記念美術館**

『コンフォルト』2016年6月号

# 作品リスト

## 建築作品・プロダクト・アート

### 大和田　細沼邸
1 住宅
2 1969年9月
3 RC造2階建

### 府中S邸
1 住宅
2 1975年
3 木造2階建
4 東京都府中市

### 砧西の舎
1 住宅
2 1975年
3 RC造2階、一部地階

### 平林邸
1 住宅
2 1975-1976年

### 安積の舎
1 住宅
2 1976年
3 木造平屋建

### 西御門K邸
1 住宅
2 1978年頃

### 泉町S邸離れ
1 住宅
2 1978年頃
3 木造2階建

### 上北沢S邸
1 住宅
2 1978年頃
3 木造2階建

### STサロン　鳥山化粧品店
1 店舗
2 1987年頃
3 改装

### *増山さんの家
1 住宅
2 1980年
3 RC+S造2階建
4 長崎県東彼杵郡川棚町
5『日経アーキテクチュア』
1984年4月9日号、
日経BP社

### *本島町Y邸
1 住宅
2 1982年
3 内装
4 長崎県佐世保市

### *洋々閣
1 旅館
2 1983-2003年
3 木造改修・増築
4 佐賀県唐津市(宿泊可)
5『住宅建築』2019年4月号、
建築資料研究社

### 川棚グランドホテルお多福（響灘、竹翠亭、緑水亭）
1 旅館
2 1985-1986年頃
3 木造
4 山口県下関市(宿泊可)

### 向井邸
1 住宅
2 1985年3月
3 木造平屋建

### 石神町試作住宅
1 住宅
2 1986年
3 木造2階建

### 八女亀甲庵(八女S計画図)
1 店舗
2 1986年
3 木造平屋建
4 福岡県八女市

### 佐世保住宅改修案
1 住宅
2 1981年2月、1987年1月
3 木造2階建
4 長崎県佐世保市

### 清々居(三田川の舎/白羽荘)
1 住宅
2 1987年5月
3 木造平屋建
4 佐賀県

### 山本邸
1 住宅
2 1987年頃

### 池内邸
1 住宅
2 1987年頃

### *輝国I邸
1 住宅
2 1987年9月
3 RC造2階建
4 福岡県福岡市
5『コンフォルト』
2006年6月号、
建築資料研究社

### 片江の舎
1 住宅
2 1989年1月
3 木造平屋建

### 湯布院S計画
1 旅館
2 1989年2月

### *チャイナ・オン・ザ・パーク 忠次舘
1 展示施設
2 1989年
3 SRC造地下1階地上2階建
4 佐賀県有田市(見学可)
5『日経アーキテクチュア』
1990年8月6日号
『ディテール』
1991年1月号、彰国社

### 白金N邸
1 住宅
2 1989年
3 1階RC造、2階木造

### *宗像名残荘
1 住宅
2 1990年
3 木造平屋建
4 福岡県宗像市
5『日経アーキテクチュア』
1991年1月7日号

### 地行K邸
1 住宅
2 1991年
4 福岡県福岡市

### 三田川管理棟
1 管理棟
2 1992年
4 佐賀県

### *銀座清月堂 ビルディング
1 商業ビル
(レストラン、ギャラリー)
2 1992年12月
3 RC造地下2階地上6階建
4 東京都中央区
(レストランは閉店、
ビル自体は現存)
5『日経アーキテクチュア』
1993年1月18日号
『新建築』1993年2月号、
新建築社
※共同設計:安藤建設

### 昌永居
1 住宅
2 1993年
3 一部改修
4 神奈川県秦野市
5『住宅特集』1998年2月号、
新建築社
『JAPAN STYLE』2005年、
チャールズ・イ・タトル

### 泉水夫妻のアトリエ
1 アトリエ
2 1994年
3 木造2階建

### *光圓寺　本堂・庫裏
1 寺
2 1994年
3 RC造4階建
4 福岡県福岡市
5『建築設計資料73寺院建築』
建築資料研究社

### *香住ヶ丘の舎
1 住宅
2 1994年12月
3 木造+一部RC造
4 福岡県福岡市
5『住宅特集』1997年5月号
『コンフォルト』
2006年6月号

### 南が丘自邸
1 マンション改修
2 1995年
3 改装
4 神奈川県秦野市

### *地行T邸
1 住宅
2 1996年5月
3 RC造3階建
4 福岡県福岡市
5『住宅特集』1997年5月号
『コンフォルト』
2006年6月号

### 平和台E邸
1 マンション改修
2 1997年7月
3 改装
4 福岡県福岡市
『日経アーキテクチュア』
1998年6月8日号

### 平和R邸(大手門の家)
1 マンション改修
2 1996年12月、一部2005年
3 改装
4 福岡県福岡市
5『日経アーキテクチュア』
1998年6月8日号
『コンフォルト』
2012年8月号

### 壇の浦 惜櫻山房
1 住宅
2 1999年5月
3 1階RC造+2階木造
4 山口県下関市
5『住宅特集』1999年9月号
『コンフォルト』
2004年8月号

### *Phoenix
1 店舗
2 2001年
3 内装
4 福岡県福岡市
5『住宅建築』2019年4月号

### *五島
1 住宅兼店舗
2 2002年3月
3 RC造3階建
4 福岡県福岡市(店舗利用可)
5『住宅特集』2006年8月号
『コンフォルト』
2005年6月号

### Farns worth house
1 住宅
2 2002年11月
3 RC造2階建
4 アメリカ

### 鷺沼M邸
1 住宅
2 2002年頃

### *藤崎K邸
1 住宅
2 2002年
3 木造2階建
4 福岡県福岡市
5『住宅建築』2019年4月号

# 写真

## 井上一（ブルックスタジオ）

| | |
|---|---|
| 輝国Ｉ邸 | p29–35 |
| 宗像名残荘 | p39–48 |
| 香住ヶ丘の舎 | p53–59 |
| 地行Ｔ邸 | p61–65、69 |
| 五島 | p83–88 |
| 井上邸 | p101–105、106右、108左上 |
| 糸島・月見荘の家 | p131–135 |
| 北斜面の家 | p160–164 |
| チャイナ・オン・ザ・パーク忠次館 | p169–175、181 |
| 銀座清月堂ビルディング | p185–188 |
| 光圓寺 | p191–197、200、202 |
| Phoenix | p205 |
| 洋々閣 | p209–213、218左下 |
| 亀の井別荘 | p222–223、224 |
| プロダクト | p231 |

## 井上啓（ブルックスタジオ）

| | |
|---|---|
| 藤崎Ｋ邸 | p91–97、99 |
| 井上邸 | p106左上・左下、107、108右・左下、109–112 |
| 樋井川の宅 | p142–143、145–146 |
| 浦の浜の舎 | p149–156、159 |
| 北斜面の家 | p160–164 |
| Phoenix | p206 |
| 洋々閣 | p214–217、218右・左上 |
| 亀の井別荘 | p220–221、225 |
| プロダクト | p226–230、232-233 |

## 岡本公二

| | |
|---|---|
| 増山さんの家 | p9–13 |

## 小川重雄

| | |
|---|---|
| 山櫻の家 | p136–140 |

## Lucy Call

| | |
|---|---|
| Layton House | p117–118、121–125 |

## 大橋富夫

| | |
|---|---|
| 対談 | p238、239 |

## 堀部安嗣

| | |
|---|---|
| 対談 | p240、241 |

## 柿沼守利

| | |
|---|---|
| 本島町Ｙ邸 | p18–25 |
| 南が丘自邸 | p76、257 |
| Layton House | p115–116、119、120 |
| 籬楓叟語 | p245、247、249、251 |

# 対談・随筆　初出

『住宅建築』2019年4月号　p236–243
（発行：建築資料研究社　編集：建築思潮研究所）

『コンフォルト』2015年8、10、12月号、2016年2、4、6月号　p244–255
（発行：建築資料研究社　編集：アイシオール）

# 出典

『ディテール』107号、1991年1月号　p176–183
p110-116（彰国社）

Profile

## 柿沼《かきぬま》守利《しゅり》

1943年 東京都に生まれる。
1968年より白井晟一に師事。
1983年 同氏の死去に伴い、
翌年に独立し柿沼守利研究室を設立。

# 柿沼守利作品集

発行日　2025年4月15日
著者　柿沼守利
—
編集　建築思潮研究所 戸谷知里
〒130-0026　東京都墨田区両国4-32-16 両国プラザ1103号
TEL 03-3632-3236　FAX 03-3635-0045
https://jyuken.site/
—
装丁　増田一真
—
発行人　馬場栄一
発行所　株式会社建築資料研究社
〒171-0014　東京都豊島区池袋2-38-1 日建学院ビル3F
TEL 03-3986-3239　FAX 03-3987-3256
https://www.kskpub.com
—
印刷製本　シナノ印刷株式会社
—

—
ISBN978-4-86358-985-8
—
—